AF748296

L'exercice des compétences locales entre rationalisation et créativité

Collection *Droit des collectivités territoriales*

Fondée et dirigée par
Bernard POUJADE et Xavier CABANNES

Professeurs à l'Université Paris Descartes

Série
Travaux de l'Association française
de droit des collectivités locales

Dernières parutions

Apolline THIRION, *La nouvelle compétence GEMAPI*, 2018.

Jean-Marc BOU, *La dynamique de l'économie mixte dans la région Occitanie*, 2017.

Julie BENETTI (dir.), *Les collectivités territoriales et le principe d'égalité*, 2016.

Mathilde MONTAUBIN, *Le référendum d'indépendance de l'Ecosse*, 2016.

Jean-François BRISSON (dir.), *L'Assemblée délibérante, avenir de la démocratie locale ?*, 2015.

Mélissa GOASDOUE, *Les collectivités territoriales et la spéculation*, 2015.

Sous la direction de

Maylis DOUENCE

L'exercice des compétences locales entre rationalisation et créativité

L'Harmattan

© L'Harmattan, 2018
5-7, rue de l'Ecole-Polytechnique, 75005 Paris

www.editions-harmattan.fr

ISBN : 978-2-343-15304-9
EAN : 9782343153049

SOMMAIRE

CONCERTATION

INSTANCES

INSTRUMENTS

ILLUSTRATIONS

DÉLÉGATION

PRINCIPES

MOYENS

ILLUSTRATIONS

PLANIFICATION

CADRAGE

ILLUSTRATIONS

PRÉFACE

Maylis DOUENCE

Maître de conférences en droit public, Université de Pau et des Pays de l'Adour, Centre de recherche Pau Droit Public

L'État, par la voix du législateur, a longtemps poursuivi une politique d'attribution des compétences locales par **« blocs de compétences »**. La loi du 7 janvier 1983 officiellement *« relative à la répartition des compétences entre les communes, les départements, les régions et l'État »*[1] mais en réalité consacrée aux transferts de compétence de l'État vers les collectivités locales, énonçait avec une grande ambition dans son titre Ier les *« principes fondamentaux et modalités des transferts de compétences »*. On pouvait ainsi lire, à l'article 3 de la loi, que la répartition s'effectue de telle sorte que *« chaque domaine de compétence »* soit affecté *« en totalité soit à l'État, soit aux communes, soit aux départements, soit aux régions »*. Las, l'État a été le premier à ne pas respecter le cadre qu'il s'était ainsi fixé, l'exemple du transfert plus que parcellaire de la formation professionnelle aux régions en est un exemple patent.

Pourtant, cette chimère d'un transfert « par blocs », reposant sur l'idée quasi mystique qu'il serait possible d'identifier de manière claire et exclusive un niveau pertinent d'administration d'une compétence, a eu la vie longue. Du moins, jusqu'à ce que se popularise une nouvelle antienne : celle de l'**enchevêtrement des compétences** locales, critiquant une répartition des responsabilités entre collectivités inextricable et surtout incompréhensible, illisible pour les administrés.

---

[1] Loi n° 83-8, 7 janv. 1983, relative à la répartition de compétences entre les communes, les départements, les régions et l'État, JO 9 janv., p. 215.

Malgré une première tentative de réponse, par la consécration constitutionnelle d'une sorte de principe de subsidiarité[2], de très nombreux rapports se sont accumulés pour dénoncer cette situation et appeler de leurs vœux une **« clarification » des compétences** : rapport Lambert[3], rapport Warsmann (spécifiquement dédié à la clarification des compétences)[4], rapport Belot (dont la deuxième partie milite *« pour une clarification des compétences »*)[5], en passant par le rapport Attali pour la libération de la croissance (qui préconisait de *« clarifier les prérogatives de chaque collectivité publique »*)[6] et évidemment le rapport du Comité Balladur proclamant qu'*« Il est temps de décider »*[7].

Mais comment clarifier la répartition des compétences locales ? Plusieurs pistes ont été envisagées, suivies, abandonnées, reprises : supprimer la compétence générale des départements et régions, les spécialiser, énoncer un principe d'exclusivité des compétences, admettre des compétences partagées…. Le législateur a mis en œuvre tous ces moyens dans les lois de réforme successives : loi de réforme des collectivités territoriales du 16 décembre 2010, loi d'affirmation des métropoles et de modernisation de l'action publique territoriale de

---

[2] *« Les collectivités territoriales ont vocation à prendre les décisions pour l'ensemble des compétences qui peuvent le mieux être mises en œuvre à leur échelon »,* Const., art. 72, al. 2, issu de la loi constit. n° 2003-273, 28 mars 2003, relative à l'organisation décentralisée de la République, JO 29 mars, p. 5568.

[3] Rapp. groupe de travail présidé par Alain LAMBERT, *Les relations entre l'État et les collectivités locales*, déc. 2007.

[4] Rapp. Information sur la clarification des compétences des collectivités territoriales, au nom de la commission des lois, AN, par D. QUENTIN et J.-J. URVOAS, concl. des travaux de la mission d'information présidée par J.-L. WARSMANN, oct. 2008.

[5] Rapport d'information au nom de la mission temporaire sur l'organisation et l'évolution des collectivités territoriales, Sénat, par Y. KRATTIGNER et J. GOURAULT, juin 2009.

[6] Rapp. Commission pour la libération de la croissance française, présidée par J. ATTALI, La Doc. fr., 2008.

[7] Rapp. Comité pour la réforme des collectivités locales, présidé par E. BALLADUR, *Il est temps de décider*, La Doc. fr, 2009.

janvier 2014, loi portant nouvelle organisation territoriale de la République du 7 août 2015[8]....

Ce faisant, le législateur a aussi implicitement pris acte du fait qu'il ne parviendrait pas à bout de cette entreprise de « clarification ». C'est pourquoi, en parallèle, d'autres voies ont été explorées : celles d'une coordination dans l'exercice des compétences, d'un développement de la concertation, de la planification, d'une libre répartition des compétences par délégation entre collectivités, etc.

Le point commun à tous ces nouveaux procédés, c'est qu'ils ne portent plus directement l'ambition d'une clarification de *la répartition* des compétences. Désormais, le législateur s'intéresse *à l'exercice* des compétences locales. En s'engageant dans ce nouveau mode de **rationalisation des compétences locales**, il s'en remet aussi à la créativité des premiers intéressés, collectivités et groupements de collectivités.

Voilà pourquoi, les 23 et 24 novembre 2017, à l'occasion des Journées d'études annuelles de l'Association française de droit des collectivités territoriales, accueillies pour l'occasion à la Faculté de droit de Pau, universitaires et praticiens se sont interrogés sur **l'exercice des compétences locales, sous le prisme de cette interrogation : rationalisation ou créativité ?**

---

[8] Loi n° 2010-1563, 16 déc. 2010, de réforme des collectivités territoriales, JO 17 déc., p. 22146 ; Loi n° 2014-58, 27 janv. 2014, de modernisation de l'action publique territoriale et d'affirmation des métropoles, JO 28 janv., p. 1562 ; Loi n° 2015-991, 7 août 2015 portant nouvelle organisation territoriale de la République, JO 8 août p. 13705.

INTRODUCTION

L'influence du néo-libéralisme sur les modalités d'exercice des compétences locales

Arnaud DURANTHON

Maître de conférences en Droit public, Université de Strasbourg, IRCM EA 3399

Les sentiments ont rarement à voir avec la recherche, davantage friande de faits, d'objectivité et de systèmes rationnels. Il est pourtant des situations face auxquelles le chercheur, sans parvenir à décrire et expliquer immédiatement une situation, *ressent* que quelque chose se produit. Derrière les faits les plus anodins, derrière les textes les plus techniques, au-delà de ce que la matière donne à voir, il lui arrive alors de sentir que quelque-chose de plus profond se produit qui n'est pas encore immédiatement perceptible à sa raison, soit parce qu'une évolution est en cours et reste donc inachevée, imperceptible dans sa totalité, soit parce que la profusion des considérations techniciennes opère à la manière d'un rideau de fumée masquant (temporairement ?) le sens des choses.

Face à l'impressionnante accumulation de textes et de dispositifs nouveaux survenue dans le champ du droit des collectivités territoriales, chacun a pu éprouver le sentiment que quelque chose de profond est en train de se produire. Succession très rapide des textes, très grande technicité des solutions, inextricable complexité des dispositifs : devant ces données, difficile de ne pas sentir, outre l'impression de perdre pied, celle que des mouvements profonds travaillent la matière et qu'en plus de susciter de grandes évolutions techniques, ceux-ci ont *un autre sens, une autre signification.*

L'ensemble législatif mis en œuvre depuis 2010 pour transformer le droit des collectivités territoriales est à l'origine, à l'évidence, une profonde rupture avec les perspectives théoriques traditionnelles du droit des collectivités. Le propos de cette introduction consistera à essayer de tracer, avant que ne soient détaillés les enjeux purement normatifs des nouvelles modalités d'exercice des compétences locales, quelques lignes de forces générales dont le projet consiste à essayer de déceler le sens théorique des mouvements à l'œuvre. Plus précisément, il s'agit de tenter de situer théoriquement le mouvement qui traverse le droit des collectivités territoriales pour déceler les évolutions de paradigme dont il est le symptôme, et d'éclairer ainsi le sujet précis de cet ouvrage par une réflexion volontairement plus générale.

La tâche est évidemment ardue ; il est même certain que les conclusions auxquelles parviendront ces quelques lignes ne feront pas l'objet d'un assentiment collectif et général. Celles-ci vont en effet volontairement sortir des sentiers battus pour se risquer, même, à faire un peu de hors-piste en sortant des terres de la doctrine juridique. Elles vont de surcroît se contenter d'esquisser des pistes générales dont l'étude précise, qui demande un effort dépassant très largement le cadre de cette contribution et suppose davantage de recul à l'égard des dernières évolutions législatives, reste à produire. Il est cependant certain que le lecteur pourra trouver ici quelques éléments qui, loin de prétendre apporter une analyse systématique et définitive, cherchent plutôt à susciter la discussion à travers quelques remarques générales.

L'effort de généralisation et de conceptualisation paraît indispensable. Le cloisonnement des disciplines, ce fétiche de l'Université française que seules justifient des considérations de pouvoir transmutées en contraintes scientifiques et administratives, rend en effet les juristes potentiellement aveugles à certaines évolutions qui transcendent pourtant la matière juridique, et donc *la définissent* d'une manière ou d'une autre, ou du moins *influent sur elle*. Au-delà de leur description, les très profondes mutations connues par les modalités d'exercice des compétences locales ne semblent pouvoir être comprises théoriquement qu'à condition de replacer la pièce qu'elles constituent au sein de considérations ayant trait au système général nouveau que les récentes réformes introduisent au cœur du droit des collectivités territoriales.

Ces quelques lignes se proposent ainsi d'observer le droit positif avec un peu de recul pour tenter d'établir un cadre général de compréhension et de situation de ses évolutions. Sans plus de suspense, voici l'idée générale qu'il s'agit d'avancer : il est probable que le droit des collectivités territoriales, du point de vue de ses institutions, de ses finalités (les compétences locales) et des modalités juridiques de sa réalisation (les modes d'exercice de ces compétences), se trouve aujourd'hui confronté à *l'affirmation d'une nouvelle rationalité d'organisation et de légitimation du droit* qui tend à remodeler le cadre théorique de son épanouissement : la rationalité économique.

L'influence de la chose économique sur les formes du droit n'est pas nouvelle. En 1990, déjà, elle était soulignée par certains auteurs comme Jean-Arnaud Mazères et Serge Regourd, qui avaient constaté l'imprégnation des logiques et méthodes économiques dans la construction du droit de la décentralisation[1]. Mais les choses ont encore évolué et il est probable que, davantage que l'*intégration* de la rationalité économique au droit, nous ayons aujourd'hui à faire à une véritable *substitution* de la rationalité économique aux rationalités constitutives du droit ancien, progressivement déconstruites dans un mouvement qui ne laisse pas les sources et les formes de la rationalité juridique indemnes.

Une véritable tempête, engagée à la faveur d'une impressionnante succession de lois, transforme en effet profondément le paysage du droit des collectivités territoriales. Sous l'effet de son souffle, des arbres plus que bicentenaires ploient, des branches que l'on pensait assurées s'effondrent devant nos yeux. Le paysage que l'accalmie des réformes laisse entrevoir n'est plus celui que nous connaissions auparavant : nombre de nos points de repère théoriques ayant été balayés. Certaines conceptions traditionnelles, sans lesquelles nul n'aurait songé compter voilà encore quelques années, sont quant à elles à demi-mortes, placées dans un entre-deux que l'on peine à définir : c'est le cas, par exemple, de la clause de compétence générale (morte-vivante ?) ou du département (vivant presque-mort ?). Des notions matricielles sont profondément perturbées : qui peut encore

---

[1] MAZÈRES Jean-Arnaud, REGOURD Serge, « Du modèle communautaire et territorial au modèle fonctionnel de l'entreprise » in *La commune, l'État et le droit : bicentenaire de la Révolution et marché unique européen*, LGDJ, 1990, p. 292.

donner, aujourd'hui, une définition théoriquement assurée de ce qu'est une collectivité territoriale ? Dans ce paysage émergent aussi, cependant, de nouvelles pousses aux formes étranges, d'une espèce parfois indéterminée, qui dessinent des formes et un paysage nouveaux qu'à défaut d'apprécier — ce n'est pas ici la question —, le juriste est tenu d'observer avec lucidité et d'accepter comme la réalité du droit présent.

La lucidité face aux mouvements en œuvre impose de considérer que, si quelques structures anciennes du droit, fondées sur une vision essentialiste, communautaire et identitaire de la collectivité territoriale résistent encore aux assauts réformateurs, ce n'est généralement pas sans dégât. Du point de vue institutionnel, si le département et la commune - qui sont les principales formes de ce modèle — se maintiennent, c'est au prix de sévères entames sur la structure de leurs compétences. Ces deux échelons sont en effet contraints de céder la place à ces arbres à croissance rapide que sont la région et les établissements publics de coopération intercommunale nouvelle version, dont la structure conceptuelle, articulée autour d'une conception économisante et planificatrice du territoire, efface peu à peu les modèles traditionnels de représentation théorique des collectivités territoriales.

Le paysage actuel du droit des collectivités est ainsi tout à la fois familier et étranger : on y trouve encore globalement des éléments de décors habituels, mais bien des détails ont fait varier la topologie, dont on peine sérieusement à se faire une représentation mentale d'ensemble. Face à cette situation, évidemment perturbante pour le juriste soucieux de stabilité des sources et des modèles, le réflexe peut être — et c'est certainement un choix répandu — de se réfugier, à la manière d'un entomologiste, dans une analyse purement technicienne. Le faiseur de systèmes cède alors la place au technicien. Or si la maîtrise des enjeux techniciens constitue le socle fondamental de l'étude juridique, elle ne suffit cependant pas à porter un regard critique sur la matière et à renouveler les cadres théoriques de sa formulation. Négligeant les fondements souterrains du droit, qui ne lui sont pas nécessaires, refusant d'opérer la montée en généralité conceptuelle indispensable à la construction théorique, qui ne lui paraît pas utile à son objet, elle contribue de surcroît à légitimer au moins passivement l'évolution du cours des choses, faisant de la science juridique l'auxiliaire passif d'un législateur dont pourtant chacun s'accorde à reconnaître l'empressement et l'imprécision.

La distanciation à l'égard des transformations techniques du droit des collectivités, à défaut d'être aisée — tant de détails nouveaux et mystérieux sont à envisager ! —, est un impératif majeur pour parvenir à situer théoriquement les mouvements du droit et rendre ce dernier *intelligible*. Cette prise de distance ne suppose pas de plaider pour ou contre les mouvements à l'œuvre, pas plus que de les juger. Elle suppose simplement de questionner la pertinence des modèles théoriques sur la base desquels la matière est généralement conçue, systématisée et présentée aux étudiants. Jusqu'il y a peu, l'étude du droit des collectivités pouvait encore se passer du réflexe théorique : la relative permanence des rationalités constitutives de la matière, qui ont guidé la France sur le chemin de la décentralisation depuis la fin du XIXe siècle, n'imposait pas de revenir systématiquement sur les fondements du droit, pas plus que de disserter longuement sur les modalités de l'insertion des évolutions législatives dans les modèles théoriques traditionnels. Tel n'est plus le cas aujourd'hui. Une nouvelle rationalité s'impose, supplante et se substitue à l'ancienne dans la construction du droit : il faut l'identifier, la saisir, en discuter.

Cet effort de prise de distance s'impose d'autant plus que le droit des collectivités n'est pas un îlot isolé et que nombreux sont les domaines du droit traversés par la même tempête réformatrice. *Les finances publiques*, d'abord. La loi organique relative aux lois de finances de 2001 avait annoncé l'emprise de la rationalité gestionnaire sur la matière et, partant, sur l'action publique, faisant de la performance l'étalon de mesure et de légitimation de cette dernière. La place prise par les critères de convergence européens dans l'édification des politiques publiques est telle qu'il faut bien chercher à mettre en évidence les finalités logiques que ce mouvement recouvre, modelant à sa manière les formes de légitimation du droit. *Le droit administratif*, ensuite. On sait la place qu'a prise en son sein la notion économique de concurrence, pivot théorique d'une branche très à la mode, dont le développement s'est réalisé de façon spectaculaire, le droit public économique. Agissant à la manière d'une notion « contaminante », la notion de concurrence imprègne ainsi désormais de larges pans du droit, dont elle ordonnance l'adaptation. L'extension de son empire, commandée par le droit de l'Union qui conçoit l'entreprise comme toute entité exerçant une activité économique, indépendamment du statut juridique de cette entité et de son mode de financement, n'est d'ailleurs pas sans peser sur les modalités institutionnelles selon lesquelles les collectivités exercent certaines de leurs activités (*in house*, sociétés publiques locales,...). *Le droit du travail*, lui aussi, est affecté. De la micro entreprise aux réformes de « flexibilité » en passant par « l'uberisation », le champ de la matière se voit sans cesse repoussé, ses fonctions transformées. Devenu l'entrepreneur de lui-même dès lors qu'il dispose d'un vélo, d'un appartement ou d'une voiture familiale qui sont devenus autant de supports de valorisation et de marchandisation, chacun est appelé à s'inscrire dans le cadre de relations qui bouleversent les définitions traditionnelles du salariat et perturbent la conception classique du travail sur laquelle repose le droit du même nom.

Les exemples pourraient être déclinés à l'envi. Partout, un nouveau modèle de société se déploie, dont la dénomination est assurément délicate, parce qu'elle suppose une conceptualisation. En dépit de la polysémie du terme[2], et parce que la publication des travaux issus des cours au Collège de France de Michel Foucault[3] permettent désormais d'en assurer sérieusement l'usage, celui-ci pourrait être qualifié de néo-libéral. Il s'emploie à décliner, dans l'ordre social, en laissant toute sa place au calcul économique dans la construction des finalités du droit et, partant, de ses méthodes, les prétentions de cette *« gouvernance par les nombres »* récemment déconstruite par Alain Supiot[4].

Ce modèle paraît, quel que soit le nom que l'on entende lui donner, disposer d'un socle de propositions pratiques qui sont les suivantes. Il s'articule autour d'une finalité : la valeur, la croissance ; il a une philosophie : la concurrence ; il se fonde sur un modèle : l'entreprise. Avec lui, les besoins les plus élémentaires comme les plus accessoires se muent en autant de marchés et de supports de valorisation, sur

---

[2] V. not. à ce sujet, BRENNETOT Arnaud, « Géohistoire du "néolibéralisme". Retour sur une étiquette intellectuelle malléable et mouvante », *Cybergeo : European Journal of Geography*, 2013, [En ligne]. http://journals.openedition.org/cybergeo/26071 [page consultée le 15 mars 2018].

[3] FOUCAULT Michel, *Naissance de la biopolitique*. Cours au Collège de France, 1978-1979, Gallimard, 2004, 355 p.

[4] SUPIOT Alain, *La gouvernance par les nombres*. Cours au Collège de France, 2012-2014, Fayard, 2015, 520 p.

lesquels l'emprise de la valeur et de certaines techniques juridiques qui lui sont associées est affirmée comme une nécessité. Les activités humaines peuvent alors toutes être saisies par une forme fondamentale : *la forme marché*. Toutes doivent pouvoir se résumer, en dernière analyse, en une forme de contribution à cet étalon de mesure de l'état social que se sont imposées les sociétés d'accumulations occidentales : la croissance. Dès lors, qui crée de l'emploi, de l'activité économique, de la valeur, qui innove (c'est-à-dire crée de nouvelles perspectives de valorisation) voit aussitôt ses projets irréfragablement légitimés et fondés aux yeux d'une conception pour laquelle seule compte la poursuite de la valeur. Les cotisations sociales, qui constituent le fondement du modèle de protection sociale et de l'interventionnisme public en la matière, se transforment alors en « charges » qu'il faudrait lever pour « libérer la croissance », tandis que le droit se trouve résumé en contraintes, en «*fardeau administratif*» à lever pour « *améliorer la compétitivité des entreprises* »[5]. L'effort devrait faire l'objet d'objectifs chiffrés de réduction : pour chaque nouvelle norme, envisagée comme un coût, deux devraient disparaître. Ce faisant, un nouveau modèle façonne le territoire et les fonctions sociales à sa forme, « rationalisant », c'est-à-dire soumettant à la rationalité économique, qui prend le pas sur toute autre forme de rationalité dans la légitimation des politiques publiques.

Michel Foucault a retranscrit le cœur et les mouvements de cette théorie. Son ouvrage « Naissance de la biopolitique » dessine en effet avec finesse et contextualisation les principaux traits de cette représentation du monde, dont les tendances s'installaient déjà peu à peu dans les esprits. Précisons-en les principales propositions. Le néo-libéralisme, tel qu'il s'est affirmé en Allemagne sous la forme ordo-libérale, est un « *art de gouverner économique* »[6], qui entend établir « *la liberté de marché comme principe organisateur de l'État* » [7]. Le jeu économique est alors conçu comme une sorte de régulateur général de la société, de telle sorte que « *de politique sociale il n'y en*

---

[5] LAMURE Élisabeth, CADIC Olivier, Rapport d'information fait au nom de la délégation aux entreprises relatif aux moyens d'alléger le fardeau administratif des entreprises pour améliorer leur compétitivité, Sénat, session ordinaire de 2016-2017, n° 433.

[6] FOUCAULT Michel, *op. cit.*, p. 107.

[7] *Ibid.*, p. 120.

a qu'une qui soit vraie et fondamentale, [c'est] *la croissance économique* »[8], car elle est le témoin ultime du développement de la forme-marché. L'acheminement vers une « *société d'entreprise* »[9], c'est-à-dire une société dans laquelle la forme « entreprise » est démultipliée à l'intérieur du corps social, constitue ainsi le cœur du projet néo-libéral.

Il ne faut pas se méprendre sur le sens de ce modèle, qui n'est pas, contrairement au libéralisme classique, hostile à l'intervention de l'État — et donc des collectivités. L'interventionnisme de la puissance publique est même *au cœur* du projet néo-libéral, et *le néo-libéralisme est aussi (et surtout ?) une théorie du droit*[10]. Il constitue même « *la condition historique et sociale de possibilité pour une économie de marché* » [11], le marché n'existant pas en soi et ne pouvant être, chez les néo-libéraux, qu'une *création* juridico-politique, un cadre à structurer par des politiques actives. Le droit est ainsi doté, dans ce contexte, d'un rôle particulier : *« le juridique informe l'économique, lequel économique ne serait pas ce qu'il est sans le juridique »*[12]. Dans ce contexte, le droit n'est pas une superstructure qui viendrait coiffer l'économique pour l'encadrer : il est la condition même de l'épanouissement de l'économique, *l'outil qui le rend possible*. Il n'a, d'ailleurs, pas d'autre fonction fondamentale : chez les néo-libéraux allemands comme américains, la société n'existe en effet que sous la forme de relations de marché qui font qu'il n'y pas de raison de distinguer la sphère économique de la société ; la société n'est rien d'autre qu'un immense réseau d'échanges entre individus. L'économie pénètre ainsi le droit parce qu'elle pénètre la société, avec laquelle elle ne fait qu'une. L'économie, ou plutôt la logique économique, devient alors fondatrice du politique et détermine les formes et la nature de l'intervention publique. Comme l'écrit Geoffroy de Lagasnerie, *« le néo-libéralisme entend subordonner la rationalité politique (et tous les autres domaines de la société) à la rationalité*

---

[8] *Ibid.*, p. 150.
[9] *Ibid.*, p. 152.
[10] VALENTIN Vincent, *Les conceptions néo-libérales du droit*, Economica, 2002, 385 p.
[11] FOUCAULT Michel, *op. cit.*, p. 168.
[12] *Ibid.*

économique »[13]. Ceci aboutit au fait que *« cette gouvernance par les nombres n'emporte pas la disparition des lois, mais la soumission de leur contenu à un calcul d'utilité, en sorte qu'elles servent les « harmonies économiques » qui présideraient au fonctionnement des sociétés humaines »*[14].

Le lecteur se dira peut-être, à ce stade du propos, qu'on a rarement fait introduction plus distante du sujet à introduire. Il n'en est pourtant rien, car le droit des collectivités territoriales est probablement en phase d'adaptation au modèle néo-libéral et que les nouveaux modes d'exercice des compétences locales sont probablement une illustration de cette acclimatation. La substance théorique de la notion-même de décentralisation et, partant, les conditions de sa réalisation, se trouvent ainsi progressivement transformées. D'une technique d'aménagement des modalités d'une expression ascendante de la Nation au sein de l'État unitaire, la « décentralisation » devient peu à peu, en réalité, *le lieu de l'organisation locale du marché*, que l'on entend soutenir par l'affirmation d'une intervention publique locale renforcée et réagencée. Les repères traditionnels de la décentralisation, faits d'un rapport au local substantialisé par des repères communautaires et identitaires auxquels un fonctionnement démocratique a donné une traduction institutionnelle, ne sont dès lors plus déterminants des formes du droit : le local n'est plus ce lieu construit alternativement au central et dont le droit de la décentralisation forme l'outil d'équilibrage avec ce dernier. Il devient plutôt, à titre principal, un lieu de planification, de soutien, de stimulation et d'organisation du marché. L'emprise du modèle, qui s'est ancré dans l'inconscient collectif du fait de sa large diffusion et de l'imprégnation de ses représentations de tous les secteurs de la société, est telle que l'État n'a pas besoin d'user de la contrainte pour que tout s'agence selon cette nouvelle rationalité, qui devient un repère qu'il partage avec ses collectivités. Celles-ci acceptent dès lors souterrainement et inconsciemment de servir de support-relais des politiques économiques étatiques.

---

[13] DE LAGASNERIE Geoffroy, *La dernière leçon de Michel Foucault. Sur le néolibéralisme, la théorie et la politique*, Fayard, 2012, p. 53.
[14] SUPIOT Alain, op. cit., p. 103.

Cette évolution, très perceptible en France depuis le début de la décennie 2010, traduit dans le domaine de la décentralisation une profonde transformation du rapport aux fonctions de l'État et, partant, de l'action publique. Comme l'écrit Geoffroy de Lagasnerie, *« la forme-marché ouvre la possibilité de désindexer la réflexion sur le monde de toute invocation d'une instance transcendante (qu'elle prenne une forme politique, juridique, sociologique ou autre) censée unifier et organiser la diversité sociale. Le néolibéralisme impose l'image d'un monde par essence désorganisé, d'un monde sans centre, sans unité, sans cohérence, sans sens »*[15]. Si cette évolution transforme le champ des missions dont la puissance publique doit avoir la charge, elle ouvre aussi la voie à une localisation de cette dernière, le local constituant finalement le niveau le plus proche de la réalisation des transactions marchandes et de l'agencement du marché. C'est de cette attention très soutenue au local que provient l'ajustement en cours du cadre institutionnel et des compétences des collectivités territoriales.

Cette évolution emporte deux effets fondamentaux. En premier lieu, elle modifie le sens des finalités de la décentralisation. Aux *libertés locales*, conçues comme des libertés opposables à la forme de l'État-Nation, se substituent ainsi progressivement des formes de *franchises locales* qui, tout en reconnaissant de nouvelles capacités d'action aux collectivités, déterminent cependant ces dernières, du point de vue de leurs modalités et de leurs finalités, à servir le projet plus général d'agencement de l'action publique autour du but de la valorisation et de la forme marché. Les collectivités sont alors pensées comme des acteurs fondamentaux de l'encouragement local du marché et de l'accroissement des possibilités de valorisation et, si elles détiennent de nouvelles formes d'autonomie, celles-ci n'ont d'autre justification et fonction que de servir l'acheminement général de l'action publique vers la satisfaction des nécessités du marché. En second lieu, cette évolution ouvre la voie, pour sa réalisation, à l'affirmation de moyens et méthodes nouveaux. Au sein des collectivités comme au cœur de leurs relations entre elles, les modalités gestionnaires de l'entreprise et les repères de l'échange marchand se déploient comme autant de nécessités. Cette considération noue évidemment un lien profond avec le sujet de cet

---

[15] DE LAGASNERIE Geoffroy, *op. cit.*, p. 99.

ouvrage, car elle explique pour une grande partie l'opacité générée par les dispositifs que nous allons étudier et leur capacité perturbatrice des cadres analytiques traditionnels. Michel Foucault, là encore, permet de mieux saisir le mouvement à l'œuvre : *« le monde économique* [*i. e.* le fonctionnement du marché] *est par nature opaque. Il est par nature intotalisable. Il est originairement et définitivement constitué de points de vue dont la multiplicité est d'autant plus irréductible que cette multiplicité même assure spontanément et en fin de compte leur convergence »*[16]. Dès lors, la diversification des compétences, la possibilité de leur délégation, tout comme les dispositifs d'agencement général de l'action locale que sont la planification ou la concertation, deviennent légion : tous forment l'ossature d'un nouveau paradigme de l'action locale très éloigné des modèles statiques et généraux traditionnels.

Les formes traditionnelles du droit, sur la base desquelles la décentralisation a été pensée comme un jardin à la française proprement organisé autour de finalités et de moyens juridiques clairement identifiés et circonscrits, sont dès lors transformées. L'affirmation d'une *« incompatibilité entre, d'une part, la multiplicité non totalisable caractéristique des sujets d'intérêts, des sujets économiques, et d'autre part, l'unité totalisante du souverain juridique »*[17], amène en effet le modèle territorial à s'organiser autour de modèles nouveaux qui entendent renforcer « l'agilité » (selon un concept à la mode) des collectivités territoriales, c'est-à-dire leur permettre de mouler les fins et les moyens de leur action aux nécessités économiques de leur territoire.

Ces évolutions projettent sur le droit des collectivités territoriales un corps de réalités et d'attentes nouvelles qui le transforment souterrainement et laissent place à une structure aux contours nouveaux. L'unité conceptuelle de la collectivité territoriale, traditionnellement agencée autour de concepts et de repères relativement clairs (structuration catégorielle, clause de compétence générale, intérêt public local...), s'efface peu à peu pour laisser place à une organisation plus modulable, plus lâche, dans laquelle la

---

[16] FOUCAULT Michel, *op. cit.*, p. 285.
[17] FOUCAULT Michel, *op. cit.*, p. 286.

différenciation est présentée comme un futur désirable[18]. L'émergence de nouveaux outils de concertation, de nouvelles modalités de délégation des compétences entre collectivités et de nouveaux modèles de planification révèlent l'avènement en droit des collectivités d'une approche cybernétique des institutions, qui tend de plus en plus à concevoir les institutions publiques sous la forme d'un *réseau modulable* plutôt que sous la forme d'une totalité pré-organisée. Ces outils nouveaux participent en effet de la déconstruction des cadres d'analyse traditionnels en bouleversant — comme cet ouvrage va le montrer — les notions de compétence, de délégation ou encore d'intérêt général local, qui deviennent des modèles plus lâches, dont les contours juridiques sont assez incertains. Cette évolution témoigne d'une réduction de la capacité des modèles juridiques traditionnels à guider les évolutions de la matière du fait de la concurrence que génère la diffusion d'un modèle grâce auquel l'économie, plutôt que sous la forme d'un objet, se développe sous la forme d'*une méthode dont la scientificité totale justifierait à elle seule la transformation des cadres juridiques.*

Les profondes transformations qui affectent les structures du droit des collectivités territoriales doivent probablement être lues sous ce prisme nouveau, qui emmène avec lui une représentation du local renouvelée. La charpente institutionnelle du droit des collectivités (les organes), les finalités poursuivies par ces dernières (les compétences) et les moyens juridiques dont elles disposent pour leur mise en œuvre paraissent ainsi touchés dans l'ensemble de leurs dimensions.

Sur le plan institutionnel, la reconfiguration, quoiqu'inachevée, est profonde et certainement liée aux tensions néolibérales[19]. La refonte géographique des modèles de la matière autour de circonscriptions économiquement informées constitue le mouvement le plus visible de

---

[18] V. not. à ce sujet, l'avis du Conseil d'État, section de l'Intérieur, sur *la différenciation des compétences des collectivités territoriales relevant d'une même catégorie et des règles relatives à l'exercice de ces compétences*, 7 déc. 2017, n° 393651.

[19] Sur ce point, nous ne partageons pas l'avis de PONTIER Jean-Marie, « L'influence du néolibéralisme sur les structures territoriales françaises » *in* BOTTINI Fabien (dir.), *Néolibéralisme et droit public*, Mare & Martin, 2017, p. 113, sp. p. 120, pour qui l'influence néolibérale ne s'affirme que dans la gestion des collectivités et non dans les structures de ces dernières.

ses transformations. Région et métropole, deux notions dont la prégnance dans la littérature économique est devenue déterminante[20] et qui y sont conçues communément, ont ainsi nettement pris le dessus à la faveur d'un déplacement du centre de gravité du droit des collectivités territoriales, historiquement agencé autour de la commune et du département. La région est ainsi perçue comme l'échelon idoine de relais d'une politique économique européenne qui se réalise en relation avec elle, tandis que la métropole est présentée comme le nœud local déterminant où se rejoignent les flux économiques, financiers, de transport et d'infrastructures et où se déroule l'essentiel de la vie d'une économie tertiarisée. Devenus les nouveaux cœurs battants de la matière après avoir connu l'enthousiasme des géographes-économistes, ces deux niveaux se sont affirmés en bouleversant les cadres traditionnels du droit des collectivités, par le jeu d'une désubstantialisation qui n'est pas sans effet sur certaines distinctions juridiques (et notamment celle entre collectivité territoriale et établissement public) et privilégie un territoire *représenté* à un territoire *incarné* — des personnes publiques *fondatives* à des personnes publiques *corporatives*[21]. Le résultat produit est simple : les collectivités « communautaires », comme la commune ou le département, ont perdu de leur superbe au profit d'ensembles — nouvelles régions et grands EPCI — dont l'identité se réduit à un agencement par le nombre. La carte s'est substituée au territoire, favorisant ces identités flottantes et ajustables que Gilles Deleuze et Félix Guattari ont mis en évidence avec le modèle du rhizome[22]. L'enjeu n'est plus d'édifier, avec et grâce aux collectivités,

---

[20] Sur le sujet, v. par ex. les remarques de THISSE Jacques, « Économie régionale et urbaine », in *Dictionnaire de l'Économie*, Encyclopedia Universalis-Albin Michel, 2007, pp. 1160 et s.

[21] MICHOUD Léon, *La théorie de la personnalité morale et son application au droit français*, LGDJ, 1906.

[22] « *Résumons les caractères principaux d'un rhizome : à la différence des arbres ou de leurs racines, le rhizome connecte un point quelconque avec un autre point quelconque, et chacun de ses traits ne renvoie pas nécessairement à des traits de même nature, il met en jeu des régimes de signes très différents et même des états de non-signes. Le rhizome ne se laisse ramener ni à l'Un ni au Multiple. Il n'est pas l'Un qui devient deux, ni même qui deviendrait directement trois, quatre ou cinq, etc. Il n'est pas un multiple qui dérive de l'Un, ni auquel l'Un s'ajouterait (n+1). Il n'est pas fait d'unités, mais de dimensions, ou plutôt de directions mouvantes. Il n'a pas de commencement ni de fin, mais toujours un milieu, par lequel il pousse et*

un espace de vie démocratique où se réalise la Nation, *« formation sociale essentiellement décentralisée »*[23] : il est de laisser s'émanciper une forme de surdétermination du pouvoir politique qui réside dans le marché, et duquel découlent les formes géographiques et institutionnelles nouvelles des collectivités territoriales. De la même manière que le néolibéralisme change radicalement *« la définition même du sujet politique »*[24] en faisant triompher *« une rationalité a-démocratique »*[25], il transforme ainsi également la définition même de la communauté politique en déplaçant son contenu des cadres mythiques sur lesquels sont traditionnellement fondés la force du droit (Nation, État, Loi…) vers de nouvelles formes mythiques (mystiques ?) au sein desquelles la société n'est pas pensée autrement que sous la forme d'un réseau au sein duquel les échanges, seuls à forger le lien entre individus, doivent se réaliser de façon optimale grâce à un cadre institutionnel dont l'objet premier est d'assurer cette donnée. L'absence de détermination du législateur à simplifier le mode de scrutin régional et à établir une désignation des membres des assemblées délibérantes des EPCI au suffrage universel direct s'explique probablement, au moins en partie, par cette différence de constitution historique et sociale des régions et des EPCI, dont le projet fondateur est moins celui d'une projection démocratique directe du territoire que celui de la mise en œuvre d'un nouvel aménagement du territoire. Région et métropole, dans leurs formes actuelles, sont des collectivités économiques idéales parce qu'elles ont été pensées et disciplinées comme telles, construites conformément à un système de normes spécifiquement pensé dans cette intention[26] et au sein duquel les schémas théoriques classiques de la collectivité territoriale, hérités

déborde. Il constitue des multiplicités linéaires à n dimensions, sans sujet ni objet, étalables sur un plan de consistance, et dont l'Un est toujours soustrait (n-1) » (DELEUZE Gilles, GUATTARI Félix, *Capitalisme et schizophrénie. 2. Mille plateaux*, Les éditions de Minuit, 1980, 643 p).

[23] HAURIOU Maurice, *Précis de droit constitutionnel* [1929], 2e éd., rééd. Dalloz, coll. « Bibliothèque Dalloz », 2014, p. 189.

[24] DARDOT Pierre, LAVAL Christian, *La nouvelle raison du monde. Essai sur la société néolibérale*, La Découverte, 2009, p. 401.

[25] *Ibid.*, p. 459.

[26] Cette évolution est le produit d'une tendance générale s'inscrivant, au-delà et avant même les institutions, dans le dess(e)in d'un « homme économique idéal » (LAVAL Christian, *Foucault, Bourdieu et la question néolibérale*, La Découverte, 2018, p. 44).

de l'histoire de la décentralisation, pèsent en définitive relativement peu.

Sur le plan des compétences, les transformations sont tout aussi palpables. Il n'y a aucun hasard à ce que la focalisation des initiatives sur l'échelon régional s'accompagne d'une attention soutenue aux compétences directement ou indirectement économiques : l'une alimente l'autre, et réciproquement. Tout se passe comme si la question des compétences locales devait être systématiquement examinée sous l'angle du projet économique. Le champ lexical des textes les plus récents, en témoigne d'ailleurs. Là où, dans la loi du 2 mars 1982, le vocable « économie/mique » n'apparaît que douze fois (essentiellement pour confier la compétence à l'État et initier le rôle de la région en ce domaine), il apparaît dans la loi NOTRe du 7 août 2015 près de soixante-cinq fois ! Il en est de même de certains mots absents en 1982, dotés aujourd'hui d'une large place : en 1982, le mot « entreprise » apparaît deux fois, pour évoquer le cas des seules entreprises en difficulté. En 2015, il apparaît soixante-seize fois ! En 1982, le mot « innovation » n'est pas présent, quand il est mobilisé dix-sept fois en 2015… D'autres mots, comme « attractivité », « compétitivité » ou « internationalisation », font aussi leur entrée dans le droit des collectivités à partir de 2014-2015.

Ces évolutions de champ lexical témoignent de la forte emprise des considérations relatives au développement économique — c'est-à-dire à l'organisation et à la stimulation du marché — sur les finalités de la norme juridique. Derrière la « rationalisation » de la matière se cache, finalement, son agencement progressif *autour de* la rationalité économique et de considérations gestionnaires. La spécialisation des différents échelons territoriaux, qui s'amorce progressivement par la voie du droit (avec l'érosion de la clause de compétence générale) ou par celle du fait (avec l'érosion des financements), diminue l'emprise des collectivités sur leur territoire en laissant prévaloir *une forme prédéterminée de l'intérêt général local* sur sa détermination démocratique et autonome. Pour les départements et les communes, notamment, il devient désormais difficile d'imaginer et de réaliser autrement : tout n'est plus qu'affaire d'intégration des initiatives au schéma général de développement ou de gestion de la rareté des ressources. Car les compétences locales, en effet, subissent une série de ré-aiguillages dont l'objet consiste soit à servir directement la chose économique (l'économie *comme objet* saisi par le droit), soit à soumettre l'exercice des autres compétences à un calcul d'utilité et à des prévisions assises sur des indicateurs (l'économie *comme méthode* mise en forme par le droit). En outre, lorsque les compétences ne concernent pas directement la chose économique, elles sont saisies selon un angle tendant à les interpréter comme de possibles supports de valorisation. Il est ainsi devenu fréquent d'entendre parler de « marché du tourisme » ou de « marché culturel », tandis que les compétences relatives à l'emploi, à la formation ou à la recherche, plutôt que d'être saisies *en soi*, sont perçues comme autant d'éléments utiles au dessin d'une économie plus performante. Les autres compétences, quelle que soit leur nature, voient quant à elle leur fonctionnement assujetti à des modalités gestionnaires du *new public management*, qui constituent le versant interne des implications du néolibéralisme sur l'action publique et ont pour but d'*« étendre à l'administration publique les règles et méthodes de l'entreprise privée, au nom d'une science générale des organisations »*[27].

Bien évidemment et par voie de conséquence, ces évolutions ne sont pas sans effet sur les moyens juridiques destinés à la mise en œuvre des compétences, qui sont l'objet précis de cet ouvrage. Le lien de cette problématique avec ce qui vient d'être exposé est tout à fait direct. Ainsi que le suggère le plan général de cet ouvrage, trois grands ordres de préoccupation paraissent guider la transformation des modes d'exercice des compétences locales : concertation, délégation et planification. Quelques remarques peuvent être formulées à leur sujet pour témoigner du lien direct que ces considérations entretiennent avec l'agencement progressif du droit des collectivités territoriales autour d'un modèle néolibéral.

L'idée d'une concertation entre collectivités, d'abord, n'est évidemment pas nouvelle. Étymologiquement, le mot désigne une « discussion en vue d'aboutir à un accord » et, s'il provient davantage du champ du droit social dont il est originaire, il témoigne au fond d'une réalité ancienne des collectivités territoriales. Depuis toujours, évidemment, les collectivités témoignent de logiques de concertation, soit dans l'ordre du fait, pour coordonner leur action sans formalisation juridique, soit dans l'ordre du droit — et ce depuis au

[27] Supiot Alain, *op. cit.*, p. 228.

moins la fin du XIXe siècle et la loi du 22 mars 1890[28] — pour donner naissance à des institutions de coopération intercommunale ou contractualiser au sujet de certaines situations spécifiques. On sait aussi que l'État y a eu massivement recours à compter des années 1970-1980 pour donner corps à ses instruments de contractualisation, qui témoignent de processus nouveaux de concertation. Quel est alors le marqueur de nouveauté de la concertation telle qu'elle est encouragée par les dernières pierres apportées à l'édifice juridique et, spécifiquement, par les lois MAPTAM et NOTRe ?

Il faut d'abord souligner que cette concertation, d'abord, n'est plus un outil *parmi d'autres* au bénéfice des collectivités territoriales et que, dans bien des cas, les instruments de concertation constituent aujourd'hui souvent des figures imposées, déterminant pour partie la construction et l'exécution du droit. Il en va ainsi, par exemple, des conférences territoriales de l'action publique (CTAP) ou des concertations nécessaires à l'élaboration des schémas régionaux (SRDEII et SRADDET). La concertation entre collectivités, qui ne provient plus de la seule initiative des collectivités, est ainsi le plus souvent imposée par le droit de l'État.

Il faut ensuite rappeler que l'objectif ultime de la concertation consiste, le plus souvent, à *produire du droit* soit en forme contractuelle, comme en témoigne le modèle des conventions territoriales d'exercice concerté des compétences (CTEC), soit en forme de schémas dont la prescriptivité, un peu renforcée par rapport à l'ancien état du droit, est pensée comme étant légitimée par la « concertation » qui précède leur adoption. En d'autres termes, la destination de la concertation est déterminée d'avance du point de vue formel, ce qui tend à réduire la logique de concertation à *une procédure* et non à un simple outil politique.

Au-delà de ces spécificités nouvelles, il faut s'efforcer de tenter une situation théorique de cet essor des techniques de concertation entre collectivités, pour remarquer que celles-ci s'inscrivent pleinement dans l'imaginaire cybernétique cher au néolibéralisme, faisant de la société (et en l'espèce, du modèle institutionnel) un vaste réseau horizontal dont il conviendrait de connecter les points pour générer des synergies. L'échange suscité par la concertation devient

[28] Loi du 22 mars 1890 *sur les syndicats de communes*, *JORF* du 6 mars 1890, p. 91.

alors le lieu de *concrétisation* du réel, qui n'est plus entièrement ordonnancé *a priori* par une règle générale ou par l'habilitation d'un échelon, mais par une construction en réseau du droit et des normes juridiques. Le droit ne se réalise dès lors plus seulement dans des règles préfixes qui déterminent et bornent les conditions d'action des différents échelons : sur eux est désormais projetée la représentation d'un réseau constitué d'échanges dont le contenu participe, lui aussi, à la détermination de la norme juridique et, partant, à son adaptation aux nécessités locales. Ceci va seulement pour la théorie, naturellement, car on sait que les nœuds de ce réseau — les différents échelons de l'organisation décentralisée de la République — ne sont pas également dotés en puissance et en représentation et qu'en réalité, régions et métropoles disposent, dans cette architecture, d'une nette domination sur les autres échelons. En témoignent tant le régime juridique des CTAP et leur fonctionnement effectif que la procédure de concertation préalable à l'adoption des schémas de planification.

L'idée d'une délégation de compétences entre collectivités organisée à grande échelle est, quant à elle, relativement récente. Les compétences sont devenues des objets échangeables, au sujet desquels des conventions peuvent être établies qui soulignent, s'il en était encore besoin[29], la portée nécessairement relative du principe d'indisponibilité des compétences. Il y a là une profonde transformation de notre droit, qui a généralement conçu la compétence comme une habilitation préfixe, identifiée, insérée dans un cadre général au sein duquel elle est destinée à opérer comme un facteur d'ordre. Mieux, la compétence juridique a historiquement servi à permettre l'identification et la digestion au sein du régime d'État de constantes de pouvoir antérieures à l'affirmation de l'État, opérant comme un outil fondamental de structuration des formes de l'État. Une donne radicalement nouvelle est donc introduite avec ces nouvelles modalités selon lesquelles les collectivités échangent des compétences, par laquelle le libre-jeu des calculs des opérateurs intervient comme un complément à la répartition matérielle des compétences dessinée par le législateur.

---

[29] Sur le sujet, v. not. AZOUAOU Philippe, *L'indisponibilité des compétences en droit public interne*, Mare et Martin, 2016, 732 p. ; TUSSEAU Guillaume, « L'indisponibilité des compétences » in AFDA, *La compétence*, LexisNexis, 2008, p. 101.

Un vaste marché des compétences serait-il en train de se constituer, à la suite duquel la répartition des compétences entre collectivités ne reposerait plus sur des modèles préfixes mais sur d'infinies variations dont la connaissance parfaite serait un vœu pieux ? Les évolutions en cours le laissent penser. L'importance quantitative et qualitative des dispositions qui prévoient les dispositifs de délégations de compétences, au premier rang desquelles l'article L. 5217-2 CGCT qui en fixe les contours au bénéfice des métropoles, souligne en tout cas une évolution théorique importante. La répartition des compétences ne se trouve plus uniquement dépendante d'un système de valeurs et de repères établis autour de « blocs » plus ou moins abruptement dessinés, mais repose aussi largement sur la réalisation de calculs d'utilité qui, selon des considérations d'efficacité et de performance, doivent guider une adaptation localisée du périmètre des compétences locales. L'appartenance d'une collectivité à une catégorie ne suffit dès lors plus à dessiner avec précision le volume de ses compétences, qui dépend désormais de sa capacité à justifier et à convaincre, dans un contexte nécessairement concurrentiel, de sa capacité à conserver ou acquérir une compétence et à initier, avec les autres personnes publiques, des processus d'échange. De tels dispositifs témoignent ainsi de l'irruption des logiques de concurrence au cœur même de la matière, dans ce qu'elle a en principe de plus préfixe et organisé : la distribution du pouvoir. Les collectivités, opposées *catégoriellement* par un législateur cherchant à renverser les équilibres du schéma traditionnel commune/département/région (cf. *supra*), sont ainsi également appelées à s'opposer *individuellement* pour donner corps à cette « concurrence des territoires » réputée vertueuse pour le dégagement d'un *optimum* de l'action publique.

Du fait de la nature politique des collectivités territoriales, qui ne sont pas des opérateurs *lambda*, ces nouvelles modalités vont bien évidemment de pair avec de féroces oppositions politiques et des rapports de forces puissants qui font de ce nouveau marché des compétences l'anti-modèle de la concurrence pure et parfaite… L'apparente rationalité du modèle ne doit ainsi pas tromper : dans les coulisses, les plus puissants avaleront les plus faibles, de sorte que peu à peu à peu se réalisera au niveau local un processus d'éviction de certaines collectivités territoriales, qui n'est pas sans heurter le modèle originairement unifiant et catégoriel issu de l'histoire de notre discipline. Ceci explique probablement que les collectivités aient été relativement réticentes, jusqu'à présent, à faire un usage massif de ces dispositifs[30].

Reste, enfin, la question de la planification. Le remarquable essor de la technique des schémas, dont certains comme le Schéma régional de développement économique, d'innovation et d'internationalisation (SRDEII) ou le schéma régional d'aménagement durable et d'égalité des territoires (SRADDET) ont pris des proportions importantes depuis la loi du 7 août 2015, pourrait *a priori* surprendre. On peut en effet y voir un retentissant retour des logiques de la planification telle qu'elle a été pensée dans les pays soviétiques, où elle était une pièce déterminante du système économique, et telle qu'elle a été pratiquée dans la France après la Seconde guerre mondiale. Ce retour cadrerait mal avec le libéralisme classique, mais il épouse à merveille les formes du néolibéralisme, pour lequel le marché est un produit organisé. Alain Supiot a d'ailleurs bien montré comment la planification soviétique et le néolibéralisme ont en commun, grâce à l'usage des techniques de planification, d'asservir le droit à des calculs d'utilité qui reposent sur la croyance en la possibilité d'un ordre économique de la société, dont les ramifications dépassent d'ailleurs le champ de l'économie au sens strict en incluant d'autres considérations sociales en son sein[31]. Il n'est ainsi guère surprenant qu'à l'objectif de « libération des initiatives » dont il est porteur, le néolibéralisme associe des formes de planification dont l'objectif consiste, en fait, à produire *de l'ordonnancement* dans les initiatives. Il s'agit en quelque sorte d'établir le cadre du réseau, de définir les structures du marché et d'ajuster son cadre, en incluant une multitude d'objets et de considérations sociales au sein du calcul général, selon des modalités qui traduisent indirectement la pensée de Maurice Allais[32]. Des indicateurs chiffrés servent alors de figures de construction, d'aiguillage et d'évaluation de l'action publique. Ce faisant, et pour y parvenir, se déploie une logique tendant à organiser

---

[30] INSPECTION GÉNÉRALE DE L'ADMINISTRATION, *Délégation de compétences et conférence territoriale d'action publique, de nouveaux outils au service de la coopération territoriale*, mai 2017.

[31] SUPIOT Alain, *op. cit.*, p. 162 et s.

[32] Sur le sujet, v. les remarques de DIEMER Arnaud, « Le néolibéralisme français ou comment penser le libéralisme au prisme des institutions », *Économie & Institutions*, n° 20-21, 2014.

le territoire en réseau et à permettre l'adaptation des structures et moyens du marché au territoire.

La logique de planification ne va évidemment pas sans bouleverser certains principes et habitudes traditionnels du droit des collectivités territoriales. L'idée de planification suppose en effet l'élaboration et la mise en œuvre d'un *« projet élaboré, comportant une suite ordonnée d'opérations, en vue de réaliser une action ou une série d'actions »*[33] qui, s'agissant des schémas régionaux et pour reprendre les termes de la loi NOTRe, implique le dessin d'*« orientations »* et le déploiement de logiques d'*« organisation ». En elle-même*, la technique implique nécessairement le développement d'un rapport au territoire plus intégré et le développement d'une logique d'ordonnancement général des initiatives locales. La planification a ainsi ceci de notable qu'elle tend de plus en plus à soumettre les échelons inférieurs à la région à des instruments d'organisation édictés par elle, dont les conditions d'opposabilité ont, d'ailleurs, été renforcées. Un calcul général de dimension régionale est alors en mesure de déterminer au moins partiellement l'exercice de leurs compétences par les autres collectivités, perturbant le principe de non-tutelle d'une collectivité sur une autre. La tendance, il est vrai, n'est pas nouvelle : le Conseil d'État avait déjà admis, dans un avis de 2012[34], la possibilité d'une hiérarchisation des pouvoirs réglementaires locaux dans l'exercice de compétences concurrentes en estimant qu'une telle circonstance ne portait pas atteinte au principe de non-tutelle. L'effort se poursuit sur le versant de la planification, le législateur ayant pris soin, pour éviter tout risque d'inconstitutionnalité, de confier au préfet le soin d'approuver les schémas régionaux, transmutant en quelque sorte un acte local en acte quasi-national[35].

On pourrait objecter à cette analyse que l'adoption des schémas, et plus particulièrement celle du SRDEII, repose sur des mécanismes de concertation impliquant les EPCI. Il faut toutefois noter que ces

---

[33] *Trésor de la langue française. Dictionnaire de la langue du XIXe et du XXe siècle*, CNRS [En ligne]. http://www.cnrtl.fr/definition/plan (page consultée le 9 avril 2018).

[34] Avis de l'Assemblée générale du Conseil d'État relatif à l'articulation du pouvoir réglementaire local avec le pouvoir réglementaire du Premier ministre du 15 novembre 2012, n° 387095.

[35] FAURE Bertrand, « Le leadership régional : nouvelles orientations du droit des collectivités territoriales ? », *AJDA* 2015, p. 1898.

derniers restent relativement limités et que c'est bien la région qui détient, dans les domaines de sa compétence impliquant des techniques de planification, la main tant sur les modalités de la concertation (en-dedans comme en-dehors des CTAP) que sur le contenu et la forme des instruments. La concertation opère, ainsi, sinon comme un simple paravent à la puissance régionale, du moins comme un outil contraint par nature.

Confronté à l'affirmation d'une nouvelle rationalité qui refond peu à peu ses modèles, le droit des collectivités territoriales connaît ainsi de profonds mouvements dont les modalités d'exercice des compétences locales sont l'un des révélateurs. Un nouvel état du droit, dont l'entrée en vigueur et la concrétisation continuent encore de cohabiter avec des rationalités plus anciennes qui en modèrent ou en réduisent les effets, s'affirme peu à peu. Le calcul, qui implique de placer le modèle de l'action publique sous le prisme des chiffres et des indicateurs et de faire d'elle un outil d'organisation et de stimulation macroéconomique, bouleverse à l'évidence bien des facettes du droit, de la représentation de sa fonction sociale aux modalités de sa construction, de son exécution et de son évaluation.

On peut penser beaucoup de ces évolutions et de leurs effets sur les cadres du droit des collectivités territoriales. On pourra peut-être les considérer, d'abord, comme contraires *à l'esprit* de la décentralisation française, dont les fondements anthropologiques, sociaux, géographiques et politiques sont bien plus divers que cette volonté croissante de tout ramener à des considérations d'utilité économique. Il faudra alors, ce faisant, accepter de tenir un discours dont les structures sont, d'une certaine manière, condamnées à être de moins en moins opératoires, déjà dépassées par bien des outils de droit positif qui ont écorné le modèle traditionnel de la décentralisation. On pourra aussi voir dans les évolutions qui traversent le droit des collectivités, et à l'inverse, une forme aboutie et renouvelée de cette dernière, cette étape ultime durant laquelle les cadres conceptuels unifiants jadis formés par l'État pour contrôler la vie locale craquent peu à peu au profit d'une plus grande différentiation, d'une société qui s'atomise et cherche dans de nouvelles voies les conditions de son unité et de sa diversité. Il faudra alors, ce faisant, accepter que soient reléguées au second rang des préoccupations la charge sociale et l'ambition redistributrice qui ont constitué l'essence et le motif de la décentralisation et font des collectivités autre chose que de simples échelons administratifs. Où qu'aille la préférence de chacun, et parce que le droit n'est pas qu'une affaire de technique, la situation présente témoigne de la nécessité pour les juristes de repenser les modèles théoriques de description et d'explication du droit des collectivités territoriales afin de trouver de nouvelles voies grâce auxquelles la doctrine juridique, aussi diverse qu'elle soit, aussi diverses que soient ses tendances et ses écoles, pourra continuer à assurer un rôle véritablement critique[36].

---

[36] CHEVALLIER Jacques, « Doctrine juridique et science juridique », *Droit et société* 2002, p. 103.

CONCERTATION

Sous la présidence de Jean GOURDOU,
professeur à l'Université de Pau et des Pays de l'Adour

INSTANCES DE CONCERTATION

La concertation, nouvel enjeu d'exercice des compétences locales

Martine LONG

Maître de conférences en Droit public (HDR), Université d'Angers
Centre Jean Bodin Recherche juridique et politique UPRES EA 4337
Membre du Conseil scientifique du GRALE-CNRS

Parler de concertation dans le cadre d'une thématique centrée sur la question de l'exercice des compétences constitue en soi une source d'innovation. Cela traduit l'évolution des modes d'administration qui sortent d'une logique purement verticale pour intégrer de nouvelles perspectives. De plus, pendant longtemps les principes directeurs du droit des collectivités territoriales, et plus précisément le principe de libre administration et le principe de non tutelle, ont davantage privilégié un exercice parallèle des compétences plutôt qu'un exercice combiné. La question de la rationalisation a pourtant été présente dès l'origine dans les lois de décentralisation. Ainsi, la loi n° 83-8 du 7 janvier 1983 mentionnait-elle (art. 3) que *« la répartition des compétences entre les collectivités territoriales et l'Etat s'effectue, dans la mesure du possible, en distinguant celles qui sont à la charge de l'Etat et celles qui sont dévolues aux communes, aux départements et aux régions »*. La rationalisation a pris pendant longtemps la voie d'une tentative de clarification légale des compétences, avec l'idée de combiner une attribution législative avec le maintien de la clause générale de compétence. Les différents dispositifs législatifs ont de ce fait tenté d'organiser les compétences, de simplifier ou de clarifier sans véritablement aboutir à un jardin à la française.

Le développement de la concertation, dans le cadre d'un dialogue territorial, initié au sein de la conférence territoriale de l'action publique (CTAP), pour tenter d'organiser les compétences à l'échelon local, marque de ce fait une étape. L'Etat abandonne ici une partie de son rôle pour redonner un espace de concertation et de dialogue aux acteurs locaux. Pour autant, si le dispositif créé avait une logique propre, avec le rétablissement de la clause générale de compétence et la mise en avant de chefs de filât nommément désignés, la loi n° 2015-991 du 7 août 2015 viendra de nouveau brouiller les cartes en rétablissant une hiérarchie classique des compétences et un souci de spécialisation pour les départements et les régions.

Le terme concertation ayant pour origine l'expression latine *« concertatio »*, et impliquant un dialogue préalable entre différents acteurs, il s'agit d'une terminologie généralement utilisée en droit de la négociation collective, ou encore en matière de démocratie participative ou d'aménagement. Ce sont généralement les procédures de concertation qui sont saisies par le droit et assez peu au final les instances de concertation. De ce fait, le terme concertation est très largement utilisé dans le code de l'environnement, le code de l'urbanisme[1] ou encore le code général des collectivités territoriales[2], on ne le retrouve pas, en tant que tel, dans le code des relations entre le public et l'administration[3].

La rationalisation par la concertation dans l'exercice des compétences est apparue assez tardivement dans le droit des collectivités territoriales, en parallèle d'ailleurs avec la mise en avant

---

[1] J.-C. HÉLIN, « La concertation de l'article L. 300-2 du code de l'urbanisme », *AJDA* 2006, p. 2332 ; « Sur l'encadrement juridique de la concertation. Encore un petit effort ? », *AJDA* 2012, p. 969.

J.-F. STRUILLOU « Participations du public aux procédures d'urbanisme : concertation-débat public *», J. Cl. Coll. territ.* 2003.2006, fasc. 1022.

J. MORAND-DEVILLER, « La concentration: une simple reconnaissance ou une nouvelle obligation », *Rev. Adm.*, 232, 1986, pp. 323.

[2] 24 occurrences peuvent être citées.

[3] Et ce même si l'article L. 131-1 de ce code souligne que *« Lorsque l'administration décide, en dehors des cas régis par des dispositions législatives ou réglementaires, d'associer le public à la conception d'une réforme ou à l'élaboration d'un projet ou d'un acte, elle rend publiques les modalités de cette procédure, met à disposition des personnes concernées les informations utiles, leur assure un délai raisonnable pour y participer et veille à ce que les résultats ou les suites envisagées soient, au moment approprié, rendus publics ».*

de l'idée de collectivité chef de file et de schéma de développement. Elle a pris des voies innovantes comme en témoigne la conférence territoriale de l'action publique (article L. 1111-9-1 du CGCT). La concertation a été dans un premier temps érigée comme un mode de dialogue entre acteurs publics et privés, avant de prendre des formes nouvelles dans un souci d'exercice combiné des compétences. Ainsi, à la concertation traditionnelle entre acteurs publics et privés, se superpose aujourd'hui une concertation entre acteurs publics. La concertation, d'une technique de participation initiée par la collectivité devient dès lors un outil de partage des compétences ou du moins de mise en place d'une vision partagée et discutée.

La gestion des affaires publiques se caractérisant de plus en plus par *« une fluidité des enjeux, l'hétérogénéité des territoires et la fragmentation du pouvoir politique »*[4], il est logique que de nouvelles façons de faire l'action publique se dessinent. La fragmentation des pouvoirs ainsi que la nécessité financière amènent de ce fait à rechercher de nouvelles formes de coopération visant à rétablir un certain équilibre et à améliorer les modalités d'action[5]. La volonté est ici à la fois de créer de nouvelles transversalités et de répartir autrement le pouvoir que dans une vision purement institutionnelle et hiérarchisée.

Cette idée participe d'ailleurs d'un nouveau mode de relations entre l'Etat et les collectivités territoriales. Si dans un Etat unitaire la répartition des compétences entre l'Etat et les collectivités procède de la loi, la mise en avant d'un dialogue territorial amène à reconnaître une certaine capacité d'organisation à l'échelon local. Pour autant, la concertation mérite d'être définie dans une acception large et ne concerne pas seulement les instances de dialogue entre collectivités ou entre les collectivités et l'Etat mais aussi la participation citoyenne.

Certes, la concertation, dans le sens d'instances de dialogue, était déjà présente à l'échelon local mais davantage dans un souci de développement que dans le cadre d'une volonté d'organisation multi-niveaux des compétences ou de travail en réseau, du moins entre collectivités territoriales.

---

[4] P. DURAN et J.-C. THOENIG, « L'Etat et la gestion publique territoriale », *RFSP* 1996, n° 4, p. 580-623.

[5] J. MORAND-DEVILLER, « La concertation : une simple reconnaissance ou une nouvelle obligation », *Rev. adm.* 1986, p. 323.

Les comités de bassin d'emplois, comités d'expansion et autres structures de dialogue territorial manifestent bien cette volonté d'association et de porter une vision partagée du développement d'un territoire. Les structures de concertation à l'échelon local sont nombreuses. Certaines trouvent leur fondement dans des textes, d'autres sont issues d'innovations territoriales, telles la création par certaines intercommunalités à fiscalité propre d'une conférence des maires ou d'une assemblée des élus des petites communes. L'intégralité de ces instances dispose d'un certain nombre de points communs : la volonté de mettre en place une meilleure organisation de l'exercice des compétences et d'instaurer un dialogue territorial gage d'une meilleure synergie.

La difficulté du sujet tient cependant dans son étendue, les instances de concertation sont multiples et se situent dans une logique concentrique qui fait appel à des structures de dialogue qui peuvent intégrer plusieurs cercles. Les groupes d'action locale (GAL) dans le cadre des programmes européens, les conseils de développement ou l'organisation d'une consultation locale sont des modalités de concertation, elles ne sont pas forcément des instances de concertation lorsqu'il s'agit simplement de recueillir un avis. En effet, la volonté ici n'est pas d'instaurer un dialogue mais d'éclairer la décision prise par les pouvoirs publics.

Traiter de l'ensemble des instances de concertation relève d'une gageure, de ce fait le propos visera surtout à mettre en exergue ce qui se joue derrière ces nouveaux modes d'action et de démontrer que ces structures se situent dans une logique de recomposition et de renouveau même si les résultats restent pour l'instant ténus. Tout se passe comme si au travers de ces structures, l'Etat cherche à mettre en avant une nouvelle légitimité dans l'action publique locale en responsabilisant les acteurs et en associant les intérêts en jeu.

Si jusqu'ici les procédures participatives assuraient une vision concertée, la promotion d'instances de concertation vise à institutionnaliser le dialogue territorial et à obliger les partenaires à développer une vision partagée de ce dernier. Ces évolutions restent pour autant fragiles et si ces instances manifestent inévitablement une nouvelle façon de faire du local, leur insertion dans le droit reste problématique. L'instauration de structures de concertation marque cependant les défauts et les limites des procédures classiques de concertation. La concertation aux mains des collectivités territoriales sert uniquement dans un processus interne de construction de la norme ; la concertation devient désormais au contraire un outil de partage de compétences, du moins dans l'affichage politique qui en est fait. Si ces instances de concertation se développent à la fois sur le fondement de dispositifs législatifs et de façon pragmatique, le droit reste impuissant à matérialiser leur force dans l'action publique. Une analyse de sociologie politique serait très certainement utile afin d'en apprécier la portée.

L'accent sera mis ici sur l'évolution de la concertation et de sa matérialité. Développée dès les années 1980 dans les procédures d'aménagement elle prend, avec la conférence territoriale de l'action publique, un nouveau visage (I). La concertation devient par là même un nouvel enjeu d'exercice des compétences, source d'innovation et de créativité, en dépit de certaines limites (II).

I – La concertation, au prisme de la rationalisation

La rationalisation des compétences et de l'exercice de ces dernières est un enjeu récurrent de réforme territoriale. Si le volet institutionnel a primé sur le volet exercice des compétences, la volonté politique a bien été ces dernières années dans la recherche de complémentarités et de coordination(A). La conférence territoriale de l'action publique (CTAP) constitue un exemple assez caractéristique de cette volonté de rationalisation(B).

A – La concertation, outil classique de démocratie participative

Parler de démocratie participative[6] implique de définir plusieurs niveaux et procédures, selon l'échelle de la participation définie en 1969 par Sherry Arnstein. La première échelle de la démocratie participative est l'information[7]. Cette dernière est à la base de tout processus dans la mesure où elle conditionne la connaissance d'un dossier et les possibilités de participation. Comme a pu le souligner le

---

[6] L. BLONDIAUX, *Le nouvel esprit de la démocratie. Actualité de la démocratie participative*, Seuil, Coll. La république des idées, 2008 ; Y. JÉGOUZO, « De la « participation du public » à la « démocratie participative », *AJDA* 2006, p. 2314.

[7] Sur le renforcement de la transparence opérée par la loi du 7 août 2015 : C.-A. DUBREUIL, « La démocratie et la transparence », *RFDA* 2016, p. 655.

Conseil constitutionnel dans sa décision n° 2011-183/184 du 14 octobre 2011[8], ce premier niveau est nécessaire mais insuffisant pour rendre effective la participation. Le deuxième niveau constitue la consultation. Il s'agit ici d'une procédure spécifique par laquelle une institution va demander l'avis à un organe tiers ; Avis qui peut être conforme ou simplement consultatif. Nombreuses procédures en droit local mettent en place un tel procédé. Par exemple, avant de délibérer sur le principe même d'une délégation de service public local, doit être demandé, au-delà des seuils requis, l'avis du comité technique ainsi que de la commission consultative des services publics locaux (art. L. 1411-4 du CGCT). Il s'agit ici d'un avis consultatif. Le troisième niveau de participation est la concertation, cette dernière se traduit par le fait de mettre les parties intéressées en présence afin de mesurer les différents points de vue. Le quatrième échelon est la co-décision. Ce niveau est davantage décrié dans la mesure où le principe dans notre système juridique demeure celui de la démocratie représentative et d'un mode de décision oligarchique qui trouve sa légitimité dans l'élection. On voit ainsi que la concertation obéit à un contenu précis et se distingue de la consultation par le fait que l'on réunit dans un même lieu l'ensemble des parties dans un souci de dialogue. Elle se différencie également de la co-décision, la concertation n'aboutissant pas toujours à une décision. Les techniques de participation se sont développées en France à compter des années 1990[9], notamment dans le secteur de l'aménagement et de l'environnement. Elles ont connu de nouvelles extensions avec la valorisation de la notion de démocratie de proximité[10]. Il n'existe pas une définition de la concertation ou une procédure type. Le fait est que le code des relations entre l'administration et le public, s'il comporte un titre spécifique sur l'association du public aux décisions prises par l'administration, ne comporte pas d'article spécifique sur la concertation. La concertation est par contre une figure imposée des procédures en matière d'urbanisme et d'environnement. Par exemple,

---

[8] Cons. const., décision n° 2011-183/184 QPC, 14 octobre 2011, *Association France Nature Environnement*, *JORF* 15 oct. 2011, p. 17466.

[9] Si l'on met à part les comités d'action municipale qui ont vu le jour dans les années 1960.

[10] G.-J. GUGLIELMI et J. MARTIN, *La démocratie de proximité*, Berger-Levrault, 2013 ; P.-Y. CHICOT, *Décentralisation et proximité. Territorialisation et efficacité de l'action publique*, Dalloz, 2013.

l'article L. 103-2 du code de l'urbanisme souligne que « *Font l'objet d'une concertation associant, pendant toute la durée de l'élaboration du projet, les habitants, les associations locales et les autres personnes concernées :*

1° L'élaboration ou la révision du schéma de cohérence territoriale ou du plan local d'urbanisme ;

2° La création d'une zone d'aménagement concerté ;

3° Les projets et opérations d'aménagement ou de construction ayant pour effet de modifier de façon substantielle le cadre de vie, notamment ceux susceptibles d'affecter l'environnement, ...

4° Les projets de renouvellement urbain ».

Dans sa vision classique, la concertation est une procédure par laquelle l'administration va informer et demander son avis aux administrés ou à un certain nombre d'acteurs intéressés par une procédure. Elle se situe ainsi dans une logique descendante. Elle peut prendre des formes plus spécifiques concernant certains outils comme les groupes d'action locale dans le cadre de financements européens où la logique est davantage celle d'un partage de la décision.

Il n'existe pas de définition légale du terme concertation, ni de méthodologie imposée. Le formalisme porte sur un certain nombre de procédures qui vont être codifiées mais qui ne prennent pas une forme unique. La concertation peut se traduire par une simple réunion, un débat public ou prendre un contenu plus abouti.

Si classiquement la concertation est un mode de consultation du public par l'administration, elle prend aujourd'hui des formes nouvelles. La particularité des nouvelles procédures de concertation réside dans le fait qu'elles visent à mettre en place des structures d'exercice concerté des compétences entre acteurs publics. La concertation entre l'Etat et les collectivités territoriales est connue de longue date. Dans le cadre de la politique de la ville, par exemple, va être établi un diagnostic partagé du territoire. De la même façon dans le cadre du plan Etat région, une concertation va être mise en place entre l'Etat et l'exécutif de la région sur le contenu même du contrat. La particularité des nouveaux outils de concertation réside dans le fait qu'il s'agit d'outils entre collectivités territoriales (et collectivités territoriales et groupements). On assiste ainsi à une évolution qui fait que la concertation de processus de validation de la norme, devient un enjeu du contenu de cette dernière. L'une des illustrations les plus abouties de cette évolution est la conférence territoriale de l'action publique, nouvelle instance de dialogue territorial mise en place par la loi n° 2014-58 du 27 janvier 2014.

Imaginée dans un cadre où le but n'était plus de rechercher la clarification des compétences par le haut, mais d'organiser ces dernières entre les acteurs, cette conférence a été quelque peu vidée de son intérêt à la suite de l'adoption de la loi NOTRe du 7 août 2015. Toutefois, en laissant subsister des compétences partagées et en ne revenant pas sur les dispositifs mis en place dans le cadre de la loi MAPTAM (CTAP, chef de file, conventions d'exercice concerté des compétences), elle maintient en partie l'intérêt de ces lieux de débats et de dialogue.

B – La conférence territoriale de l'action publique, outil d'exercice concerté des compétences

L'innovation de la conférence territoriale de l'action publique (CTAP) tient à la fois dans sa composition et dans son rôle. Outil de concertation, la CTAP est amenée à donner son avis sur un certain nombre de processus. Elle intervient ainsi en matière de schémas régionaux et dans l'exercice des compétences à la fois sur l'organisation de ces dernières, lorsqu'un chef de file est désigné, mais également dans l'hypothèse d'une délégation de compétences.

La CTAP[11] trouve une filiation dans la conférence des exécutifs locaux, mise en place par l'article 202 de la loi du 13 août 2004[12], même si sa composition est élargie par rapport à cette dernière. Celle-ci avait pour objectif « d'étudier et de débattre de tous sujets concernant l'exercice des compétences pour lesquelles une concertation est prévue par la loi et de tous domaines nécessitant une

[11] S. DYENS, « La « clarification » des compétences dans la loi MAPTAM : coordonner avant d'imposer ? », *AJCT* 2014. 291

[12] *« Afin d'étudier et débattre de tous sujets concernant l'exercice de compétences pour lesquelles une concertation est prévue par la loi et de tous domaines nécessitant une harmonisation entre les deux niveaux de collectivités, il est créé une instance de concertation entre la région et les départements dénommée conférence des exécutifs. Cette instance est composée du président du conseil régional, des présidents des conseils généraux, des présidents des communautés urbaines et des présidents des communautés d'agglomération situées sur le territoire régional. Elle se réunit à l'initiative du président du conseil régional au moins une fois par an »*.

harmonisation entre les deux niveaux de collectivités » que sont la région et les départements. Réunie à l'initiative du président du conseil régional une fois par an, elle était composée des principaux exécutifs locaux (présidents de département, des communautés urbaines et d'agglomération). De façon plus directe, la création de la conférence territoriale de l'action publique trouve une inspiration dans la structuration qui avait été mise en place en Bretagne autour du B16, le président de cette région ayant pris l'habitude de réunir les grands exécutifs du territoire. Les liens de la ministre de l'époque, Mme Lebranchu, avec la région Bretagne expliquent cette influence.

Pour autant, la CTAP obéit à une logique propre portée par la loi de 2014. La loi MAPTAM en rétablissant la clause générale de compétence pour les départements et les régions et en mettant en avant une logique de chef de filât[13], marque en effet une nouvelle vision. Il ne s'agit plus ici d'organiser de façon autoritaire les compétences locales mais d'arriver à une meilleure répartition par accord local. Il s'agit ainsi, au travers de cet outil, d'organiser les compétences dans un souci d'innovation territoriale[14].

Les dispositions propres à cette conférence sont intégrées à l'article L. 1111-9-1 du CGCT qui précise que *« Dans chaque région, la conférence territoriale de l'action publique est chargée de favoriser un exercice concerté des compétences des collectivités territoriales, de leurs groupements et de leurs établissements publics »*. Cette dernière *« peut débattre et rendre des avis sur tous les sujets relatifs à l'exercice de compétences et à la conduite de politiques publiques nécessitant une coordination ou une délégation de compétences entre les collectivités territoriales et leurs groupements »*.

La CTAP constitue ainsi le lieu privilégié de débat et de concertation entre les acteurs locaux de la région.

De façon spécifique, certaines politiques publiques sont citées comme pouvant faire explicitement l'objet d'une concertation. L'article L. 1111-4 du CGCT précise ainsi que *« les politiques publiques en faveur de la jeunesse menées par l'Etat, les régions, les*

---

[13] N. FERREIRA, «Chef de filât et conférence de l'action publique territoriale », *JCP A*, 24 fév. 2014, p. 34

[14] A. OURAL, *L'innovation au pouvoir ! Pour une action publique réinventée au service des territoires*, Rapport remis à Mme LEBRANCHU, avril 2015.

départements, les communes et les collectivités à statut particulier peuvent faire l'objet d'un débat au sein de la CTAP ». L'article L. 1111-9-1, III précise par ailleurs qu'au moins une fois par an, un débat est mené sur la politique en faveur de la culture. Chaque membre peut proposer l'inscription à l'ordre du jour de questions complémentaires relevant des compétences exercées par la personne publique ou la catégorie de personnes publiques qu'il représente ou pour lesquelles cette personne publique est chargée d'organiser les modalités de l'action commune des collectivités territoriales.

La CTAP se présente selon Patricia Bonamy[15], comme une conférence supra-locale des exécutifs locaux et constitue une belle illustration de la volonté de rationalisation de l'action publique. Les différentes lois de réformes territoriales ayant peiné à introduire la clarification espérée, la volonté est de redonner la main aux acteurs locaux afin d'aboutir à une coordination de l'exercice des compétences. Alors même que les schémas et la planification visent à introduire des lignes directrices d'actions, la conférence territoriale se situe dans une logique d'intelligence collective et de dialogue territorial. Pour autant, si cette conférence manifeste une certaine maturité dans l'appréhension par l'Etat des collectivités territoriales, elle porte également une certaine vision du territoire. La composition de ces conférences montre ainsi la logique intégratrice à l'œuvre et la volonté d'aller vers un souci d'efficacité en ciblant le pouvoir entre les mains des structures ayant une certaine visibilité. Elle modifie également les rapports de force en assurant de plein droit une représentation aux EPCI à fiscalité propre de plus de 30 000 habitants, alors même que les communes n'ont qu'un poids résiduel.

Il est intéressant de noter à ce titre les évolutions qui ont eu cours[16]. A l'origine, l'idée développée était celle d'une double formation. La première avait vocation à associer l'État et les collectivités territoriales et aurait été co-présidée par le préfet de région et l'exécutif régional. Deux principales missions lui étaient confiées : donner un avis sur la candidature de toute collectivité territoriale et EPCI à une délégation de compétence exercée soit par une autre

[15] P. BONAMY, « La CTAP : une conférence supra-locale des exécutifs », *JCP A*, n° 6, 15 févr. 2016.

[16] F. DE WILDE, *La conférence territoriale de l'action publique*, Mémoire de M2 JCCT, Paris II, juin 2017, p. 17 et s.

collectivité territoriale, soit par l'État et la faculté de débattre sur l'ensemble des questions liées à la coordination de compétences exercées par divers échelons de collectivités ou entre des collectivités territoriales et l'Etat. La seconde mission avait pour principal objectif de permettre la désignation d'une collectivité territoriale, chef de file dans un domaine de compétence particulier.

La deuxième formation visait plus particulièrement la concertation entre les collectivités territoriales et les EPCI à fiscalité propre. Le but était ici d'élaborer un pacte de gouvernance territoriale et d'émettre des avis sur les schémas régionaux et départementaux régissant l'exercice des compétences des collectivités territoriales.

L'influence du Sénat a été ici décisive et a abouti à la suppression de cette double formation, à la réduction du tiers de l'effectif proposé et à un rééquilibrage de représentation au profit des communes. Le préfet de région, dans la version finale, n'est plus qu'informé des séances et y participe lorsque la conférence donne son avis sur une demande d'une collectivité territoriale ou d'un EPCI à fiscalité propre tendant à obtenir la délégation de l'exercice d'une compétence de l'Etat.

La conférence territoriale de l'action publique a vocation à se prononcer à la fois sur les conventions d'exercice concerté des compétences, sur les délégations de compétences entre l'Etat et un échelon territorial ou entre collectivités territoriales. Elle débat des schémas régionaux. Elle constitue ainsi un outil de dialogue territorial qui reste limité dans sa portée dans la mesure où seuls les acteurs institutionnels sont associés à la démarche, à l'exclusion des citoyens.

Les limites tiennent à la fois à sa composition et à la portée des actes produits. La logique institutionnelle n'est pas doublée ici d'une logique normative produisant un droit effectif, source d'engagements tangibles ou de pouvoir bloquant. Les conventions d'exercice concerté des compétences lui sont soumises mais une fois établies[17]. La concertation sert ici d'appropriation et de validation mais n'est pas

[17] L'art. L. 1111-9-1 du CGCT souligne bien que le projet de convention territoriale d'exercice concerté de la compétence est examiné par la CTAP. La collectivité territoriale ou l'établissement public auteur peut prendre en compte les observations formulées mais sans que cela revête un caractère impératif. Voir, pour une analyse complète, *infra*, Françoise Sempé, « Les conventions territoriales d'exercice concerté des compétences ».

organisée dans une perspective de construction de l'acte. Le bilan reste ainsi faible que ce soit en termes de transparence du processus ou encore d'effets tangibles[18].

II – La concertation, source d'innovation aux effets limités

La concertation vise à instaurer un dialogue unicentrique et à aplanir les modes classiques d'action publique. Elle tend également à démocratiser les enjeux de l'action publique dans une logique de débat mais aussi de recherche de nouveaux équilibres (A). Pour autant, si la concertation en soi est gage d'ouverture, ses effets restent limités (B).

A – La concertation, gage d'un équilibre des territoires

La vision actuelle des territoires se caractérise par la mobilité et la volonté de construire de grands ensembles face à des enjeux financiers et d'action de plus en plus prégnants. La concertation apparaît alors comme un outil garant d'un équilibre des territoires qui permet de garantir une participation qui n'est pas toujours prévue par les textes. Le territoire devient à la fois un outil de construction de politiques publiques mais également un lieu de mise en réseau et d'émergence d'intérêts communs.

On passe ainsi d'une concertation élément d'un processus délibératif, à une concertation objet de répartition des compétences. La concertation prend de ce fait de nouveaux visages.

Ce souci apparaît dans les formes institutionnalisées de participation citoyenne mais aussi dans les instances créées « ad hoc » à l'échelon local. L'époque actuelle voit ainsi se développer des formes insidieuses de participation issues de la pratique et qui viennent modifier les équilibres institutionnels.

---

[18] *Laisser respirer les territoires*, Rapport d'information, Sénat, n° 485, mars 2017, p. 15 ; *Délégation de compétences et conférence territoriale d'action publique, de nouveaux outils au service de la coopération territoriale*, Rapport IGA, n° 16119-R, mai 2017 ; X. BRIVET, « CTAP : les travaux pratiques vont commencer », *Maires de France*, 05/2016 p. 36 ; P. POTTIÉE SPERRY, « CTAP : un bilan en demi-teinte », *Maires de France*, 06/2017, n° 347, p. 22-24.

Concernant les formes de concertation prévues par les textes, elles se sont développées avec la décentralisation et visent à créer des synergies entre les acteurs du territoire. Les conseils économiques, sociaux et environnementaux régionaux ou encore les conseils de développement se trouvent dans cette logique. Les évolutions se situent, pour ce type d'instances, dans l'appréhension de leur champ d'action. Si la concertation première prenait la forme d'un rôle consultatif, de plus en plus ces instances se présentent comme un outil de dialogue territorial à qui l'on confie de nouvelles missions (évaluation des politiques publiques, participation aux groupes d'action locale, mise en réseau institutionnel et dialogue entre les différentes instances…).

D'autres formes d'action méritent d'être signalées, la concertation mise en place dans le cadre des groupes d'action locale[19] pour la gestion des fonds européens est une représentation intéressante de modalités d'action collective. Le droit européen a ici imposé un conglomérat d'acteurs publics et privés afin d'aboutir à une meilleure sélection des dossiers et de suivre d'un point de vue opérationnel la réalisation des projets.

L'exemple de la politique de la ville et des conseils citoyens peut aussi être cité. Mis en place par loi n° 2014-173 du 21 février 2014 de programmation pour la ville et la cohésion urbaine (art. 7-I), ces derniers manifestent une volonté d'associer l'ensemble des acteurs et des habitants des quartiers prioritaires, aux réalisations et aux choix effectués. Leur composition et le décloisonnement entre les logiques territoriales et les logiques de pouvoir est ici topique. Ainsi, si les conseils de développement dépendent structurellement et financièrement des groupements supports, les conseils citoyens trouvent leur légitimité directement auprès des préfets. Ces derniers sont reconnus comme des partenaires à part entière dans le cadre de l'ensemble de la procédure de réalisation des contrats de ville (diagnostic, élaboration, évaluation)[20]. La réalité est plus nuancée et

[19] Le GAL doit être composé pour au moins de 50% d'acteurs privés. Il constitue le comité de pilotage qui sélectionne les projets qui seront financés dans le cadre des programmes LEADER. Il sélectionne les projets, décide de leur opportunité et de l'engagement des aides. Il assure le suivi financier du programme et la réalisation des objectifs de la stratégie de développement.

[20] *« Un conseil citoyen est mis en place dans chaque quartier prioritaire de la politique de la ville, sur la base d'un diagnostic des pratiques et des initiatives*

régulièrement dénoncée par des collectifs du type « Pas sans nous ». Pour autant, les textes récents sont venus renforcer l'assise de ces conseils citoyens en prévoyant un pouvoir d'interpellation directe du préfet et un congé d'engagement citoyen[21].

L'objectif recherché est à la fois une amélioration du contenu de la décision publique et une meilleure adéquation au réel afin de trouver de nouvelles façons de faire qui pourront générer de la plus-value territoriale.

Concernant la CTAP la volonté est, selon le rapport de l'IGA[22], de faire naître un « affectio societatis territorial » et d'articuler de façon concertée les compétences tout en confortant l'échelon régional. Les terminologies utilisées manifestent cette évolution des modalités de coopération au travers d'alliances des territoires. La cohésion territoriale a d'ailleurs pris le pas sur la question de l'égalité des territoires. Le souci d'équilibre est patent que ce soit dans les contrats de réciprocité signés dans le cadre des pactes Etat- métropoles ou encore dans l'organisation de la CTAP qui tout en assurant l'hégémonie de la région met les autres structures en qualité de partenaires.

Ce souci de conserver une certaine vision globale des territoires se manifeste tant dans la composition de ces instances que dans la capacité des institutions à créer des structures *ad hoc* qui ont pour objet de contrebalancer des créations de dispositifs légaux.

La volonté d'introduire très largement le fait intercommunal dans les CTAP ou les refontes en cours des conseils de développement qui doivent s'adapter à des réalités territoriales mouvantes manifestent cette évolution. Ces derniers devenus obligatoires dans les EPCI à fiscalité propre de plus de 20 0000 habitants (art. L. 5211-10-1 CGCT), les pôles d'équilibre territoriaux et ruraux (art. L. 5741.1

---

participatives. […] Ces conseils citoyens sont associés à l'élaboration, à la mise en œuvre et à l'évaluation des contrats de ville. Des représentants du conseil citoyen participent à toutes les instances de pilotage du contrat de ville, y compris celles relatives aux projets de renouvellement urbain. Les conseils citoyens exercent leur action en toute indépendance vis-à-vis des pouvoirs publics et inscrivent leur action dans le respect des valeurs de liberté, d'égalité, de fraternité, de laïcité et de neutralité. »

[21] Art. 10, loi n° 2017-86, 27 janv. 2017, relative à l'égalité et à la citoyenneté.

[22] Préc. p. 13.

CGCT) et les métropoles ont dû se réorganiser à l'aune des nouvelles cartes de l'intercommunalité. La volonté va dans le sens d'une représentation équilibrée à la fois des classes d'âge, des sexes mais aussi des territoires. Le risque est ici celui d'une certaine dilution, la mise en perspective d'une vision globale sur des territoires qui allient désormais des enjeux de villes-centres, de périurbanisation et de rural n'étant pas des plus faciles.

De la même façon afin de rééquilibrer des textes pouvant générer des déséquilibres de représentation dans les territoires, certaines collectivités ou structures ont mis en place des outils de dialogue. Par exemple, la région Occitanie forte de 13 départements, dont certains à forte densité rurale a créé, à côté de la CTAP, institution légalement mise en place, une assemblée des territoires[23] visant à assurer une représentation aux 73 bassins de vie. Cette instance fait l'objet d'une consultation sur les grands chantiers conduits par la région.

Dans un même souci d'équilibre, un grand nombre d'EPCI à fiscalité propre, a mis en place une conférence des maires ou assemblée des maires, qui se double parfois d'une assemblée des maires des petites communes. Le but est bien ici d'anticiper certaines critiques et tensions et de désamorcer les risques de conflits, dans un souci de bonne gouvernance.

La concertation et les structures créées sont ici des éléments de rééquilibrage des territoires et des acteurs. Pour autant, les terminologies et la cohérence globale des dispositifs n'est pas toujours de mise.

Concernant, par exemple, le schéma régional d'aménagement, de développement durable et d'égalité des territoires, l'article L. 4251-4 du CGCT précise que ses *« modalités d'élaboration [...] sont prévues par délibération du conseil régional à l'issue d'un débat au sein de la CTAP »* et que différents acteurs sont associés à son élaboration.

L'article L. 4251-6 du CGCT inverse la tendance et précise que le projet de schéma est arrêté par le conseil régional et qu'il est ensuite soumis pour avis à différentes instances, dont la CTAP. Le schéma doit en outre être soumis à enquête publique et peut être

[23] Cette dernière a été mise en place le 4 novembre 2016.

éventuellement modifié pour tenir compte des avis recueillis, des observations du public et des conclusions de la commission d'enquête. Il est ensuite adopté par le conseil régional et approuvé par le préfet de région.

Il apparaît ainsi que dans ce cadre deux temps de concertation/ consultation sont prévus. Un premier temps visant à définir la procédure à mettre en œuvre et un second temps qui vise le projet de contenu. La concertation initiale porte de façon assez surprenante sur les modalités même d'élaboration. La CTAP est ici consulté mais l'association des partenaires se fait dans un autre cadre.

Par exemple, le compte-rendu élaboré par la région Bretagne et présenté à la session du conseil régional de février 2017 souligne que le but est « *d'élaborer un projet de développement de la Bretagne, reposant sur une vision collective des grands enjeux d'aménagement et de développement durables et tenant compte des enjeux des transitions en cours. La faire partager par l'ensemble des acteurs du développement de la Bretagne, des territoires, mais plus encore par l'ensemble de ses habitant.e.s* ».

La procédure prévue pour le schéma régional de développement économique, d'innovation et d'internationalisation des entreprises est un peu moins ouverte. L'article L. 4251-14 du CGCT précise ainsi que « *Le projet de schéma est élaboré par la région en concertation avec les métropoles, la métropole de Lyon et les établissements publics de coopération intercommunale à fiscalité propre. Il fait l'objet d'une présentation et d'une discussion au sein de la conférence territoriale de l'action publique, avec les chambres consulaires et avec la chambre régionale de l'économie sociale et solidaire. Il est communiqué pour information aux régions limitrophes. Le conseil régional peut consulter tout organisme ou personne en vue de l'élaboration du projet de schéma* ».

Si la concertation participe d'une démarche qui se veut vertueuse dans un souci de mise en réseau des territoires, il apparaît cependant que l'ensemble de ces dispositifs comporte des limites. Le souci d'horizontalité est contrebalancé par un mode de décision qui reste empreint de verticalité. D'un point de vue juridique la concertation continue d'avoir un statut juridique fragile, du moins quant aux effets engendrés.

B – La concertation, source limitée d'une amélioration de l'action publique

La concertation présente aujourd'hui d'indéniables atouts même s'il n'existe pas un corpus juridique précis et si les formes de concertation sont d'essence et de statuts divers. Le développement de cette dernière témoigne cependant d'une évolution du dialogue territorial. Effectivement, si pendant longtemps le dialogue privilégié a été celui de l'Etat avec les collectivités, le développement de formes nouvelles de concertation souligne la nécessité de renouveler les modes d'actions conjointes. La concertation apparaît comme une source d'efficacité et d'effectivité de l'action publique. Il s'agit ainsi selon la terminologie utilisée par les sociologues de passer d'un mode de « régulation croisée » à l'avènement de formes institutionnalisées d'actions collectives. Pour autant, dans ces évolutions le droit n'est qu'un outil qui doit être mis en forme. La technique juridique existe mais ne prendra effet qu'au travers des jeux d'acteurs. Si les logiques institutionnelles marquent une évolution, elles doivent se doubler d'un changement dans les formes d'action.

Des catégorisations peuvent être effectuées entre : les instances institutionnalisées de concertation et celles issues de la pratique ; les structures de démocratie participative et celles de coordination d'acteurs ; les instances de concertation privé/public et celles qui visent à régir l'organisation des compétences entre acteurs publics. La volonté commune est cependant celle d'une recherche d'ouverture et de sortir de lignes d'actions classiques pour aller vers une logique combinée d'action publique. Un bilan reste à faire sur l'effectivité de ces modes d'action et leur impact sur la production de normes juridiques.

La concertation se distingue à la fois dans ses formes et dans ses enjeux. Si dans le cadre de l'adoption d'un acte unilatéral elle reste un élément d'une procédure instituée, elle est plus complexe à appréhender dans des procédures conventionnelles. Dans le cadre classique de la prise d'un acte unilatéral, la concertation a du mal bien souvent à se distinguer de la simple consultation. Les sémantiques ne sont d'ailleurs pas clairement différenciées, les textes faisant référence parfois à de la consultation, d'autres fois à de la concertation. L'idée d'associer est bien présente.

Dans le cadre des CTAP si le but est de débattre, le contenu des actes est déjà préétabli. L'administration a ainsi du mal à s'extraire d'un mode d'action vertical dans lequel la concertation va venir amender à la marge ou légitimer un acte sans que véritablement les enjeux puissent être discutés.

Concernant les conventions d'exercice concerté des compétences, la conférence se prononce avant tout sur un projet élaboré en amont. Le but n'est dès lors pas d'organiser un débat sur la façon de se répartir les compétences mais bien d'avaliser un acte déjà construit et sur lesquels les enjeux sont déjà largement tranchés. De façon encore plus caractéristique l'article consacré souligne que « *la collectivité territoriale ou l'établissement public auteur du projet de convention d'exercice concerté de la compétence peut prendre en compte les observations formulées lors des débats de la CTAP* ». Il s'agit ici d'une simple possibilité et non d'une obligation ce qui montre bien la limite de l'exercice.

La concertation ne manifeste ainsi pas une différence de nature selon que l'on se trouve dans le cadre d'un acte unilatéral ou d'une procédure contractuelle ; par définition, la concertation fait appel à des personnes extérieures au processus. De cette façon si, selon la terminologie de René Capitant[24], les personnes impliquées prendront part au processus, elles se présentent comme un élément extérieur qui vient éclairer la décision. Le degré de participation ou le niveau de concertation dépendra ici de la volonté politique de simplement associer ou de co-construire l'acte.

Ainsi, si l'on assiste à une multiplication de ces instances et si la concertation ou la co-construction des politiques publiques ou de l'intérêt général deviennent des réalités palpables, les effets juridiques de telles structures demeurent limités, du fait de la maîtrise du processus et des enjeux par la puissance publique. D'un point de vue procédural, la maîtrise de ces outils reste entre les mains des pouvoirs publics ; Si les conseils de développement bénéficient, par exemple, d'une assise juridique depuis la loi n° 99-533 de 1999 et ont été confortés dans le cadre de la loi NOTRe, la dépendance matérielle de ces structures aux institutions créatrices est manifeste. Hormis, les

---

[24] R. CAPITANT, *Démocratie et participation politique*, Bordas, coll. Études politiques, n° 266, Paris, 1970, p. 31.

conseils organisés sous une forme associative qui peuvent se revendiquer d'une certaine autonomie, ceux qui ne bénéficient pas de la personnalité juridique restent très largement dépendants pour la nomination de leurs membres ou leurs moyens financiers des instances de création.

Concernant les conférences territoriales de l'action publique, si elles ont été créées à ce jour dans l'ensemble des régions, leurs modalités de fonctionnement reste très largement opaque. Les travaux ainsi que la publicité des débats et les modalités de fonctionnement dépendent du règlement intérieur de ces structures, une certaine opacité entoure leur fonctionnement.

De la même façon les effets de la concertation restent limités. Simple dialogue organisé la concertation ne produit pas en soi d'effets juridiques, elle est un élément de procédure, parfois substantiel, parfois secondaire mais n'aboutit pas toujours à l'adoption d'une norme dont le contenu aurait été partagé. Dans le cadre d'une procédure contractuelle où la logique est celle de la volonté des parties, l'introduction d'une concertation amène très certainement à des ajustements, même si ces derniers sont souvent limités. La concertation faisant ici aussi intervenir des tiers au contrat, leur avis peut être pris en compte mais reste secondaire au regard de la volonté des parties. Dans le cadre classique d'un acte unilatéral la concertation reste un élément du débat. L'exemple de la CTAP est à cet égard assez topique. Si les conventions d'exercice concerté des compétences doivent lui être soumises, ce n'est pas le contenu même de ces dernières qui fait l'objet de la concertation mais simplement la validation finale, les modalités de compromis ayant été décidées en amont, au moment de la rédaction.

D'un point de vue juridique, la multiplication des formes de concertation vient alourdir des procédures déjà complexes et met en avant toute une série d'actes administratifs (avis, compte-rendu de réunions…) qui participent au processus de décisions mais ont un statut de documents préparatoires. On assiste, de ce fait à un développement de procédures complexes dans lequel les différents process s'inscrivent dans des temps déterminés. Lorsqu'ils sont prévus par les textes, il appartiendra au juge d'examiner, le cas échéant, si les vices de la procédure ont été susceptibles d'avoir exercé une influence sur le sens de la décision prise[25].

Le manque de formalisme est également bien souvent patent. A ce titre, l'article L. 1111-9-1 du CGCT laisse une large marge d'appréciation en ce qui concerne le fonctionnement des CTAP. Ce dernier souligne en effet que la conférence organise librement ses travaux. La référence est ici le règlement intérieur c'est-à-dire la norme que les acteurs locaux se sont eux-mêmes fixés. La seule obligation légale réside dans l'existence au moins d'une commission thématique dédiée à la culture.

[25] CE, Ass., 23 déc. 2011 *Danthony*, *Rec*. p. 649. Voir également : F. PRIET, « La limitation de l'exception d'illégalité du fait des vices entachant la concertation », *AJDA* 2017, p. 1515 ; CE 8 oct. 2012, *Commune d'Illats*, n° 338760, T. p. 1019 ; CE, 29 janv. 2018, *Sté Marineland et a.*, n° 412210.

En conclusion il apparaît que si la volonté réformatrice était patente dans la mise en synergie des pouvoirs et des actions issues de la loi MAPTAM, le vieil ordre des choses s'est de nouveau très rapidement imposé. Alors même que la CTAP, sous l'égide des régions, aurait pu permettre une nouvelle organisation des pouvoirs et des compétences ou du moins, à défaut d'un partage des compétences, la mise en avant d'un dialogue territorial entre les différents échelons, le réflexe d'organisation verticale des pouvoirs a repris le dessus. La suppression de la clause générale de compétence et la réaffirmation de l'Etat au travers d'une mise en perspective des territoires axée sur une recomposition des structures intercommunales à fiscalité propre a mis à mal toute évolution.

La conférence territoriale de l'action publique reste ainsi comme un outil novateur à la faible portée et très vite contrebalancée par le poids des métropoles et les logiques à l'œuvre. La concertation si elle devient un objet présent dans un grand nombre de procédures locales est dès lors un élément de légitimité en soi de la procédure de rédaction d'un acte mais n'améliore qu'à la marge les procédés et les façons de faire, ce même si des évolutions peuvent être notées[26]. La concertation apparaît ainsi relever davantage d'une technique de légitimation de la norme davantage qu'un procédé qui modifie l'ordre d'attribution des compétences.

---

[26] L'ordonnance n° 2016-1060 sur l'information et la participation du public met en place, par exemple, un droit pour les citoyens à disposer d'un suivi de concertation ou encore un droit encadré à demander l'engagement d'une procédure de participation.

INSTRUMENTS DE CONCERTATION

Les conventions territoriales d'exercice concerté des compétences

Françoise SEMPÉ

Maître de conférences en droit public, Université de Pau et des Pays de l'Adour, Centre de recherche Pau Droit Public

Martine Long a exposé les interrogations que soulèvent les instances de concertation face aux nouveaux enjeux et nous allons voir que les outils de concertation, aussi, ne sont pas exempts d'ambiguïtés.

L'accord est général pour admettre que la loi du 27 janvier 2014 marque une rupture, entre la loi de 2010 et celle de 2015, puisqu'elle prend acte de la complexité du système de compétences et tente de l'organiser par la concertation sur l'exercice des compétences. Mais il est important, je crois, de relativiser cette rupture car elle tient davantage à l'ambition nouvelle que le législateur assigne à la concertation qu'à la méthode elle-même.

Les collectivités territoriales sont toujours entrées en relation les unes avec les autres et, avec la relance de la décentralisation au début des années 1980, l'émiettement des compétences a imposé le dialogue entre les différents niveaux de collectivités et le procédé contractuel est alors devenu un mode généralisé de conduite des relations décentralisées.

On pense aux contrats de plan Etat-région et aux contrats particuliers puis aux contrats de ville, d'agglomération qui correspondent déjà à un engagement sur l'exercice des compétences dans un sens déterminé : par exemple implanter tel équipement à tel endroit, en apportant telle enveloppe selon tel échéancier. L'autre partie au contrat s'engage à consentir un avantage, notamment financier. Les collectivités territoriales s'accordent pour exercer leur compétence d'une certaine manière.

Avec l'Acte II de la décentralisation, de nouveaux contrats apparaissent – les contrats de délégation de compétences, les conventions établies par les chefs de file – des contrats dont l'objet est nouveau : la rationalisation des compétences. Il ne s'agit plus de négocier des projets ponctuels relevant de divers titres de compétences mais d'organiser l'exercice d'une compétence éclatée entre plusieurs collectivités attributaires.

Cela est très clair avec la notion de collectivité chef de file consacrée en 2003 dans la Constitution (art 72 al 5) : *« Lorsque l'exercice d'une compétence nécessite le concours de plusieurs collectivités, la loi peut autoriser l'une d'entre elles ou un de leur groupement à organiser les modalités de leur action commune »*. Sur le fondement de la loi, le chef de file adopte un schéma ou un règlement, puis une convention avec les partenaires vient compléter le dispositif.

Il faut reconnaître qu'ainsi conçue, la fonction de chef de file n'a pas convaincue car mal identifiée et dépourvue de moyens normatifs suffisants pour imposer une mise en cohérence. Tout l'objet des conventions territoriales d'exercice concerté des compétences, instituées par la loi du 27 janvier 2014, est d'asseoir et de revaloriser la fonction organisatrice du chef de file.

Face à cette intention de renouveau du législateur, un des axes de recherche sera de vérifier si les collectivités territoriales et leurs groupements, qui sont depuis longtemps immergés dans une ambiance contractuelle, identifient la spécificité de ces nouvelles conventions, leur enjeu et les utilisent dans l'objectif voulu par le législateur.

Cet objectif est affiché dès les premiers mots de l'article L. 1111-9-1, V du CGCT qui précise le régime des conventions territoriales d'exercice concerté des compétences (CTEC) : ces conventions *« fixent les objectifs de rationalisation et les modalités de l'action commune pour chacune des compétences concernées ».*

On voit ici l'objet et l'effet structurant qui sont assignés à ces conventions et on mesure l'ambition nouvelle du législateur qui est grande. Son ambition est de fonder le mouvement de clarification des compétences sur la libre coordination des interventions locales, principe qui était d'ailleurs inscrit dans le projet de loi.

Cette ambition repose sur un défi et sur un pari.

Un défi, car la concertation sur les compétences entre collectivités se développe dans un cadre constitutionnel qui, on le sait, s'oppose à l'apparition de tout rapport hiérarchique entre échelons en posant le principe d'interdiction de toute tutelle d'une collectivité sur une autre[1]. La loi du 27 janvier 2014 tente d'étayer le cadre normatif de la fonction de chef de file comme on va le voir, mais il faut s'interroger sur la capacité de « l'outil CTEC » à participer à la régulation effective du système de compétence.

La clarification de l'exercice des compétences par la concertation est aussi un pari du législateur car elle suppose que les élus, par le dialogue local, parviennent à des compromis sur l'exercice des compétences qui nécessitent une rationalisation.

Le législateur renvoie au milieu politique local le soin de coordonner ses actions ; il fait confiance à son intelligence collective, à sa capacité d'initiative, au sens de l'intérêt public des élus locaux. Évidemment, il s'agit d'une reconnaissance très stimulante des collectivités territoriales comme sources de créativité, d'innovation, de différenciation mais cela ouvre plusieurs questions : les collectivités territoriales vont-elles s'approprier les CTEC ? Vont-elles en prendre l'initiative ?

[1] Cons. const. Décision n° 2008-567 DC, 24 juill. 2008, *Loi relative aux contrats de partenariat*, *Rec.* p. 341.

En cette fin 2017, il est possible de faire une sorte de bilan d'étape. A ce jour, le nombre de CTEC est relativement réduit (quelques dizaines). Ces conventions impliquent toutes des régions, dont on sait qu'elles n'ont été en capacité de s'organiser que récemment. En Nouvelle Aquitaine par exemple, la CTAP a été installée en décembre 2015, l'année 2016 a été consacrée à l'élaboration du SRDEII qui a été adopté en décembre 2016. Les quatre premiers projets de CTEC n'ont été examinés en CTAP que le 20 septembre 2017. Les régions non soumises à regroupement (Bretagne, Pays-de-Loire, PACA, Île-de-France) ont adopté des CTEC plus anciennement ou en préparent actuellement – heureusement ! Cela contribue à nourrir mon exposé –. On relève quelques CTEC ou projets initiés par des départements chef de file. En revanche, il n'y a pas trace d'un projet porté par des EPCI à fiscalité propre, métropole ou communauté.

Lorsqu'elles décident de recourir aux CTEC, les collectivités voient-elles dans ces conventions un outil nouveau par rapport à celles qu'elles pratiquent déjà ? Comment vont-elles l'utiliser ? Vont-elles interpréter l'organisation des *« modalités de l'action commune »* comme la recherche des voies d'une œuvre commune dans un domaine de compétence ou bien vont-elles obéir à leurs logiques traditionnelles et à leurs préoccupations immédiates ?

L'observation de la pratique à ce jour donne l'impression d'une utilisation quelque peu désordonnée de ces conventions, voire même dévoyée par rapport à l'intention du législateur. Il est vrai que le régime légal des conventions territoriales, même précisé par la circulaire du 22 décembre 2015, en fait un outil aux contours flous, ce qui peut exonérer en partie les collectivités territoriales du sort qu'elles réservent aux CTEC.

Ce sont ces axes de réflexion que je vous propose d'approfondir en étudiant dans un premier temps la mise en place de la technique (I : de l'inertie à la dynamique territoriale) et dans un second temps la portée de la technique (II : de l'innovation à la continuité).

I – La mise en place de la technique : de l'inertie à la dynamique territoriale

La CTAP débat des projets visant à coordonner les interventions des personnes publiques. Comment parviennent-ils jusqu'à elle ? L'article L. 1111-9-1 IV dispose qu'ils *« lui sont présentés par les collectivités territoriales ou les établissements public de coopération intercommunale à fiscalité propre »*. La loi mêle alors des éléments de souplesse et de contrainte de sorte que les collectivités territoriales peuvent faire preuve du plus fort volontarisme dans la recherche des modalités de l'action commune ou d'une totale inertie. Nous allons le vérifier en examinant plus précisément le champ d'application des CTEC et l'organisation de la concertation sur laquelle repose leur élaboration.

A – Le champ d'application des CTEC

Quels sont les auteurs des CTEC ? Pour l'exercice de quelles compétences sont-elles conclues ? Ici, la loi présente des caractères de souplesse au risque de l'incohérence. Deux séries de compétences sont visées.

1° Les compétences à chef de file

Les CTEC visent à réactiver la notion de collectivité chef de file et les compétences à chef de file constituent le noyau dur du champ d'application de ces conventions. L'article L. 1111-9-1 V est très clair : il revient à la région, au département, aux communes et EPCI d'élaborer *« un projet de CTEC pour chacun des domaines de compétence mentionné à l'article L. 1111-9 »* c'est-à-dire la disposition qui énumère les compétences pour lesquelles chacun est désigné chef de file. La loi de 2014 en a multiplié les hypothèses, celle du 7 août 2015 en a légèrement réduit a liste.

La CTAP est saisie de ce projet. Que se passe t-il si elle n'est pas sollicitée ? Rien ne se passe, les modalités de l'action commune ne s'organisent pas. Or, la loi prévoit que l'élaboration de la convention pour les communes ou leurs groupements est facultative. Par contre, les départements et les régions ont l'obligation d'élaborer un projet de convention dans les domaines où ils sont chef de file. On retrouve ici le souci du législateur de renforcer le caractère contraignant de la fonction de chef de file des régions et des départements. Mais la loi n'impose aucun délai d'élaboration. C'est sans doute un point de fragilité de la volonté du législateur. La disparité apparente créée par la loi peut s'expliquer par le souci d'éviter des rigidités et des contraintes au bloc communal. Est-il du reste un niveau pertinent pour exercer une fonction de chef de file ? La question peut être posée.

Il faut également remarquer l'ambiguïté de la loi lorsqu'elle définit le périmètre du chef de filât dans certains domaines car il peut en résulter une incertitude sur l'initiateur du projet, par exemple s'agissant de la solidarité territoriale. Le département est désigné chef de file en la matière et il peut souhaiter la conclusion de CTEC. Mais la région aussi est chef de file pour l'aménagement et le développement du territoire, fonction qu'elle traduit par la mise en œuvre de dispositifs d'aide aux territoires ruraux (nous y reviendrons). Des chevauchements sur l'initiative du projet de CTEC peuvent dès lors apparaître. La concertation fonctionne et, le plus souvent, il y accord pour que l'auteur du projet soit la région, parfois à la demande du ou des départements. Cela explique largement la faiblesse du nombre de projets de CTEC portés par les départements. La CTEC Île-de-France a clairement précisé : *« la région a initié la concertation avec les départements »*. Dans la CTEC *« Solidarités des territoires »* qui lie la Nouvelle Aquitaine et quatre de ses départements (Gironde, Corrèze, Vienne, Pyrénées-Atlantiques), le préambule détaille le chef de filât de chacun des deux partenaires. On peut s'interroger, à ce jour, sur la pertinence de l'outil CTEC pour les départements dans ce domaine.

Le champ d'application des CTEC peut aussi s'étendre au-delà du chef de filât et il y a là un facteur de confusion qui est dommageable.

2° Les compétences planifiées ou partagées

La loi de 2014 relie les CTEC aux compétences planifiées. Elle prévoit que *« la collectivité ou le groupement de collectivités, chargé par la loi d'élaborer un plan ou schéma relatif à l'exercice d'une compétence des collectivités territoriales au niveau régional ou départemental, peut élaborer un projet de convention organisant les modalités de l'action commune pour cette compétence »*. Et si l'échelon est chef de file, il *« peut élaborer un document unique tenant lieu de plan ou schéma et de convention territoriale d'exercice de la compétence concernée »*. La loi crée ici, je crois, une source de complexité dans la superposition des dispositifs : les départements, chefs de file pour l'action sociale, se satisfont des schémas qu'ils élaborent dans ce domaine et ne semblent pas envisager de CTEC. La région quant à elle élabore le SRDEII qui est mis en œuvre par des conventions qui ne sont pas des CTEC.

L'identification des CTEC comme outil de réactivation de la fonction de chef de file s'effrite davantage encore avec l'article L. 1111-9-1 VII qui dispose *« Lorsque l'exercice d'une compétence, autre que celles qui sont mentionnées à l'article L. 1111-9 est partagé entre plusieurs catégories de collectivités territoriales, chaque collectivité territoriale ou établissements public de coopération intercommunale à fiscalité propre attributaire de cette compétence peut formuler des propositions de rationalisation de son exercice »*. La loi ne mentionne pas en l'occurrence que ces conventions sont des CTEC mais *« ces propositions font l'objet d'un débat au sein de la CTAP »*.

Il y a ici pour le moins une ambiguïté et il n'est pas surprenant que certaines collectivités aient recours aux CTEC pour coordonner les interventions des personnes publiques en matière de tourisme, de culture ou de sport (CGCT, art. L. 1111-4). La région Bretagne envisage l'organisation d'ateliers en matière tourisme pour rapprocher les points de vue avec ses départements dans la perspective d'une CTEC. Il en est de même des Hauts de France. L'Inspection générale de l'administration, dans son récent rapport[2], désapprouve l'utilisation des CTEC dans ce cas de figure mais il faut reconnaître l'ambiguïté de la loi et sans doute aussi l'utilité de la démarche. Si les collectivités territoriales trouvent intérêt à l'organisation d'une coordination dans ces domaines pour modifier les modalités de leur action commune, pourquoi les priver de la possibilité de le faire ? Le département des Pyrénées-Atlantiques envisagerait la formule pour engager une

[2] *Délégation de compétences et conférence territoriale d'action publique, de nouveaux outils au service de la coopération territoriale*, Rapport IGA, n° 16119-R, mai 2017.

concertation avec les EPCI à fiscalité propre sur le tourisme et l'habitat.

L'utilisation des CTEC est donc largement au bon vouloir des collectivités territoriales et elle laisse place à une part d'improvisation ou d'empirisme.

Lorsque la collectivité territoriale décide d'élaborer un projet de CTEC, là encore, elle dispose d'une très large liberté où peuvent s'exprimer sa créativité et sa capacité d'innovation.

B – L'organisation de la concertation en vue de la conclusion des CTEC

L'initiateur d'un projet de CTEC s'engage dans une procédure de concertation précisément prévue par la loi en deux étapes : la concertation avec les partenaires et la discussion en CTAP. Nous allons en examiner les tenants et aboutissants.

1° La concertation entre acteurs de la compétence

Cette phase est totalement laissée à l'initiative du chef de file. La loi est très ouverte.

Le chef de file définit librement le périmètre de la CTEC: il rattache les actions qu'il souhaite au domaine de compétence qu'il organise

Le chef de file engage la concertation selon les voies qu'il décide :

– il peut préparer le projet de convention à partir de simples contacts entre exécutifs concernés et leurs services. Il est négocié, concerté par les exécutifs. Cela a été le cas en Aquitaine pour les CTEC « Solidarités des territoires ». Les DGS des quatre départements ont négocié avec les services de la région, celui de Gironde étant en première ligne. Ces hauts fonctionnaires ont constitué un groupe de travail, la préparation des conventions les obligeant à des échanges entre départements. Ils sont ainsi parvenus à une version « concertée » de la CTEC, les trois départements autres que la Gironde reprenant le même texte de convention.

- le chef de file – cela est plus rare – peut mettre en œuvre une conception plus ambitieuse et dynamique de la concertation pour entraîner l'adhésion la plus large et rationaliser au maximum l'action commune en évitant les doublons administratifs et financiers.

Cette pratique volontariste de la concertation, je ne l'ai trouvée que dans la région PACA dans le domaine de la transition énergétique.

Aux termes de l'article L. 1111-9, la région est collectivité chef de file pour le climat, la qualité de l'air et l'énergie. La région PACA a engagé dans ce domaine un très large débat avec tous les partenaires, sur un calendrier très étalé, en vue de parvenir à terme à l'élaboration d'une CTEC :

- entre mars et juin 2016, elle a proposé aux élus et services des collectivités sept ateliers répartis sur les six départements (150 participants ont partagé leurs expériences sur l'organisation des politiques dans ces domaines, identifié les enjeux de l'exercice de cette compétence). Ils ont envisagé des propositions pour une organisation commune efficace de l'action publique climat air énergie et ont identifié trois axes à inscrire dans la CTEC.
- en février 2017, a été organisé un séminaire réunissant les représentants de la région, des départements, des métropoles (Aix-Marseille-Provence et Nice Côte-d'Azur ainsi que de Toulon-Provence-Méditerranée : le « groupe des 10 ») qui ont élaboré une feuille de route à partir des réflexions antérieures et défini des ateliers techniques pour l'élaboration de la future convention.
- ont eu lieu en avril et mai 2017 des ateliers thématiques (6 avril, Marseille : la mutualisation de l'ingénierie territoriale, 27 avril, Saint-Raphaël : la gestion des données dans la future CTEC) puis en juin et septembre 2017, trois ateliers territoriaux (un pour deux départements, ouverts aux participants des ateliers de 2016).

Le projet de convention est actuellement proposé aux élus et discuté en CTAP. La CTEC est dans ce cas le produit d'un vrai travail de co-fabrication qui est synonyme d'une dynamique territoriale concertée. On retrouve la traditionnelle fonction d'animation du chef de file mais il est vrai qu'il s'agit sans doute ici de partager davantage des politiques publiques que des compétences. C'est dans cette optique que les Pyrénées-Atlantiques souhaitent discuter avec les EPCI à fiscalité propre, les modalités de l'action commune de thématiques telles que le tourisme ou l'aménagement numérique. Dans cette fonction d'animation, le chef de file est bien sûr soumis au consentement de ses partenaires et sa fonction reste faiblement directive même si, bien sûr, la dimension financière n'est pas anecdotique, j'y reviendrai.

Dans un tel contexte, on peut penser que la qualité de la concertation garantit la bonne exécution de la convention d'exercice concerté de la compétence.

2° L'examen du projet de CTEC par la CTAP

L'examen est une obligation légale et cette procédure constitue même la caractéristique des CTEC par rapport aux autres conventions que concluent les collectivités territoriales. La CTAP est le lieu du débat régional pour l'exercice concerté des compétences, elle débat des projets de CTEC qui lui sont présentés. J'apporterai seulement deux remarques pour apprécier la portée de l'intervention de la CTAP par rapport au chef de file.

– Le passage obligé en CTAP signifie *a priori*, que le chef de file n'est plus le seul maître d'œuvre du contenu de la convention. Il ne représente plus qu'une étape de l'élaboration. Cela signifie-t-il qu'il perd en liberté de décision ? La réponse est liée aux pouvoirs de la CTAP :

- Le président de la CTAP maîtrise l'ordre du jour de ses réunions et, à ce titre, il exerce un filtrage et peut retarder ou paralyser la mise en œuvre de la convention territoriale.
- Aux termes de l'art. L 1111-9-1 VI, la CTAP formule des observations (amendements) adoptées par consensus et *« la collectivité ou l'établissement public auteur du projet de CTEC peut prendre en compte les observations formulées lors des débats pour modifier le projet présenté »*.

La loi préserve ainsi une totale latitude au chef de file ce qui, *a contrario*, limite le rôle de la CTAP comme chef d'orchestre de la coordination. Elle est juridiquement démunie pour imposer ses vues et l'on peut s'interroger sur la valeur ajoutée de cette procédure obligatoire du passage en CTAP. Si on recherche les enseignements des premiers examens en CTAP, l'on constate d'abord que lorsqu'ils sont présentés, les projets ont été longuement travaillés en amont entre la région et chaque département et que leur version est évidemment acceptée par les partenaires. Dans ce contexte, les projets sont entérinés par la CTAP, assemblée pléthorique, de sorte que leur passage devant cette instance semble plutôt formel.

– La seconde remarque consiste à souligner que la CTAP est le lieu de rencontre des exécutifs et on peut se demander quelle place revient à l'organe délibérant de la collectivité ou de l'EPCI. Il dispose que d'un délai de 3 mois pour approuver la convention (VI). Mais dès lors que l'accord est établi entre les exécutifs et en CTAP sur certaines modalités de l'action commune, est-il encore possible de modifier ou de refuser la CTEC ? On peut redouter que les CTEC marquent un affaiblissement supplémentaire des assemblées délibérantes par rapport aux exécutifs.

Pourquoi les partenaires s'engagent-ils ? Quel est le contenu des CTEC, dans quelle mesure contribuent-elles à la rationalisation de l'exercice des compétences ?

II – La portée de la technique : de l'innovation à... la continuité

Cet intitulé a une orientation quelque peu négative. Je vais m'en expliquer en examinant d'abord le contenu des CTEC puis leurs effets.

A – Le contenu des CTEC

Il est défini par l'article L. 1111-9-1, V, al. 2 du CGCT qui énonce cinq éléments que doit contenir chaque projet de convention. Ces éléments déterminent les modalités administratives et financières de l'action commune pour chacune des compétences concernées.

1° Les modalités administratives de l'action commune

Le projet de convention mentionne : 1°) les niveaux de collectivité territoriale concernés, 2°) la durée de la convention qui ne peut excéder six ans.

Puis le V énonce deux objets qui traduisent la volonté du législateur de consolider le cadre normatif des CTEC pour les établir comme outil de rationalisation de l'exercice des compétences :

- Le projet de convention comprend *« les délégations de compétences entre collectivités territoriales ou de la région ou du département à un EPCI à fiscalité propre, dans les conditions prévues à l'article L. 1111-8 »*. Donc, les délégations de compétences sont organisées par les CTEC dans le cadre du chef de filât. On en trouve une illustration par exemple, dans la CTEC Île-de-France. La technique sera approfondie dans les communications ultérieures, je n'insiste pas.

- Le projet comprend *« les créations de services unifiés »* en application de l'article L. 5111-1-1 du CGCT. Il s'agit d'une forme de mutualisation de services fonctionnels entre collectivités car l'organisation des modalités de l'action commune suppose d'éviter les doublons administratifs. Cet aspect très concret de rationalisation administrative se retrouve, par exemple, dans la CTEC de la région PACA.

Le projet comprend enfin les modalités financières de l'action commune pour éviter les doublons financiers et ici, les CTEC prennent un sens paradoxal.

2° Les modalités financières de l'action commune

Nous touchons ici un enjeu central de la négociation et de la conclusion des CTEC.

Il faut se rappeler que la fonction de collectivité chef de file a été instituée en 2003/2004 notamment pour limiter la pratique des co-financements et la loi de 2014, dans le sillage de celle de 2010, a renforcé l'encadrement des pratiques financières des collectivités territoriales.

Cet encadrement est fixé par l'article L. 1111-9 du CGCT, celui qui désigne les collectivités chef de file. Il pose en son I. deux règles contraignantes qui s'imposent lorsque l'exercice des compétences nécessite le concours de plusieurs collectivités :

- *« la participation minimale du maître d'ouvrage est fixée à 30 % du montant total des financements apportés par les personnes publiques »* (2° du I)

- le principe de l'interdiction du cumul des subventions d'investissement et de fonctionnement, de la région et du département, hors opérations figurant dans le contrat de Plan État / Région (3° du I).

L'article L. 1111-9 est donc l'article de la clarification financière.

Or, si nous revenons au contenu des CTEC, la loi, par l'article L. 1111-9-1 du CGCT, prévoit que chaque projet de convention comprend *« les modalités de la coordination, de la simplification et de la clarification des interventions financières des collectivités territoriales pouvant déroger aux 2° et 3° du I de l'article L. 1111-9 »* (3°).

Autrement dit, la conclusion d'une CTEC permet aux personnes signataires de déroger à la règle de la participation minimale du maître d'ouvrage et à l'interdiction du cumul des subventions départementales et régionales, c'est-à-dire de réintroduire les financements croisés région / département.

Cette dérogation aux dispositions de l'article L. 1111-9 est évidemment une puissante incitation à la conclusion d'une CTEC. Bien souvent, c'est essentiellement elle qui est recherchée par les signataires de la CTEC, la rationalisation de l'action administrative étant subsidiaire. Elle devient l'objectif principal d'une démarche d'organisation des modalités de l'action commune.

Cette logique purement utilitariste des collectivités territoriales révèle un effet pervers de l'outil CTEC mais il ne s'agit que d'une exploitation opportuniste des contradictions de la loi.

Ce qui est tout à fait remarquable, c'est que cet intérêt des CTEC a été avivé par l'adoption de la loi du 7 août 2015 qui supprime la clause générale de compétence des départements et des régions et réduit donc leurs possibilités de participation financière. Le quotidien d'information de l'AMF *« Maire info »* du 17 février 2016, publie cette observation édifiante : les projets de CTEC sont *« un dispositif rendu nécessaire par la suppression de la clause générale de compétence des départements et des régions »*.

Cette finalité de cumul financier est désormais affichée sans ambages dans les CTEC notamment lorsqu'elles portent sur leur domaine de prédilection qui est celui des solidarités territoriales et de l'aménagement du territoire pour lequel département et région ont chacun un rôle de chef de file.

- La région Occitanie a conclu une CTEC avec ses 13 départements au titre de leur chef de filât pour permettre de *« cofinancer les projets communaux pendant deux ans, dans l'attente du SRADDET »*. Voilà en quoi a consisté, dans cette région, la concertation sur les modalités de l'action commune.
- La région Île-de-France a conclu une CTEC au titre de son chef de filât pour pérenniser sa politique contractuelle d'aide au milieu rural. Le préambule de la CTEC présente les effets de la loi de 2014 et de la loi NOTRe et précise : *« La région et les départements souhaitant maintenir la possibilité d'un co-financement dans le cadre du nouveau contrat rural, il convient d'établir une CTEC fixant les modalités de l'action commune de ces collectivités sur ce dispositif »* (p. 2).

Dans ces cas, la CTEC apparaît comme une enveloppe contractuelle supplémentaire, comme une sorte de « rattrapage » pour les opérations qui ne sont pas inscrites au contrat de plan Etat-région (CPER). Cela est peut être une des explications du faible empressement des chefs de file à conclure des CTEC lorsque les opérations qui leur importent émargent au CPER.

Nous voyons, dans ces deux illustrations, que la CTEC n'est pas du tout envisagée dans la même optique qu'en PACA et nous sommes loin de la vision structurante qui était le dessein du législateur. Finalement, la CTEC est ici, moins un outil d'innovation que de continuité dans la pratique des doublons financiers. Quels sont les effets des CTEC ?

B – Les effets des CTEC

Lorsque le projet de convention a été examiné par la CTAP, il est transmis au préfet de région pour contrôle de légalité et aux collectivités territoriales et établissements publics concernés qui les approuvent puis il est signé par l'exécutif. Les effets de la convention sont observables à deux points de vue, juridiques et politiques.

1° Les effets juridiques

La loi affirme la valeur contractuelle des CTEC. Elle dispose : *« Les stipulations de la convention sont opposables aux seules collectivités et établissements publics qui l'ont signée »* (CGCT, art. L. 1111-9-1, VII, al 5). On retrouve ici la volonté du législateur de donner un cadre normatif aux CTEC mais il y a simplement référence à la règle du code civil. La disposition sert de fondement juridique aux dispositifs d'intervention des signataires et elle sécurise les co-financements. Ainsi, la CTEC Aquitaine / Pyrénées-Atlantiques, approuvée par délibération d'octobre 2017, couvre l'année 2017 et des financements croisés déjà actés. *A contrario*, la collectivité qui ne signe pas ne peut bénéficier des dérogations du point de vue financier.

Parmi les engagements réciproques, la loi dispose que la convention engage les personnes publiques signataires *« à prendre les mesures et à conclure les conventions nécessaires à sa mise en œuvre »*. Cela est l'effet logique recherché et consiste souvent dans la conclusion de nouvelles conventions. En région Île-de-France, la CTEC sert de fondement à la conclusion de chaque contrat rural et en Nouvelle Aquitaine, à des conventions passées avec des communes-centre et portant sur les services à la population.

Est-il possible de se prévaloir de la CTEC devant le juge ? Oui, mais l'on sait, par la jurisprudence relative aux contrats de plan Etat-région, que ces conventions entre personnes publiques, obéissent à une logique davantage politique que juridique. L'article 7 de la CTEC Île-de-France stipule : *« En cas de difficulté d'application de la présente convention, la recherche d'une résolution amiable sera privilégiée. A défaut d'accord entre les parties, tout litige à apparaître dans l'exécution de la présente convention sera soumis au tribunal administratif compétent »*.

La signature de la CTEC entraîne aussi des effets de nature politique.

2° Les effets politiques

La signature de la CTEC entraîne l'obligation pour la collectivité chargée d'organiser les modalités de l'action commune d'adresser *« au moins une fois par an, aux collectivités territoriales et établissements publics concernés, un rapport détaillant les actions menées dans le cadre de la CTEC ainsi que les interventions financières intervenues. Ce rapport fait l'objet d'un débat »* (CGCT, art. L. 1111-6-1, VIII). Cette obligation de suivi de la mise en œuvre de la convention est assez floue mais suite à cet examen, il peut être décidé de procéder à la révision de la convention soit au terme d'une période de trois ans soit en cas de changement des conditions législatives ou financières.

Les effets politiques des CTEC concerneront essentiellement les logiques de pouvoirs qui s'exerceront entre échelons. Les CTEC placent bien souvent la région en position de force. Lui permettront-elles d'imposer une forme de « tutelle » sur les autres échelons ? Contribuent-elles à l'effacement du département lorsqu'il renonce à son chef de filât ou au contraire, lui permettent-elles d'affirmer sa présence et de mettre en avant les politiques qu'il conduit ? Quelle sera la relation région / métropole ?

Au total, les CTEC apparaissent comme un outil de coordination d'une grande plasticité qui occupera la place que les collectivités territoriales voudront bien lui donner. L'avenir permettra d'évaluer leur contribution à l'organisation des modalités de l'action commune sachant que l'exercice concerté des compétences locales passe par bien d'autres conventions (par exemple, les CPER ou les conventions de mise en œuvre du SRDEII prévues à l'article L. 4251-18 du CGCT).

ILLUSTRATIONS

La concertation pour la promotion du sport

Quelle place pour les collectivités territoriales ?

Jacques FIALAIRE

Professeur de Droit public, Université de Nantes
Co-directeur du GRALE

« L'organisation du sport en France repose sur un réseau de relations et d'échanges particulièrement riche, voire complexe »[1], où sont impliqués à la fois l'Etat, les collectivités territoriales et leurs groupements, le mouvement sportif, les entreprises et leurs institutions sociales[2]. Ce paysage génère par nature un besoin de concertation entre une pluralité d'acteurs publics et privés.

S'intéresser ici à la place occupée par les collectivités territoriales se justifie, au regard de la répartition de la dépense sportive, les budgets locaux ayant un poids prépondérant dans le financement du sport, avec plus de 10 milliards d'euros affectés dans ce cadre chaque année (contre 4 milliards pour l'Etat), soit plus de 70 % de la dépense publique globale[3], alors même que les compétences locales ont pour l'essentiel un caractère facultatif.

---

[1] Isabelle SANDILLON, *L'organisation du sport en France,* Ed. CNFPT, 2013.
[2] Selon l'art. L. 100-2 du code du sport.
[3] V. Ministère des Sports, de la Jeunesse, de l'Éducation populaire et de la Vie associative, *Les chiffres clés du sport*, février 2013, tableau 1.

Dans le vocabulaire juridique, la concertation s'entend comme *« la recherche en commun, par les personnes dont les intérêts sont convergents, complémentaires ou même opposés, d'un accord tendant à l'harmonisation de leurs conduites respectives »*[1]. Sur cette base elle induit à la charge des autorités publiques une obligation d'organiser une procédure visant à *« informer les personnes ou les groupements intéressés en amont de la prise de décision définitive sur des projets »*[2].

La concertation pour la promotion du sport présente une spécificité vis-à-vis de celle pratiquée dans d'autres franges de l'action publique ; elle tient dans le respect scrupuleux dû à *« l'identité du mouvement sportif »*, qui le rattache à *« un ordre sportif international »*[3]. Cette ouverture au « mouvement sportif » se présente comme une *« réponse institutionnelle à une revendication majeure émanant de mouvements associatifs militants »*[4]. Corrélativement les pouvoirs publics possèdent leur propre intérêt, attendant de la concertation qu'elle *« permette d'améliorer la qualité des décisions »*[5], dans une optique d'efficacité.

Dans le domaine sportif comme ailleurs, la concertation est un produit à géométrie variable. Réduite au champ clos d'instances consultatives, son impact reste faible.

Le sens et la portée de la concertation institutionnelle appliquée à la promotion du sport seront donc interrogés. Il convient néanmoins de ne pas négliger le fait que cette concertation puisse aussi se réaliser par des voies informelles[6].

---

[1] G. CORNU, *Vocabulaire juridique,* Asso. Henri Capitant, 1987, 1ère éd., p. 171.

[2] J.-F. DAVIGNON, notice « concertation », in N. KADA (dir.), *Dictionnaire d'administration publique,* PUG, 2014, p. 94.

[3] V. J.-P. KARAQUILLO, *Droit du sport,* Dalloz, Connaissance du droit, 2011, p. 57.

[4] J.-F. DAVIGNON, *id.*, p.94.

[5] T. TANQUEREL, *La participation de la population à l'aménagement du territoire,* Payot, Lausanne, Coll. jurid. romande, 1988, p. 69.

[6] Ainsi la préparation du projet de loi de réforme des collectivités territoriales (devenu la loi du 16 décembre 2010) a traduit un parfait exemple de cette concertation, qui a produit ses pleins effets. Dans l'avant-projet de loi, il était envisagé la suppression de la clause générale de compétence au profit des départements et des régions sans dérogation possible. Le lobbying conjoint de l'Association des maires des grandes villes de France et du mouvement sportif, a abouti à ce qu'une exception soit retenue à cette règle dans le domaine du sport (tout

Il nous a été montré par Martine Long que, placée au cœur de l'exercice des compétences locales, la concertation en révèle *« un nouvel enjeu »*. Qu'en est-il dans un domaine où les collectivités territoriales interviennent *a priori* essentiellement au stade de la mise en œuvre de la politique sportive ? Les modes de concertation sont-ils appelés à évoluer au regard des changements actuels de modes d'exercice des compétences locales ?

Nous établirons d'abord que les élus locaux occupent une place encore périphérique au sein des instances nationales de concertation dans le champ de la promotion du sport (I).

Champs et périmètres de la concertation sont à élargir. S'il existe déjà des enceintes locales de concertation, dans une perspective réaliste une évolution des modes de concertation devrait être envisagée, les adaptant aux nouvelles fonctionnalités locales (II).

I – Les collectivités territoriales et la concertation nationale en matière sportive : une reconnaissance timide de l'action publique locale

On tentera de comprendre pourquoi (A) les collectivités territoriales ne se voient admises à être représentées qu'*a minima* dans différentes instances consultatives nationales (B).

A – Les causes de l'étroitesse de la représentation des collectivités territoriales dans les instances nationales

Ce rang inférieur semble s'expliquer par les particularités de la « lex sportiva », et par le recours au concours de compétences retenu par le législateur pour la promotion du sport.

1° Les justifications liées à la « lex sportiva »[7]

---

comme dans les domaines de la culture et du tourisme). V. J.-P. KARAQUILLO, *Le droit du sport,* ouvr. préc., p. 56.

[7] Terminologie empruntée à J.-P. KARAQUILLO, *Le droit du sport,* ouvr. préc., p. 3.

La « lex sportiva », confère un pouvoir normatif aux fédérations sportives, s'appuyant sur deux sources de légitimité :

- d'une part, l'existence d'un « service public sportif » qui bénéficie de nos jours d'un cadre législatif constamment étoffé[8] ;

- d'autre part, un double niveau de reconnaissance par l'Etat: l'agrément et la délégation ministérielle.

Dans ce cadre, les fédérations sportives font usage de prérogatives de puissance publique, jusqu'à détenir un pouvoir réglementaire spécial[9] s'imposant aux réglementations locales. La doctrine souligne que *« la réglementation publique du sport n'entend pas se substituer au mouvement sportif qui reste libre, dans le respect des principes généraux, de fixer lui-même les règles sportives »*[10].

2° Les justifications liées au cadre d'exercice des compétences locales

Dans le droit général, un partage de compétences prévaut en matière sportive, par exception à l'attribution légale de compétences entre les collectivités territoriales, et entre celles-ci et l'Etat (CGCT, art. L. 1111-4, al. 2).

Dans le droit du sport, l'intervention des collectivités territoriales s'insère dans un système de concours de compétences. Le code du sport (art. L. 100-2 issu de la loi Avice du 16 juillet 1984) dispose en effet que :

« L'Etat, les collectivités territoriales et leurs groupements, les associations, les fédérations sportives, les entreprises et leurs institutions sociales contribuent à la promotion et au développement des activités physiques et sportives ».

« L'Etat et les associations et fédérations sportives assurent le développement du sport de haut niveau, avec le concours des collectivités territoriales, de leurs groupements et des entreprises intéressées ».

---

[8] En témoigne la densification progressive des normes successives : loi Mazeaud du 29 octobre 1975 ; loi Avice du 16 juillet 1984 ; loi Bredin du 13 juillet 1992 ; loi Buffet du 6 juillet 2000 ; loi Lamour du 1er août 2003, etc.

[9] Pour un exemple d'application de ce pouvoir réglementaire saisi au contentieux, v. CE réf., 15 avril 2016, *association Souffel Escrime Club.*

[10] Gérald SIMON, *Droit du sport,* PUF, 2012, p. 3.

De fait, la perception de l'action publique locale en matière sportive donne à voir surtout un rôle des collectivités territoriales, principalement en tant que gestionnaire d'équipements sportifs, les situant en aval par rapport aux missions de l'Etat, allant de la structuration des métiers du sport[11] au contrôle des fédérations sportives. On pourrait presque douter du réel besoin d'associer les collectivités territoriales à un processus de concertation nationale sur la politique sportive. Pour le moins, leur participation se révèle chichement comptée, en rapport avec une architecture institutionnelle où les collectivités territoriales apportent avant tout un « concours » à la mise en œuvre du service public sportif.

B – Les effets : une place résiduelle des élus locaux au sein des instances nationales de concertation en milieu sportif

1° Les trois échelles de la concertation nationale :

On enregistre trois degrés de concertation, allant de la simple consultation à l'association au processus décisionnel.

Les collectivités territoriales sont représentées au sein de deux instances collégiales détenant un rôle consultatif ; il s'agit :

- de la « Commission d'examen des règlements fédéraux relatifs aux équipements sportifs », instance consultative placée auprès du ministre des sports, chargée de *« rendre un avis sur les projets de règlements relatifs aux équipements sportifs requis pour accueillir les compétitions, élaborés [...]) par les fédérations »* (art. R. 142-1). Siègent dans cette commission 4 représentants de l'Etat, « 5 représentants des collectivités territoriales et de leurs groupements sur proposition des associations nationales d'élus locaux », le président du CNOSF, 4 représentants d'associations sportives, 2 « représentants des entreprises intéressées par les équipements sportifs », et 2 personnalités qualifiées (id.).

- de la « Commission nationale de sécurité des enceintes sportives », autres instance consultative aussi présidée par le ministre chargé des sports et comprenant 7 représentants de l'Etat, membres de

[11] En témoigne le statut des directeurs techniques des fédérations sportives, agents publics recrutés ou détachés sur contrat, mis à disposition de celles-ci par le ministère des sports, récemment modifié par le décret n° 2017-374 du 22 mars 2017.

droit, 2 représentants du CNOS, un représentant des professionnels de la construction d'équipements sportifs et un « membre désigné sur proposition de l'Association des maires de France » (art. R. 312-22). Le rang modeste laissé au représentant des communes nous semble traduire une primauté encore reconnue à la relation entretenue localement entre le « délégué à la sécurité » désigné par le président du club sportif organisateur d'une manifestation sportive et les autorités de la police nationale.

Un degré supplémentaire de concertation est franchi à travers l'ancienne « Conférence nationale du sport, instance qui était également placée auprès du ministre chargé des sports, « chargée *« d'organiser la concertation entre l'Etat, les collectivités territoriales, le mouvement sportif et le monde économique pour favoriser la cohérence de leurs actions respectives dans le développement et la promotion du sport »* (art. D. 142-39). Cette instance a été refondue en 2013 (voir *infra*).

La concertation est poussée à son degré maximal avec la « Commission nationale du sport de haut niveau », qui est « composée de représentants de l'Etat, du Comité national olympique et sportif français et des collectivités territoriales, ainsi que de personnalités qualifiées désignées par les sportifs, entraîneurs, arbitres et juges sportifs de haut niveau » (C. sport, art. L. 221-1). Les 3 élus locaux siégeant dans cette instance sont minoritaires, sur un total de 26 membres dont 16 représentants de l'Etat. Représentants chacune des 3 catégories de collectivité territoriale de droit commun, ils sont « désignés sur proposition du ministre de l'Intérieur » (art. R. 221-28). Cette commission est investie non seulement de compétences consultatives, mais aussi d'un pouvoir décisionnel ; ce pouvoir consiste à *« déterminer après avis des fédérations sportives délégataires concernées, les critères permettant de définir, dans chaque discipline sportive à laquelle elle reconnaît le caractère de haut niveau pour la période de 4 ans correspondant à l'olympiade, la qualité de sportif de haut niveau, de sportif espoir et de partenaire d'entraînement »* (art. R. 221-36).

2° Les avancées récentes

Issu du décret n° 2013-289 du 4 avril 2013, le Conseil national du sport, vaste instance de concertation sur la politique du sport regroupant l'Etat, les collectivités territoriales, le mouvement sportif, les acteurs économiques et sociaux de la branche du sport et les principales institutions publiques partenaires, s'est substitué à la conférence nationale du sport. Cette instance, chargée notamment d'évaluer les politiques publiques en matière sportive, détient une fonction transversale consistant à examiner toute question d'intérêt commun relative à la définition et à la mise en œuvre de la politique du sport. Une relative novation transparaît ; cet organe constitue un moyen d'associer les collectivités territoriales, par l'intermédiaire de leurs représentants, à l'élaboration des normes sportives, en droit interne comme en droit international ou de l'UE. En effet le décret (C. Sport, art. R. 142-2) prévoit que :

> *« le Conseil national du sport peut être consulté, à la demande du ministre chargé des sports, sur tout projet de loi ou de texte réglementaire relatif aux activités physiques et sportives ainsi que sur tout projet d'acte de l'Union européenne ou de convention internationale se rapportant à la pratique sportive. »*

La représentation des collectivités territoriales au sein de cette instance est substantielle, un des quatre collèges de délégués lui étant consacré[12].

Il est ainsi tenu compte partiellement à travers cette composition de la montée de l'intercommunalité. Plus largement, l'action publique locale est davantage prise en compte dans cette instance collégiale.

L'initiative locale peut fournir un exemple attestant de la pertinence de cette concertation. Ainsi en Pays de Loire, il existe un *« plan régional de développement du sport de haut niveau. Élaboré en concertation avec les fédérations, il prévoit un « renforcement du soutien aux pôles d'entraînement, afin d'améliorer l'encadrement et*

---

[12] Le décret fondateur prévoit que siègent :
« 2° Au titre du collège représentant les collectivités territoriales :
« a) Deux représentants de l'Association des régions de France, désignés par son président ;
« b) Deux représentants de l'Association des départements de France, désignés par son président ;
« c) Six représentants des communes et de leurs groupements désignés par le président de l'Association des maires de France, dont au moins deux représentants des établissements publics de coopération intercommunale ;
« d) Deux élus membres de la commission consultative d'évaluation des normes prévue à l'article L. 1211-4-2 du code général des collectivités territoriales, désignés par son président ».

faciliter ainsi le suivi individuel des sportifs »[13]. C'est l'application d'un précepte admis depuis longtemps, selon lequel la fonction de *« planification risque d'être vouée à l'échec, de demeurer lettre morte, si les dirigeants, au lieu de rechercher la coopération des agents, s'en tiennent à un procédé autoritaire de prise de décision et d'exécution de celle-ci ».*[14]

L'action publique locale a aussi été reconnue concernant la sécurité des enceintes sportives, l'association des maires de France disposant d'un siège au sein de L'Instance nationale du 'supportérisme', comme que le prévoit le décret n° 2016-957 du 12 juillet 2016 pris pour l'application de l'article 6 de la loi n° 2016-564 du 10 mai 2016 renforçant le dialogue avec les supporters et la lutte contre le hooliganisme[15].

Le cadre institutionnel classique met donc en scène un rapport principalement bilatéral entre l'Etat et les fédérations sportives dans les instances de concertation relatives à la promotion du sport, où les élus locaux font figure d'invités. Mais ce schéma a commencé à évoluer, les collectivités territoriales devenant des partenaires incontournables. Ce changement de paradigme est plus sensible encore lorsque l'on plonge au cœur des institutions locales.

---

[13] Conseil régional des Pays de la Loire, rapport annuel 2004.

[14] Y. WEBER, *L'administration consultative,* LGDJ, BDP, T. LXXXII, 1968, p. 40.

[15] Art. D. 224-2 : « L'Instance nationale du supportérisme est présidée par le ministre chargé des sports ou son représentant.

Outre son président, elle comprend :

1° Dix représentants des associations de supporters disposant de l'agrément du ministre chargé des sports ;

2° Cinq représentants d'associations sportives ou de sociétés sportives qui participent aux compétitions organisées par une ligue professionnelle ;

3° Un représentant des ligues professionnelles désigné par l'Association nationale des ligues de sport professionnel ;

4° Un représentant du Comité national olympique et sportif français désigné par son président ;

5° Un représentant du Comité paralympique et sportif français désigné par son président ;

6° Deux personnalités qualifiées à raison de leurs compétences en matière de supportérisme ;

7° Quatre représentants de l'Etat désignés, respectivement, sur proposition des ministres chargés des sports, de l'intérieur, de la justice et des transports ;

8° Trois représentants élus comprenant un député, un sénateur et un élu désigné par l'Association des maires de France. «

II – Pour une concertation en phase avec les réalités de l'exercice de la compétence « sport »

Au-delà des logiques sous-tendant la concertation nationale, des ressorts distincts sont à l'œuvre au sein des institutions locales, débouchant sur des formes de concertation intégrées à celles-ci (A).

Un renouvellement des modes de concertation nous paraît s'imposer, au vu de la diversification des conditions d'exercice des compétences locales (B).

A – L'état de la concertation en matière sportive « internalisée » au sein des instances locales

1° Les fondements d'une concertation « internalisée » en 'local'

Trois fondements sont ici présents :

Le premier réside dans la persistance de la clause générale de compétence dont disposent encore les communes, qui justifient les politiques municipales de soutien aux clubs et associations sportives. Elles se matérialisent, non seulement par des aides financières apportées à ces derniers, dans la limite de plafonds fixés dans le code du sport[16], mais aussi par la prise en charge directe de certaines dépenses liées à la pratique sportive, laquelle est admise par le juge administratif[17].

Le second fondement puise dans la reconnaissance de certaines compétences en faveur des collectivités territoriales ou d'obligations légales pesant sur elles. Il en va ainsi :

- s'agissant de la situation particulière des associations sportives scolaires, qui doivent être créées dans tous les établissements scolaires du second degré, lesquels ont le statut d'établissements publics locaux d'enseignement (EPLE). L'Etat et les collectivités territoriales sont

---

[16] *« Le montant maximum des subventions que les associations sportives ou les sociétés qu'elles constituent (...) peuvent recevoir, en application de l'article L. 113-2, des collectivités territoriales, de leurs groupements ou des EPCI, ne peut excéder 2,3 millions € pour chaque saison sportive de la discipline concernée »* (art. R. 113-1 issu du décret n° 2001-828 du 4 septembre 2001).

[17] TA Versailles, 10 avril 1998, *Préfet de Seine-et-Marne c/ Commune de Pontault-Combault*, req. n° 914630.

garants tous deux de ces créations (C. éduc., art. L. 552-2 al. 1er). Ces dernières possèdent aussi un rôle d'accompagnement, la loi (C. éduc., art. L. 552-2 al. 2) posant qu'elles *« peuvent concourir au développement de ces associations, en particulier en favorisant l'accès à leurs équipements sportifs »*[18].

- S'agissant des obligations pesant sur les collectivités territoriales, induites par la loi n° 2005-102 du 11 février 2005 et ses règlements d'application, visant à améliorer les pratiques sportives au profit des personnes en situation de handicap.

- S'agissant de l'exercice de la compétence départementale relative à la planification des « espaces, sites et itinéraires relatifs aux sports de nature ».

Le troisième fondement renvoie au souci d'associer le mouvement sportif au « dialogue social territorial » réalisé au sein des Comités économiques, sociaux et environnementaux régionaux (CESER).

2° Les réalisations

– Les offices municipaux de sport et les commissions sportives municipales :

Une structure de concertation est généralisée, *« la vie sportive locale s'organisant généralement autour des Offices municipaux de sport (OMS), ouverts à l'ensemble du sport local »*[19] Constitués en associations loi de 1901, ils ont pour but, en associant le mouvement sportif, de *« réfléchir et de répandre, dans la commune, la meilleure politique possible de l'éducation physique et sportive et du sport, de contribuer à l'élaboration de la politique sportive locale et d'aider à sa mise en œuvre »*[20]. Ils détiennent un rôle d'avis et de proposition, *« en particulier sur la répartition des subventions aux associations sportives et sur l'utilisation des installations sportives »*[21]. Tant qu'ils en restent là et ne se voient pas confier de surcroît le rôle direct de répartition des subventions entre les associations locales, le procédé est régulier.

---

18 Il en va de même pour les « associations sportives universitaires » (C. éduc., art. L. 841-1).

19 Jean GATSI, *Le droit du sport,* PUF, QSJ, 2e éd., 2007, p. 12.

20 Jean GATSI, *id.*, p. 12.

21 Gérald SIMON, *ibid,* p. 40.

On peut ajouter dans le prolongement du rôle joué par les OMS, *« l'association de délégués des groupements sportifs aux travaux de commissions sportives municipales ou extra-municipales »*[22].

– La concertation entre le Comité national olympique et sportif (CNOS) et les collectivités territoriales sur les projets d'amélioration de l'accessibilité des équipements sportifs :

Une place existe ici pour une concertation entre le mouvement sportif et les associations d'élus locaux, dans la mesure où les équipements sportifs construits depuis 2007, à majorité communaux, sont visés par l'obligation d'accessibilité des établissements recevant du public (ERP), en application de la loi du 11 février 2005 (CCH, art. R. 123-2). Dans un contexte budgétaire très contraint, les finances locales peuvent être abondées par *« d'autres sources de financement tels que ceux fournis par la ligne H du CNOS, en articulation avec la politique de la fédération française Handisport et la fédération française de sport adapté »*[23].

– L'élaboration des « plans départementaux des espaces, sites et itinéraires relatifs aux sports de nature » :

Créées par la loi Buffet du 6 juillet 2000, les « commissions départementales des espaces, sites et itinéraires de sports de nature (CDESI) sont des instances ayant vocation à regrouper l'ensemble des acteurs concernés par les sports de nature. Ces commissions sont chargées de concourir à l'élaboration de ces plans (PDESI) et de proposer des conventions pour leur mise en œuvre. Le PDESI est ensuite, sur la base de cet avis, établi par le département (C. sport, art. L. 311-4).

L'enjeu consiste ici à établir un dialogue entre :

- les fédérations sportives compétentes pour « définir, chacune dans leur discipline, les normes de classement technique, de sécurité et d'équipement » de ces sites[24] ;

---

[22] J.-P. KARAQUILLO, *Droit du sport,* ouvr. préc., p. 59.

[23] Mai-Anh ANGO, « La loi du 11 février 2005 et les pratiques sportives des personnes en situation de handicap : création d'un espace sportif commun ou simple contrainte ? », *Cahiers du droit du sport,* n° 41/2015, p. 54.

[24] La loi dispose (C. sport, art. L. 312-2) que *« les fédérations sportives délégataires ou, à défaut, les fédérations sportives agréées, peuvent définir, chacune pour leur*

- les départements, compétents pour élaborer ces plans répertoriant les espaces à usage sportif, en adéquation avec les plans départementaux des itinéraires de promenade et de randonnée, dont ils ont également la responsabilité[25] (C. env., art. L. 361-1) ;

- et l'Etat, seul en capacité d'adapter la réglementation nationale aux spécificités géographiques locales[26].

- La place des CROS au sein des CESER :

Une forme de concertation est rendue possible grâce à la participation des Comités régionaux olympiques et sportifs (CROS) au sein des Comités économiques, sociaux et environnementaux régionaux (CESER), moyen pour eux d' *« influer sur la vie locale en intervenant auprès des collectivités territoriales »*[27]. La légitimité de cette présence des CROS nous semble liée à *« leur contribution à la défense et au développement du patrimoine sportif régional »* et à leur aptitude à cet échelon à *« représenter le sport pour toutes les questions d'intérêt général »*[28]. Concrètement, leur capacité d'influence tire parti de *« l'interpénétration entre le mouvement fédéral (sportif) et le mouvement olympique »,* dans le cadre d'une *« organisation unitaire de la pratique sportive »*[29], consacrée depuis les années 1970.

---

discipline, les normes de classement technique, de sécurité et d'équipement des espaces, sites et itinéraires relatifs aux sports de nature ».

[25] En pratique, des partenariats sont établis entre les Départements et les branches locales de la Fédération française de randonnée pédestre. Voir : Patrick LE LOUARN, *Le droit de la randonnée pédestre,* Ed. Victoires, coll. Environnement & techniques, 2010.

[26] Ainsi l'alpinisme est défini par un arrêté du 6 décembre 2016 (art. 1er), selon lequel les activités assimilées à l'alpinisme s'entendent comme *« un ensemble de pratiques sportives qui regroupent différentes techniques permettant la progression ou le déplacement à pied, en sécurité, dans un environnement montagnard ».* Pour cela, il est prévu *« une grille de cotation en trois critères gradués de 1 à 5 : l'effort, la technicité, et le niveau de risque ».* L'altitude est aussi prise en compte pour les Vosges, la Corse, le Jura et le Massif Central, où sont visées les zones d'altitude supérieures à 800 m (Colin MIÈGE, « une nouvelle définition de l'environnement montagnard par la pratique des activités assimilées à l'alpinisme », *Cahiers du droit du sport,* n° 46-2017, pp. 37, s.).

[27] J.-P. KARAQUILLO, *Le droit du sport,* ouvr. préc., p. 23.

[28] Jean GATSI, *ibid,* p.20.

[29] J.-P. KARAQUILLO, *ibid,* pp. 26-27.

Corrélativement, la composition 'transpartisane' des CESER donne à cette assemblée la capacité de formuler des avis mettant parfois en garde les élus locaux face aux risques financiers encourus du fait d'engagements budgétaires excessifs résultant de pressions des lobbies sportifs[30]. On peut en espérer un meilleur suivi des politiques sportives régionales, prenant appui sur les dispositions de la loi NOTRe du 7 août 2015 qui donne mission aux CESER de "*contribuer au suivi et à l'évaluation des politiques publiques régionales*".

Il reste que la concertation en matière de promotion du sport ne peut être enfermée dans un cadre uniformisé. En témoignent certaines initiatives comme la Conférence régionale du sport, mise en place depuis le début des années 2010 à l'initiative du Conseil régional Île-de-France, qui est le siège d'une concertation spécifique entre les élus des collectivités territoriales, des groupements de communes et les délégués du mouvement sportif.

B – Pour une concertation adaptée à un exercice renouvelé des compétences sportives

Comme toute activité de ce type, le service public sportif est soumis à un principe d'adaptation aux transformations intervenues dans la poursuite du but d'intérêt général. Ces changements sont perceptibles à la fois dans les relations entre les principaux partenaires et dans l'exercice même des compétences locales.

1° Des compétences davantage entrecroisées entre l'Etat, le mouvement sportif et les collectivités territoriales

– La place de la police municipale dans les missions de sécurité :

Il résulte du droit jurisprudentiel que les règlements des fédérations sportives relatives à l'organisation des compétitions ne dispensent pas les autorités de police de prendre les mesures nécessaires au maintien de l'ordre et de la sécurité publics dans les enceintes sportives[31].

---

[30] Le CESER Aquitaine a formulé « des réserves à propos de l'aide apportée par la Région au Grand stade de Bordeaux (15 M€) et des appels à la prudence en matière de soutien aux grands clubs professionnels sous statut commercial » (avis du 14 décembre 2011 sur la politique sportive régionale).

[31] CE, 13 déc. 2006, *Fédér. Française de football* : *Rec. T.* 985.

Pourtant, le décret n° 2016-957 du 12 juillet 2016 instituant la fonction de « personne référente chargée des relations avec les supporters », passe sous silence les responsabilités liées aux activités relevant de la police municipale[32]. Ce dispositif néglige ici le rôle non négligeable tenu par les communes, se traduisant par nombre d'arrêtés de police souvent motivés par la préservation de la sécurité des pratiquants des manifestations sportives ou par celle de la tranquillité publique face aux pratiques sportives sources de nuisances sonores. Au moins peut-on espérer qu'une concertation informelle s'établisse dans pareil domaine.

L'organisation des grands événements sportifs

Des collectivités territoriales s'impliquent temporairement aux côtés de l'Etat dans des groupements d'intérêt public (GIP) dédiés à l'organisation de grands événements sportifs[33]. Cette formule s'est banalisée depuis les années 2010[34].

Le partage de compétences Etat / Régions concernant les CREPS

Un processus de délestage de charges de l'Etat vers les collectivités territoriales a continué à orienter l'œuvre législative, la loi NOTRe du 7 août 2015 (art. 28) ayant transféré de l'Etat aux régions, suivant le prototype du transfert intervenu en 1986 concernant la gestion des lycées, la charge :

> *« 1° de la construction, de la reconstruction, de l'extension et des grosses réparations des locaux et des infrastructures des CREPS » ; 2° de l'entretien général et technique et du fonctionnement des centres ; 3° de l'acquisition et de la maintenance des équipements des centres ; 4° de l'accueil, de la restauration et de l'hébergement au sein des centres ».*

---

[32] Il prévoit que cette personne référente (C. sport, art. D. 224-7) *« assure également le dialogue avec les personnes référentes des autres associations ou sociétés sportives de la ligue professionnelle concernée et avec le représentant de l'Etat dans le département et, à Paris, le préfet de police, dans le cadre de la préparation des manifestations et compétitions sportives ».*

[33] PÉRICARD Arnaud, DELATTRE Jérémie, « Le groupement d'intérêt public à l'épreuve de l'organisation d'événements sportifs », *JCP G*, 1er oct. 2012, n° 40.

[34] On citera notamment l'ancien GIP « JEM Normandie 2014 » pour l'organisation des jeux équestres mondiaux de 2014 ; le GIP « Annecy 2018 » en vue de la candidature d'Annecy à l'organisation des JO d'hiver 2018. Le régime général des GIP s'applique depuis la loi n° 2011-525 du 17 mai 2011, qui a abrogé le régime particulier des GIP « sportifs » (abrogation de l'art. L. 114-1 du code du sport).

En outre, la loi NOTRe (art. 28) fait des CREPS des organismes hybrides, à l'image des EPLE, en les dotant d'un *« directeur nommé par arrêté du ministre chargé des sports »*.

Le précédent de la décentralisation scolaire montre que les Régions seront tentées d'intervenir au-delà des fonctions de gestion qui leur reviennent légalement[35]. Du coup, des instances de concertation devront à terme apparaître.

2° Les leçons des nouvelles pratiques d'exercice des compétences locales

L'accomplissement des compétences sportives locales s'intègre de manière croissante dans un large champ couvrant différentes politiques publiques.

– Les pratiques sportives face aux enjeux environnementaux :

Au regard de tels enjeux, on émettra des réserves sur l'intérêt du maintien d'instances purement consultatives, comme la « Commission d'examen des règlements fédéraux relatifs aux équipements sportifs ». Une concertation plus active pourrait être recherchée selon l'importance des projets d'équipement :

- Là où émergent des projets de complexes intégrés, alliant pratiques sportives et spectacles, une concertation a minima s'impose entre une pluralité d'acteurs publics et privés, ne serait-ce qu'en vue d'une harmonisation de l'exercice de compétences locales distinctes, la nouvelle offre d'équipement public sportif devant notamment être corrélée à l'offre de transport[36].

- Là où l'impact environnemental des équipements sportifs est élevé, il serait justifié de recourir à « des procédures de type 'débat public', plus exigeantes que les consultations, lesquelles *« se bornent*

---

[35] Ainsi peut-on parier qu'elles souhaiteront être associées aux travaux du « pôle ressources sports et handicaps » dépendant du CREPS de Bourges.

[36] Ainsi le juge administratif n'a validé la participation de l'ancienne communauté urbaine du Grand Lyon au financement de la réalisation du projet de « Grand stade de Lyon », qu'au regard de sa compétence en matière de transport, s'agissant *« d'améliorer les conditions de circulation aux abords du Grand stade (...), tout en contribuant au développement de l'économie régionale, spécialement à l'est de l'agglomération lyonnaise »* (CAA Lyon, 14 mai 2014, *M. C.A.*, req. n° 13LY01169, note Sébastien Martin, *Cah. Droit du sport,* n° 36-2014, p. 174.

le plus souvent à enregistrer les avis sur un projet déjà très élaboré »[37].

– La compétence sportive, gagnée par le mouvement d' « intercommunalisation » et de mutualisation de services :

La promotion du sport n'échappe pas à la quête de la taille critique des entités locales avec *« l'idée sous-jacente »,* exprimée dans un rapport récent de la Cour des comptes, *« qu'une plus grande dimension permet d'atteindre une efficience supérieure grâce à la mutualisation des services et la rationalisation de l'exercice des politiques publiques »*[38]. On peut en attendre une optimisation de la gestion des équipements publics sportifs. Cette perspective est promue dans les résultats de l'enquête effectuée par les chambres régionales et territoriales des comptes (CRTC) sur la gestion des espaces aquatiques. Ici une CRC approuve sous l'angle de la rationalité comptable et financière, le transfert de la gestion de tel centre nautique, d'une régie communale structurellement déficitaire à un EPCI 'XXL'[39]. Là une gestion optimisée passera par une mutualisation des personnels et équipements à l'échelle intercommunale[40].

---

[37] Conseil d'Etat, *Consulter autrement, participer effectivement,* rapport public 2011, 2ème partie.

[38] C. Comptes, *Les finances publiques locales - Rapport sur la situation financière et la gestion des collectivités territoriales et de leurs établissements publics,* oct. 2017, p. 105.

[39] Ceci est vu comme un moyen d'accompagner l'évolution de la gestion d'un équipement sportif intégré résultant de l'extension d'un centre nautique. Bien que construit par le syndicat d'agglomération nouvelle de Melun Sénart, la commune de Savigny-le-Temple en a assuré la gestion en régie directe dès sa mise en service, en 1985. *« Il s'en est ensuivi une gestion structurellement déficitaire, entretenue par l'absence de contrôle de gestion. Étant devenu membre, le 1er janvier 2016, de la Communauté d'agglomération Grand Paris Sud Seine-Essonne-Sénart, le stade nautique, ainsi que les piscines de Moissy-Cramayel et de Cesson, ont été transférés à l'EPCI. Effectif depuis juillet 2017, ce transfert devrait permettre d'optimiser la gestion de ces équipements »* (CRC Île-de-France, rapport d'enquête sur la gestion de la piscine de Savigny Le Temple, 2 oct. 2017).

[40] Afin d'optimiser la gestion de la piscine de la ville de Creil (Oise), la CRC des Hauts-de-France recommande à la commune « d'engager, en liaison avec la communauté d'agglomération Creil Sud Oise, une réflexion sur la mutualisation des équipements aquatiques afin de rationaliser, à court terme, les coûts de fonctionnement et, à long terme, la répartition de ces installations sur le bassin de vie par le biais d'un schéma de mutualisation des piscines. Cette réflexion pourrait

Le besoin d'une concertation à cette échelle a été pris en compte par le CESER Île-de-France qui a préconisé en 2013 *« la prise en compte du mouvement sportif par les EPCI en les intégrant à l'instance consultative représentée par leur Conseil de développement »*[41].

- L'intersection des compétences sport, tourisme et aménagement du territoire, débouchant sur des modes de gestion « intégrée » en essor :

L'exercice de la compétence locale en matière sportive passe de plus en plus, notamment dans des stations de tourisme, par des modes de gestion complexes, révélés dans une série d'observations adressées par les CRC aux autorités locales. Ils vont jusqu'à des montages superposant un syndicat mixte agissant pour le compte d'un ensemble de collectivités, à qui est confié le contrôle de plusieurs délégataires de service public[42].

Un enjeu consiste donc à maîtriser l'articulation de politiques locales de promotion du sport :

-à un premier niveau, avec les politiques locales de développement touristique et de promotion des loisirs. Dans ce sens, plusieurs CESER possèdent une commission de travail regroupant les questions relatives au tourisme, au sport et aux loisirs[43].

---

notamment avoir lieu à la suite de la création – au 1er janvier 2017 – de la communauté d'agglomération Creil Sud Oise et de la redéfinition par les élus des compétences optionnelles et du champ de l'intérêt communautaire » (CRC Hauts de France, observations délibérées le 24 mars 2017).

41 CESER Île-de-France, *Le mouvement sportif en Île-de-France face aux nouvelles normes de gouvernance territoriale*, avis n° 2013-02 du 28 février 2013, art. 2.

42 Cas du syndicat mixte d'aménagement et d'équipement du Mont Ventoux (SMAEMV) qui contrôle deux délégataires, l'association de développement et de promotion du Mont Ventoux et l'association de développement touristique du Mont Ventoux. Il exerce une mission d'aménagement et d'équipement (intégration des compétences tourisme et sport) et une mission de préfiguration d'un parc naturel régional. Ce montage, qui passe par des missions confiées au syndicat par convention avec les collectivités mandantes en matière de maîtrise d'ouvrage déléguée pour des opérations d'aménagement du territoire dans un milieu extrêmement rural est susceptible d'engendrer des problèmes de gouvernance (selon les observations formulées par la CRC Auvergne Rhône-Alpes en 2017).

43 Ainsi le CESER Île-de-France possède une telle commission.

-à un second niveau, avec un ensemble de politiques globales d'aménagement du territoire. Cette intégration induit un besoin de renforcement, par les collectivités territoriales et leurs groupements, de leurs capacités d'ingénierie, notamment financière[44]. Elle appelle aussi, au moins temporairement, l'engagement de processus de concertation entre les différents acteurs concernés, élus locaux, représentants des personnels et fédérations des entreprises délégataires de service public. Il arrive que cette concertation soit réalisée « en interne », une SEML départementale ou régionale pouvant servir de support à celle-ci[45].

---

[44] Va dans ce sens le cas de la gestion déléguée des espaces skiables consentie par la Ville de Chamonix. Il est relevé qu' *« en l'absence d'une société dédiée à l'exploitation du domaine skiable qui n'a pas été imposée, le délégant devra, pour s'assurer que le cahier des charges est respecté, se doter d'outils de pilotage et de contrôle lui permettant de suivre avec précision l'exécution du contrat et l'équilibre économique de la délégation. »* (CRC Auvergne Rhône-Alpes, rapport d'observations du 23 oct. 2017).

[45] A l'échelle du Département de la Savoie, la chambre régionale des comptes d'Auvergne-Rhône-Alpes a procédé au contrôle de la société d'économie mixte Savoie Stations Participations (SEM SSP) pour les exercices 2009-2010 à 2015-2016. Créée en 1991 à l'initiative du département de la Savoie, qui en demeure l'actionnaire majoritaire à 74 %, elle constitue pour la collectivité un instrument d'intervention dans le domaine du tourisme et de l'économie des sports d'hiver, complémentaire des autres entités départementales que sont la Société des Trois Vallées (S3V) exploitante des domaines de Courchevel et Méribel-Mottaret, et de la Société d'Aménagement de la Savoie (SAS).
La CRC relève l'aspect positif de ce montage au regard des missions accomplies. « La SSP affiche un objectif spécifique d'aménagement du territoire par le soutien aux acteurs économiques des stations de moyenne montagne. Elle est l'actionnaire principal et historique de la SETAM (Société d'exploitation des téléphériques de Tarentaise Maurienne), qui exploite le domaine skiable de Val Thorens et dont les dividendes lui procurent 98 % de ses ressources. Depuis 2010, elle en a redistribué 70 % sur le territoire savoyard, sous la forme d'investissements financiers (40 %) et de dividendes versés au département de la Savoie et à la SAS (30 %). La SSP a ainsi investi dans quatorze sociétés exploitant des remontées mécaniques, en particulier des sociétés d'économie mixte ayant connu une situation financière fragile. Depuis 2010, elle a diversifié son portefeuille en acquérant des participations dans trois sociétés immobilières afin de dynamiser la fréquentation des stations. » La CRC ajoute que « La société poursuit également son objectif de façon plus informelle, en jouant le rôle d'interface entre les financeurs et les opérateurs publics et privés qui interviennent en Savoie. Sa participation est interprétée comme une garantie départementale qui crédibilise les montages et le financement des projets. Par ses

A première vue, la concertation relative à la promotion du sport place les collectivités territoriales dans un rapport inégal avec l'Etat et le mouvement sportif. A l'image des mutations de l'économie concertée[46], l'évolution actuelle des conditions d'exercice des compétences locales pousse à un dépassement des procédés classiques de concertation, dans le sens d'une association des acteurs publics locaux à différents niveaux de la construction des politiques sportives. Voici une pièce d'un programme qui viserait plus largement à *« repenser l'organisation du sport et des fédérations à l'aune de la réforme territoriale »*[47].

---

diverses interventions, la SSP porte un effort de structuration des collectivités savoyardes pour donner une cohérence à l'économie de la neige sur ces territoires. »
Des évolutions sont préconisées par la CRC qui souligne que « la SSP est toutefois intervenue au fil de l'eau, en fonction des sollicitations, sans se positionner en acteur proactif du développement économique ni définir les caractéristiques des territoires qu'elle cible. Le conseil d'administration n'a élaboré et approuvé une stratégie d'investissement qu'en septembre 2015. Celle-ci se fonde sur trois axes : la gestion plus économique que patrimoniale des participations, le développement des investissements immobiliers et la création d'activités de conseil. Cette diversification a pour vocation de répondre plus complétement aux besoins des stations. »
Au final, le rapport plaide pour « la poursuite de la diversification de ses activités afin d'employer ses marges de manœuvre dans une approche plus globale du développement des stations, anticipant les conséquences du réchauffement climatique et le basculement prévisible de l'économie de la neige en basse et moyenne montagne. Il lui appartiendra alors d'inscrire son action dans un partenariat avec la région Auvergne-Rhône-Alpes pour la mettre en cohérence avec les schémas régionaux d'aménagement, de développement durable et d'égalité des territoires d'une part, et de développement économique, d'innovation et d'internationalisation d'autre part. » (CRC Auvergne Rhône-Alpes, Observations sur la Société d'économie mixte Savoie Stations Participations (SEM SSP) 23 oct.2017).

[46] Voir : Yves WÉBER, *L'administration consultative,* LGDJ, Bibl. de droit public, T. LXXXII, 1968, notamment pp. 207, s.

[47] Conseil national du sport, Sport et économie sociale et solidaire, Rapport présenté par Bernard AMSALEM, 2016.

DÉLÉGATION

Sous la présidence de Jacques FERSTENBERT,
professeur émérite de l'Université d'Orléans

PRINCIPES

Les principes structurant la délégation de compétences

Julien MARTIN

Professeur de droit public, Université de Bordeaux

La délégation de compétences entre collectivités publiques est un phénomène relativement ancien, qui a accompagné les différentes étapes de la décentralisation.

Ainsi, dès la loi du 22 juillet 1983 *complétant la loi n° 83-8 du 7 janvier 1983 relative à la répartition de compétences entre les communes, les départements, les régions et l'Etat*, il est prévu qu'une commune peut « *exercer directement* » les compétences qui sont attribuées au département dans le domaine de l'action sociale[1], et que le département ou l'autorité compétente pour l'organisation des transports urbains peuvent « *confier par convention* » tout ou partie de l'organisation des transports scolaires à des communes, établissements publics de coopération intercommunale, syndicats mixtes, établissements d'enseignement, associations de parents d'élèves et associations familiales[2]. Le terme même de délégation, et les difficultés qu'il suscitera, ne sont pas encore présents, mais la technique est mise en place.

---

[1] Actuel article L. 121-6 du code de l'action sociale et des familles issu de la loi n° 83-663 du 22 juillet 1983 *complétant la loi n° 83-8 du 7 janvier 1983 relative à la répartition de compétences entre les communes, les départements, les régions et l'Etat*, art. 33.

[2] Actuel article L. 3111-9, issu de cette même loi, article 30.

Cette faculté sera étendue aux communautés urbaines[1] et aux communautés d'agglomération[2] par la loi du 12 juillet 1999 *relative au renforcement et à la simplification de la coopération intercommunale*, qui leur ouvre la possibilité d'« *exercer pour le département* » tout ou partie de ses compétences dans le domaine de l'action sociale, et d'« *exercer en lieu et place* » du département tout ou partie de ses compétences dans le domaine de la voirie, la suite de l'article parlant bien, cette fois, de « délégation de compétence ».

Le constat de l'inutilisation du mécanisme a émaillé les propos des observateurs du phénomène de tout temps. En 1995, la Cour des comptes n'avait relevé que trois cas de délégation de compétences dans le domaine de l'aide sociale. Le rapporteur du projet de loi sur les responsabilités locales dressait le même constat à propos des articles issus de la loi du 12 juillet 1999 ouvrant la même possibilité aux communautés urbaines et aux communautés d'agglomération.

La loi du 13 août 2004 *relative aux libertés et responsabilités locales* a donc tenté de relancer le processus de deux façons[3]. Elle a tout d'abord innové en mettant en place une délégation de compétence de l'Etat au bénéfice des établissements publics de coopération intercommunale disposant d'un programme local de l'habitat, afin que celui-ci leur « *délègue la compétence pour décider de l'attribution* » des aides à la pierre et lui accorde pour ce faire des droits à engagement[4]. Mais surtout, l'article L. 5210-4 du code général des collectivités territoriales, issu de cette même loi, a tenté de généraliser ce mécanisme en permettant à un établissement public de coopération intercommunale à fiscalité propre, lorsqu'il y est expressément autorisé par ses statuts, de « *demander à exercer, au nom et pour le compte* » du département ou de la région, tout ou partie des compétences dévolues à l'une ou l'autre de ces collectivités.

Cela n'a pas empêché l'apparition de nouvelles hypothèses de délégation particulière. La faculté pour la région de déléguer sa compétence en matière d'attribution d'aides publiques est issue d'un amendement parlementaire adopté sans débat à l'occasion de la

---

[1] Article L. 5215-20, III et IV du code général des collectivités territoriales.
[2] Article L. 5216-5 V et VII du code général des collectivités territoriales.
[3] Loi n° 2004-809 du 13 août 2004 *relative aux libertés et responsabilités locales*, *JORF* du 17 août 2004 p. 14545.
[4] Article L. 301-5-1 du code de la construction et de l'habitation.

discussion sur la loi du 26 juillet 2005 *pour la confiance et la modernisation de l'économie*[5]. Sa principale motivation résidait dans l'existence d'un risque de gestion de fait.

Quelques années plus tard, le comité pour la réforme des collectivités locales présidé par Édouard Balladur dressait, hélas, de nouveau un bilan sévère de l'utilisation, ou plutôt de l'inutilisation, de ces facultés. Ce constat n'a pas empêché le comité Balladur de proposer de généraliser, en 2009, ce mécanisme de délégations de compétences[6]. Le choix des termes retenus par le comité montrait bien son adhésion à celui-ci : il introduirait de la « *souplesse* » dans l'exercice par les collectivités locales de leurs compétences, permettrait d'adapter les principes définis par la loi aux « *réalités locales* », et de « *clarifier* » l'exercice « *concret* » des compétences[7]. Deux idées émergeaient ainsi nettement : il faudrait de la souplesse dans l'exercice des compétences attribuées par la loi, celle-ci permettrait de mettre en accord les textes avec la sempiternelle « *réalité* » du terrain, la « *clarification* » n'étant qu'une émanation du précédent élément.

L'article L. 1111-8 a consécutivement été introduit dans le code général des collectivités territoriales lors de la première lecture du projet de loi de réforme des collectivités territoriales à l'Assemblée nationale, sur un amendement du rapporteur de la commission des lois[8]. Au terme de celui-ci : « *Une collectivité territoriale peut déléguer à une collectivité territoriale relevant d'une autre catégorie ou à un établissement public de coopération intercommunale à fiscalité propre tout ou partie d'une compétence dont elle est attributaire, qu'il s'agisse d'une compétence exclusive ou d'une compétence partagée./Les compétences déléguées en application de*

---

[5] Amendement N° 127 rect. proposant d'insérer un article additionnel après l'article 5 bis du projet de loi confiance et modernisation de l'économie présenté par M. Mercier et les membres du Groupe Union centriste – UDF, adopté lors de la séance du 5 juillet 2005. Actuel article L. 1511-2 du code général des collectivités territoriales.

[6] « Il est temps de décider », rapport du Comité pour la réforme des collectivités locales présidé par Édouard BALLADUR remis le jeudi 5 mars 2009 au président de la République, pp. 92 et s.

[7] Rapport du Comité pour la réforme des collectivités locales, *préc.*, p. 98.

[8] Amendement CL634 sous article 35 du projet de loi de réforme des collectivités territoriales (n° 2280) présenté par M. Dominique Perben.

l'alinéa précédent sont exercées au nom et pour le compte des collectivités territoriales délégantes./Cette délégation, qui s'exerce pour une durée limitée, est régie par une convention qui définit les objectifs à atteindre et les modalités du contrôle de l'autorité délégante sur l'autorité délégataire. Les modalités de cette convention sont précisées par décret en Conseil d'Etat. ». La motivation de l'amendement par son auteur était assez lapidaire. Il entend ainsi « *clarifier* » les règles de principe applicables aux situations de partage et de délégation de compétences entre collectivités territoriales.

L'amendement sera adopté en commission sans véritable discussion[9]. Les débats parlementaires ne porteront pas particulièrement sur cette question, dans la mesure où, dans le même amendement, M. Perben devait proposer la suppression de la fameuse « clause de compétence générale ». En effet le même amendement devait proposer l'ajout de la limitation de l'exercice des compétences des départements et des régions aux « *domaines de compétences que la loi [leur] attribue.* »[10]. Tout juste quelques députés proposeront ils de supprimer les alinéas correspondant à cet article[11] ; mais leur amendement sera rejeté en séance sans débats[12]. Leur motivation est toutefois révélatrice dans la mesure où ils considéraient que les collectivités territoriales ne doivent pouvoir se dessaisir de leurs compétences au profit d'un établissement public de coopération intercommunale.

La promotion de la délégation apparaît donc inséparable de l'étude plus générale de la répartition des compétences. La délégation était

---

[9] D. PERBEN, Rapport n° 2516 fait au nom de la commission des lois constitutionnelles, de la législation et de l'administration générale de la république sur le projet de loi (n° 2280), adopté par le sénat, de réforme des collectivités territoriales, enregistré à la présidence de l'assemblée nationale le 14 mai 2010, Tome I, p. 342

[10] Articles L. 3211-1, L. 4221-1 et L. 4433-1 du code général des collectivités territoriales.

[11] Amendement N° 513 présenté par M. Chassaigne, M. Dolez, Mme Amiable, M. Asensi, Mme Billard, M. Bocquet, M. Brard, M. Braouezec, Mme Buffet, M. Candelier, M. Desallangre, Mme Fraysse, M. Gerin, M. Gosnat, M. Gremetz, M. Lecoq, M. Muzeau, M. Daniel Paul, M. Sandrier et M. Vaxès sous l'article 35 du projet de loi de réforme des collectivités territoriales - (n° 2516) le 20 mai 2010.

[12] Assemblée Nationale, Compte rendu intégral, 2e séance du mercredi 2 juin 2010, journal officiel de la république française, n° 52 [2] A.N., jeudi 3 juin 2010, p. 4019

par ailleurs traitée dans la subdivision du rapport Balladur consacrée plus généralement à la réforme des compétences des collectivités territoriales[13]. Le comité faisait d'ailleurs très clairement le lien entre ces deux questions ; il énonçait ainsi que ses « propositions » poursuivent « *un double objectif : réaménager les attributions de compétences aux différentes catégories de collectivités locales ; développer les mécanismes de délégation de compétences d'un échelon d'administration à l'autre afin de conserver à notre système d'administration territoriale un maximum de souplesse* ». La promotion des délégations de compétence est donc inséparable de cette logique générale, ce qui fournira, à l'occasion, une indication précieuse pour comprendre certaines propositions.

La loi du 27 janvier 2014 de modernisation de l'action publique territoriale et d'affirmation des métropoles (MAPTAM), a étendu cette possibilité aux délégations accordées par l'Etat à une collectivité territoriale ou à un établissement public de coopération intercommunale à fiscalité propre[14].

En parallèle, et une nouvelle fois, la généralisation du régime applicable n'a pas empêché l'apparition de nouvelles hypothèses de délégation particulières, comme celle votée quelques mois à peine après la remise du rapport Balladur et permettant à l'Etat de « déléguer » tout ou partie de l'organisation de services de transport aérien intérieurs au territoire national soumis à des obligations de service public à une collectivité territoriale ou à une autre personne publique intéressée l'ayant demandé[15], celle prévue dans la loi MAPTAM permettant aux communes et aux établissements publics de

---

[13] « Proposition n° 11 : confirmer la clause de compétence générale au niveau communal (métropoles, communes issues des intercommunalités et autres communes) et spécialiser les compétences des départements et des régions. ».

[14] Art. L. 1111-8-1 du code général des collectivités territoriales, créé par la loi n° 2014-58, 27 janv. 2014 *de modernisation de l'action publique territoriale et d'affirmation des métropoles*, *JORF* 28 janv., p. 1562, issu d'un amendement parlementaire, N° 684 rect. Ter sur le projet de loi de modernisation de l'action publique territoriale et affirmation des métropoles (1ère lecture) présenté le 31 mai 2013 par Mme Lipietz, MM. Dantec, Placé et les membres du Groupe écologiste, adopté au Sénat, séance du 31 mai 2013, p. 5151.

[15] Art. L. 330-3 issu de la loi n° 2009-526, 12 mai 2009 *de simplification et de clarification du droit et d'allègement des procédures*, JORF 13 mai, p. 7920, art. 115, abrogé par l'ordonnance n° 2010-1307 du 28 octobre 2010, art. 7, et codifié à l'article L. 6412-4 du code des transports.

coopération intercommunale et aux établissements publics d'aménagement et de gestion de l'eau concernés de transférer ou de déléguer à l'établissement public territorial de bassin les compétences nécessaires à la réalisation d'un projet d'aménagement d'intérêt commun[16], ou celle inclue dans la loi NOTRé, qui permet à une collectivité territoriale ou un groupement de collectivités territoriales de déléguer à un syndicat mixte incluant au moins une région ou un département tout ou partie de la compétence relative à un ou plusieurs réseaux de communications électroniques[17].

Très récemment, l'Inspection générale de l'administration a rendu un rapport confirmant, en le complétant, le constat précédent[18]. Les collectivités locales recourraient peu à la délégation de compétences par crainte de s'astreindre à une forme de tutelle, ou en raison de la lourdeur et de la longueur de la procédure.

Au constat précédent, peut-être seulement temporaire, s'ajoute donc celui de la multiplication des régimes particuliers et de l'édiction de dispositions générales. La seconde conclusion intermédiaire n'est toutefois pas de nature à remettre en cause la première. Pour le juriste, en tous cas, si les dispositions se sont multipliées, elles n'ont donné lieu à aucun contentieux, n'offrant pas de second regard, juridictionnel, sur ces dispositions et leur signification. Un éclairage juridictionnel et jurisprudentiel n'aurait pourtant pas été inutile, tant le sens exact de ces dispositions ne se laisse pas aisément saisir.

Depuis la loi de réforme des collectivités territoriales du 16 décembre 2010, la délégation semble être marquée par le fait que ses compétences « *sont exercées au nom et pour [son] compte* ». Cette formule, apparemment simple, n'en a pas moins suscité un certain nombre de difficultés. Si de prime abord, elle semble mettre en place un rapport de représentation de droit commun, rien n'est moins sûr. De plus, un certain nombre de collectivité a exprimé sa crainte que la délégation soit un moyen d'établir une forme de tutelle d'une

---

16 Art. L. 213-12 du code de l'environnement.

17 Art. L. 1425-1 du code général des collectivités territoriales, créé par la loi n° 2015-991, 7 août 2015, *portant nouvelle organisation territoriale de la République*, JORF 8 août, p. 13705, art. 102.

18 B. ACAR, P. REIX, *Délégation de compétences et conférence territoriale d'action publique, de nouveaux outils au service de la coopération territoriale*, rapport établi au nom de l'Inspection générale de l'administration, N°16119-R, Mai 2017, p. 40.

collectivité sur une autre. Dans un sens comme dans l'autre, ces différents éléments interrogent la logique de coopération qui doit animer la mise en œuvre de cette technique (I).

Les délégations de compétences ont également, un temps, soulevé un problème de libre administration : les services de l'administration centrale ont en effet considéré que seul un texte pouvait autoriser expressément le recours à la délégation de compétence dans un secteur déterminé. Rien, pourtant dans les textes ne permet d'accréditer une telle interprétation (II). Est en revanche beaucoup plus sérieux le grief adressé à l'Etat qui pourrait distribuer, à sa guise, la délégation de ses propres compétences, interrogeant ainsi la liberté dont doit jouir, ou pas, l'Etat.

Cette logique proprement juridique rejoint la problématique d'administration publique à la base de l'institution de la délégation, qui prend place à côté de celles proprement juridique précédemment évoquées (III). Le rapport de l'inspection générale de l'administration précédemment évoqué a ainsi relevé le sentiment que cet outil a été conçu comme un facteur de « *clarification* » et de « *rationalisation* » des compétences[19]. De même, M. Perben avait justifié l'amendement ayant abouti l'adoption de l'article L. 1111-8 par sa volonté de « *clarifier* » les règles de principe applicables aux situations de partage et de délégation de compétences entre collectivités territoriales.

I – Une logique de coopération entre collectivités

Fondamentalement, la délégation postule une coopération entre le délégant et le délégataire. Pourtant, un certain nombre de collectivités ont craint que ce ne soit une manière d'établir la tutelle d'une collectivité sur une autre (B), ce qui n'est pas le cas. La question de la nature de la relation s'instaurant entre le délégant et le délégataire est beaucoup plus sérieuse en revanche : malgré l'intitulé de la technique, le recours à la locution de l'action « au nom et pour le compte » laisse à penser qu'il s'agit d'un mandat, même si cette qualification est équivoque (A).

---

[19] B. ACAR, P. REIX, *préc.*, p. 40.

A – Une représentation de droit commun

Il semble apparaître certaines lignes de force dans les textes, notamment lexicales, qui vont pouvoir saisir de point de départ à l'étude. Si les expressions ont été variables selon les époques, et même dans les mêmes textes, elles se sont ensuite stabilisées.

Le premier temps de l'évolution est marqué par un passage de l'implicite à l'explicite. Après la loi du 22 juillet 1983 *complétant la loi n° 83-8 du 7 janvier 1983 relative à la répartition de compétences entre les communes, les départements, les régions et l'Etat*, il semble qu'il y a délégation de compétence lorsqu'une collectivité « *exerce directement* »[20] une compétence appartenant à une autre collectivité, ou lorsque cette même compétence lui est « *confiée par convention* »[21]. Avec la loi du 12 juillet 1999 *relative au renforcement et à la simplification de la coopération intercommunale,* les communautés urbaines et les communautés d'agglomération sont autorisées à « *exercer pour le département* » tout ou partie de ses compétences dans le domaine de l'action sociale, et à « *exercer en lieu et place* » du département tout ou partie de ses compétences dans le domaine de la voirie, la suite de l'article parlant bien de « *délégation de compétence* »[22]. Puis la loi du 13 août 2004 *relative aux libertés et responsabilités locales* continue de recourir à des expressions directes, au terme desquelles l'Etat « *délègue la compétence* » à des établissements publics de coopération intercommunale[23], en même temps que l'article L. 5210-4 du code général des collectivités territoriales permet à un établissement public de coopération intercommunale à fiscalité propre de « *demander à exercer, au nom et pour le compte* » du département ou de la région, tout ou partie des compétences dévolues à l'une ou l'autre de ces collectivités. Cette dernière formule sera ainsi définitivement retenue pour formaliser une délégation de compétence.

---

[20] Loi du 22 juillet 1983 *complétant la loi n° 83-8 du 7 janvier 1983 relative à la répartition de compétences entre les communes, les départements, les régions et l'Etat*, art. 33, actuel art. L. 121-6 du code de l'action sociale et des familles.

[21] Loi du 22 juillet 1983 *préc.*, art. 30, actuel art. L. 3111-9 du code des transports.

[22] Loi n° 99-586 du 12 juillet 1999 *relative au renforcement et à la simplification de la coopération intercommunale,* actuels articles L. 5215-20, III et IV, et L. 5216-5 V et VII du code général des collectivités territoriales.

[23] Actuel art. L. 301-5-1 du code de la construction et de l'habitation.

Le second temps de ce processus est celui de l'uniformisation. La loi de réforme des collectivités territoriales du 16 décembre 2010 a ainsi retenu cette formule pour le nouvel article L. 1111-8 qu'elle insère dans le code général des collectivités territoriales et qui dispose, en deux temps, qu'une collectivité territoriale peut « *déléguer* » tout ou partie d'une compétence dont elle est attributaire, et que ces compétences déléguées « *sont exercées au nom et pour le compte des collectivités territoriales délégantes.* ». Adaptée au contexte, l'article L. 1111-8-1 créé par loi MAPTAM du 27 janvier 2014 retiendra la même formule. Au terme de cette dernière séquence législative, le terme de délégation est durablement inscrit dans la pratique législative, et il correspond à des cas d'exercice d'une compétence « *au nom et pour le compte* » du délégant. Le recours au verbe « exercer », éventuellement « *par convention* » ne peut qu'inciter à rapprocher ces formules de celles existant à l'époque où on n'utilisait pas encore le terme de délégation, et au terme une collectivité « *exerçait en lieu et place* » la compétence d'une autre, « *directement* » ou « *pour le département* », cette compétence étant « *confiée par convention* ».

La première approche peut donc consister à rechercher le sens de ces dispositions par un rapprochement lexical avec les termes utilisés par le législateur. L'expression « *au nom et pour le compte* » pourrait laisser à penser qu'il s'agit d'un mandat. Et cette action au nom et pour le compte se distinguerait à la fois du transfert de compétences et de la délégation de service public.

Il est plus aisé, dans un premier temps, d'écarter les deux qualifications juridiques insusceptibles d'être retenues, mais pour des raisons différentes. La délégation de compétence est consubstantiellement différente du transfert de compétence. Mais c'est la loi elle-même qui précise que la délégation de compétence ne peut pas être une délégation de service public.

Tout d'abord, la délégation n'est pas un transfert de compétences tout à la fois par essence, et en raison des termes employés par le législateur.

La délégation de compétences prévoit l'exercice de toute ou partie d'une compétence par un délégataire, au nom et pour le compte du déléguant, et a une durée limitée dans le temps. Elle se distingue du transfert de compétence, qui dessaisit une autorité de sa compétence au bénéfice d'une autre autorité qui l'exerce aux lieux et place du titulaire initial. Le transfert de compétences a une durée illimitée[24].

Cet argument logique est conforté par une approche lexicale des dispositions en cause. Le législateur emploie ainsi clairement le terme de « *transfert* » lors de l'adhésion d'une commune à une structure intercommunale[25]. Il énonce également que la structure intercommunale « *exerce de plein droit au lieu et place des communes membres les compétences* » énumérées par le texte[26]. Est également significative à cet égard la circonstance que l'article R. 1111-1 al. 4 du code général des collectivités territoriales disposait, dans sa version issue du décret n° 2012-716 du 7 mai 2012 pris pour l'application des articles L. 1111-8 et L. 1111-10, que : « *L'autorité délégataire est substituée à l'autorité délégante dans tous ses droits et obligations relatifs à l'objet de la délégation pendant la durée de celle-ci.* ». La formule n'est pas sans rappeler celle de l'article L. 5211-25-1 du même code qui prévoit la « substitution » des communes membres aux contrats conclus par les établissements publics de coopération intercommunale en cas de retrait de la compétence transférée à un établissement public de coopération intercommunale ou d'une commune à ce même établissement. La substitution implique en effet dans ce cas que la compétence a, un temps, été transférée à l'établissement. Cette formule a été supprimée par le décret n° 2015-687 du 17 juin 2015 *relatif à la convention de délégation de compétences entre l'Etat et les collectivités territoriales prévue par l'article L. 1111-8-1 du code général des collectivités territoriales*. Il faut donc sans doute voir dans cette suppression la volonté de mettre

[24] B. ACAR, P. REIX, *préc.*, p. 20.

[25] A propos du transfert du service ou de la partie de service chargé de sa mise en œuvre (CGCT, art. L. 5211-4-1, I), de l'ensemble des biens, équipements et services publics nécessaires à leur exercice, ainsi qu'à l'ensemble des droits et obligations qui leur sont attachés à la date du transfert (Article L. 5211-5, III), et le transfert de compétences dont le transfert n'est pas prévu par la loi ou par la décision institutive (CGCT, art. L. 5211-17).

[26] Art. L. 5214-16, pour les communautés de communes, L. 5215-20 pour les communautés urbaines, L. 5216-5, pour les communautés d'agglomération, L. 5217-2, pour les métropoles, L. 5219-5, pour l''établissement public territorial, et, d'une certaine façon, à l'entente interrégionale, à l'article L. 5621-4.

fin à une ambiguïté, la marque de l'absence de transfert, et le fait que le délégant conserve bien une part de responsabilité.

Ce bel ordonnancement lexical vole parfois en éclat, montrant qu'il ne faut hélas pas toujours accorder trop d'importance aux termes retenus par le législateur. L'article L. 5216-5 du code général des collectivités territoriales a ainsi été agrémenté d'un VII par la loi du 12 juillet 2010 *portant engagement national pour l'environnement* au terme duquel une communauté d'agglomération peut « *exercer en lieu et place* » du département tout ou partie des compétences qui, dans le domaine de la voirie, sont attribuées au département en vertu des articles L. 131-1 à L. 131-8 du code de la voirie routière[27]. La suite de l'article nous apprend toutefois qu'il ne s'agit pas d'un transfert mais d'une délégation puisqu'il est prévu que le refus du conseil général de « *déléguer tout ou partie de ces compétences* » doit être motivé par délibération. Partant, de deux choses l'une : ou le législateur a imprudemment utilisé la même expression pour décrire deux réalités différentes, ou, l'autre : l'emploi de la même expression est signifiante. Au soutien de cette seconde thèse, on peut relever qu'il existe une différence entre l'intercommunalité et la délégation en ce que le transfert de compétences s'opère « *de plein droit* » dans le premier cas. De plus, l'utilisation du même terme peut laisser à penser que les deux opérations entraînent les mêmes effets : la commune ou le délégant sont dessaisis de la compétence pour un terme déterminé ou indéterminé. Cette hésitation va devoir être levée.

La délégation de compétences n'est également pas une délégation de service public. Mais cette fois, le législateur a ressenti le besoin de le préciser.

L'article L. 1410-2, I, du code général des collectivités territoriales, créé par l'ordonnance n° 2016-65 du 29 janvier 2016 *relative aux contrats de concession*, dispose clairement que les délégations de compétences définies aux articles L. 1111-8 et L. 1111-8-1 et les transferts de compétences prévus en matière d'intercommunalité ne sont pas des contrats de concession au sens de cette même ordonnance. La circulaire du 15 septembre 2004 avait adopté un point de vue comparable en son temps en considérant que les délégations de

---

[27] Loi n° 2010-788 du 12 juillet 2010 *portant engagement national pour l'environnement*, JORF du 13 juillet 2010 p. 12905, art. 51.

compétences de la région ou du département prévues à l'article L. 5210-4, « *traduisent l'organisation interne des collectivités locales* », et n'entrent pas de ce fait dans le champ de la concurrence. Ces conventions ne sont donc pas soumises aux règles de publicité et de mise en concurrence afférentes aux marchés publics[28]. L'intention du législateur est claire : éviter de se retrouver soumis aux obligations de publicité et de mise en concurrence. Cela postule toutefois que la qualification de concession peut être potentiellement retenue.

La délégation de service public représente en effet l'exemple type de la délégation entre deux personnes juridiques, et non entre autorités d'une même personne morale. Une délégation de service public est un contrat de concession au sens de l'ordonnance du 29 janvier 2016, conclu par écrit, par lequel une autorité délégante « *confie la gestion* » d'un service public à un ou plusieurs opérateurs économiques, à qui est « *transféré un risque* » lié à l'exploitation du service, en contrepartie soit du droit d'exploiter le service qui fait l'objet du contrat, soit de ce droit assorti d'un prix[29]. Ce second aspect de la définition est intéressant, car il implique que le risque d'exploitation pourrait être transféré en délégation de compétence, et que, partant, le délégataire serait juridiquement responsable des actes accomplis pendant la durée de la délégation. À défaut, l'exclusion législative précédente serait inutile. Cette titularité potentielle des actes accomplis pendant la délégation mettrait assez largement à mal la qualification apparente de mandat retenue par le législateur.

Cette démarche n'est pas sans rappeler celle de la loi du 9 février 1994, qui avait cru bon ajouter un alinéa à l'article L 300-4 du code de l'urbanisme[30], excluant la qualification de délégation de service public à propos des concessions d'aménagement, preuve que la confusion était possible, si elle n'était pas systématique. Il faut toutefois bien relever que, pour la plupart des auteurs, il ne pouvait y avoir

[28] Ministre de l'Intérieur, de la Sécurité Intérieure et des Libertés Locales, Ministre Délégué à l'Intérieur, Porte-Parole du Gouvernement, Circulaire *relative aux nouvelles dispositions concernant l'intercommunalité introduites par la loi « liberté et responsabilités locales »*, NOR/LBL/B/04/10075/C, p. 31.

[29] CGCT, art. L. 1411-1.

[30] Loi n° 94-112, 9 février 1994 *portant diverses dispositions en matière d'urbanisme et de construction*, *JORF* 10 février p. 2271, art. 5.

d'exploitation d'un service public à proprement parler[31], démontrant ainsi tout à la fois l'inutilité et l'absence de signification d'une telle exclusion.

Cette qualification doit désormais être éprouvée de manière positive, en s'interrogeant successivement sur le rapprochement avec le mandat, et avec les autres formes de délégation.

Le mandat est un acte par lequel une personne donne à une autre le pouvoir de faire quelque chose pour le mandant et en son nom (article 1984 du code civil). Le mandant est tenu d'exécuter les engagements contractés par le mandataire, conformément au pouvoir qui lui a été donné (article 1998). Le nouvel article 1154 du code civil, dans sa rédaction issue de l'ordonnance n° 2016-131 du 10 février 2016 généralise ces effets de la représentation en prévoyant que lorsque le représentant agit dans la limite de ses pouvoirs « *au nom et pour le compte du représenté* », celui-ci est seul tenu de l'engagement ainsi contracté. Lorsque le représentant déclare agir pour le compte d'autrui mais contracte en son propre nom, il est seul engagé à l'égard du cocontractant. Ces éléments sont importants pour distinguer le mandat du contrat d'entreprise, dont les règles ne sont pas les mêmes. Dans ce dernier, l'entrepreneur a l'obligation de « *faire quelque chose* » (article 1710), alors que le mandataire est seulement chargé d'accomplir des actes juridiques pour le compte de son client. L'entrepreneur ne représente pas son client, ses actes n'engagent pas le maître de l'ouvrage, et ce dernier n'est pas tenu d'indemniser les dommages subis par l'entrepreneur au cours de l'exécution des travaux[32]. Toutefois, le mandataire est personnellement responsable envers les tiers des délits ou quasi-délits qu'il a commis dans l'accomplissement du mandat[33].

---

31 J.-P. GILLI, *Les opérations d'urbanisme inachevées à l'expiration de la concession*, *RFD adm.* 1989, p. 667, E. FATÔME, L. RICHER, *Nature et contenu du contrat d'aménagement*, RDI 4 1994, 2 , pp. 169-177, J.-F. BIZET, *article précité*, *BJCP* 2001, p. 383, et Conseil d'Etat, rapport public 2002, *Collectivités publiques et concurrence*, *EDCE* n° 53, p. 324.

32 F. COLLART-DUTILLEUL, P. DELEBECQUE, *Contrats civils et commerciaux*, Dalloz, coll. Précis, 2015, 10e éd., n° 709.

33 Cass., Req. 17 avril 1931, S. 1931. 1. 270, ch. mixte, 26 mars 1971, n° 68-13.407, *Bull. Ch. mixte* n° 6, *JCP* 1971.II.16762, note R. LINDON, Civ. 3e, 16 mai 1977, *Bull. civ.* III, n° 208, Civ. 1re, 1er février 1984, n° 82-12.843 , *Bull. civ.* I, n° 47, Com. 11 octobre 1988, n° 86-14.204, *Bull. civ.* IV, n° 270, *RTD civ.* 1990, p. 276,

Logiquement, en retenant l'expression d'action au nom et pour le compte, le législateur a souhaité assortir la délégation de compétences des effets du mandat, et non de ceux du louage de service ou contrat d'entreprise. Pour en acquérir la conviction, il est possible de vérifier si les délégations de compétences sont fongibles dans le régime du mandat de droit commun, en l'illustrant avec l'article L. 5216-5 VII du code général des collectivités territoriales qui autorise une communauté d'agglomération à « exercer en lieu et place » du département tout ou partie des compétences qui, dans le domaine de la voirie, sont attribuées au département en vertu des articles L. 131-1 à L. 131-8 du code de la voirie routière. Le délégataire devra ainsi assumer la charge des dépenses relatives à la construction, à l'aménagement et à l'entretien des routes départementales (article L. 131-2), exercer les pouvoirs de police afférents à cette gestion, notamment en ce qui concerne la circulation sur ce domaine (article L. 3221-4 du CGCT, par renvoi de l'article L. 131-3), ou bien encore classer et déclassement des routes départementales relèvent du conseil départemental. Ce dernier est également compétent pour l'établissement des plans d'alignement et de nivellement, l'ouverture, le redressement et l'élargissement de ces routes départementales (article L. 131-4). Tous ces actes juridiques seront donc pris au nom et pour le compte du département. Les contrats nécessaires le seront également. Ils seront concernés par le défraiement accordé par le délégant. Seuls les actes matériels échapperont à ce régime, et continueront de relever de la seule responsabilité du délégataire.

Hors la délégation de service public, enfin, les règles relatives aux autres délégations ne sont que de peu d'utilité. Au sein d'une même personne morale, le droit positif en distingue deux types de délégations entre autorités. La délégation de signature consiste à attribuer seulement le pouvoir formel de signature d'une décision à une autorité autre que celle désignée par les textes ou les principes non écrits. Elle n'emporte pas une substitution de compétence : celle-ci est toujours détenue en droit par l'autorité de principe qui se décharge seulement de son exercice concret sur un subordonné. Le titulaire de

---

obs. J. MESTRE, Civ. 1ère, 13 octobre 1992, n° 91-10.619 , Bull. civ., n° 250, RDI 1993. 237, obs. D. TOMASIN, Civ. 2e, 23 octobre 1996, RJDA 1997, n° 349, Com. 17 juin 1997, n° 95-14.535, *Bull. civ.* IV, n° 187, Civ. 1ère, 18 mai 2004, n° 01-13.844, *D.* 2005. Pan. 187, obs. D. MAZEAUD, *RJDA* 2004, n° 974 ; *Bull. civ.* I, n° 141.

la délégation de signature agit pour le compte de l'autorité normalement compétente. La délégation de pouvoir emporte des effets plus radicaux puisqu'elle consiste à transférer le pouvoir de prendre les décisions. Elle transfère réellement la compétence d'une autorité à une autre qui, désormais, en est juridiquement titulaire. Le mandat opère les mêmes effets que la délégation de pouvoir. Pendant la durée du mandat, le mandant ne peut plus exercer sa compétence.

Lors des débats sur le projet de loi relatif aux responsabilités locales, le rapporteur du projet avait admis que l'on puisse légitimement s'interroger sur le risque d'incompétence négative du législateur, qui autoriserait des collectivités territoriales et des établissements publics de coopération intercommunale à bouleverser, par convention, une répartition fixée par la loi. Il avait toutefois relevé que, dans la mesure où la délégation de compétence implique que le délégataire agisse non seulement au nom et pour le compte du délégant mais également sous son contrôle et sa responsabilité, elle semble conforme à la Constitution[34]. Ce dernier aspect, que le mandat n'exclue d'ailleurs pas, loin de là, a pu poser problème.

B – La crainte infondée d'une tutelle

Les auteurs du rapport de l'inspection générale de l'administration sur les délégations de compétences se sont interrogés, à juste titre, sur l'adaptation du cadre juridique de ce procédé aux besoins des collectivités[35]. Ils cherchaient ainsi à identifier les causes du peu d'intérêt des collectivités pour lesdites délégations. A ce titre, ils avaient notamment relevé, lors de leurs échanges préalables avec les représentants de différentes collectivités, que le « *cadre contraignant* » des délégations était perçu comme « *l'exercice d'une manière de tutelle du délégant sur le délégataire* ». Ils ajoutaient que la traduction législative fait de la délégation un dispositif qui est « *compris comme un mécanisme de sujétion d'une autorité sur*

---

[34] J.-P. SCHOSTECK, rapp. n° 31, au nom de la commission des Lois constitutionnelles, de législation, du suffrage universel, du Règlement et d'administration générale *sur le projet de loi relatif aux responsabilités locales*, Tome I, p. 409.

[35] B. ACAR, P. REIX, *préc.*, p. 39.

l'autre »[36]. Le plus étonnant reste qu'ils étayaient assez peu ce qui semble plutôt inapproprié juridiquement. Pour eux, « *au regard des éléments juridiques constitutifs d'une tutelle en droit administratif, qui conduit à placer une autorité autonome sous le contrôle d'une autre autorité* », la délégation de compétences « *s'apparente à une forme de tutelle* ».

La tutelle d'une collectivité sur une autre est bien interdite par la Constitution. L'article 72 al. 5 dispose en effet qu' : « *Aucune collectivité territoriale ne peut exercer une tutelle sur une autre. Cependant, lorsque l'exercice d'une compétence nécessite le concours de plusieurs collectivités territoriales, la loi peut autoriser l'une d'entre elles ou un de leurs groupements à organiser les modalités de leur action commune* ». Le Conseil constitutionnel en a déduit que si une collectivité pouvait « *organiser* » les modalités d'une action commune à plusieurs collectivités, en revanche celle- ci ne pouvait se voir confier un « *pouvoir de décision* » pour déterminer cette action commune[37]. Tout repose sur le consentement : c'est la raison pour laquelle l'octroi d'une subvention sous réserve de conditions liées à la faveur accordée à un choix de gestion n'est pas illicite[38].

En ce sens, l délégation de compétence ne peut être génératrice d'une forme de tutelle : elle repose sur l'accord de volonté du délégant et du délégataire, et si le délégant conserve bien un droit de regard, c'est parce qu'il s'agit d'une délégation, et non d'un transfert, de compétence.

La question d'une éventuelle tutelle avait également été évoquée lors des discussions sur *le projet de loi relatif aux responsabilités locales*. A l'époque, le rapporteur pour le Sénat avait mis en avant que le volontariat des parties les prémunit contre tout risque de tutelle[39]. Certes, l'article L. 1111-9 I, qui précise l'action des collectivités chefs de file, prévoit que les délégations de compétence « sont » organisées

[36] B. ACAR, P. REIX, *préc.*, p. 35.
[37] Cons. const. 24 juill. 2008, no 08- 567 DC, *Loi relative aux contrats de partenariat*, consid. 33 : *Rec. Cons. const.* p. 341
[38] CE Ass. 12 déc. 2003, *Dpt Landes*, *Lebon* 502 ; *RFDA* 2004. 518, concl. F. SENERS et 525, note J.- C. DOUENCE ; *AJDA* 2004. 195, chron. F. DONNAT et D. CASAS ; *JCP A* 2011, n° 2279, note H. PAULIAT.
Cons. const. 8 juill. 2011, n° 2011-146 QPC, *Dpt Landes*, *AJDA* 2011. 2067, note M. VERPEAUX, *AJCT* 2011, n° 561, note J.- D. DREYFUS.
[39] Rapport N° 31 préc., par M. J.-P. SCHOSTECK, Tome I, p. 409.

dans le cadre de la convention territoriale d'exercice concerté, lorsque les compétences des collectivités territoriales dont il prévoit que l'exercice nécessite le concours de plusieurs collectivités territoriales ou groupements de collectivités territoriales. Mais il paraît difficile, à ce stade, d'y voir une obligation de conclure un tel contrat, ce qui ne correspondrait d'ailleurs pas exactement au cas sanctionné par le Conseil constitutionnel.

Par ailleurs, si les textes mentionnent bien l'action « *au nom et pour le compte* », ils ne font aucune mention de l'expression mise en avant par le rapport et selon laquelle l'action serait réalisée « *sous la surveillance et la responsabilité* ». L'article R. 1111-1 renvoie à la convention prévue à l'article L. 1111-8 pour fixer la durée de la délégation de compétence ainsi que les modalités de son renouvellement, définir les objectifs à atteindre et les modalités de contrôle de l'autorité délégante sur l'autorité délégataire, fixer des indicateurs de suivi correspondant aux objectifs à atteindre et prévoir, le cas échéant, les modalités de sa résiliation anticipée. Et quand bien même il y aurait bien une « surveillance », serait-il concevable de déléguer sa compétence, puis, ensuite, de complétement l'ignorer. Si tel était le cas, ce ne serait plus une délégation de compétence, mais un transfert.

La délégation de compétences de l'État fait toutefois l'objet, sur ce point, d'une appréciation beaucoup plus nuancée des auteurs du rapport précité : l'expérience des délégations d'aides à la pierre aurait montré qu'elle n'est pas nécessairement génératrice de contrôle tatillon ou d'empêchement d'agir, mais peut offrir une liberté de gestion réelle et un compte rendu assez informel de la délégation. La liberté d'action du délégataire, plutôt que l'existence d'une tutelle, dépend donc largement de la pratique que les différentes collectivités délégantes décideront d'adopter.

II – Une déclinaison équivoque de la liberté des collectivités

Après la nature de la délégation, la question de la liberté est celle qui a soulevé le plus d'interrogations, sur deux plans distincts. Tout d'abord, mais la polémique semble s'être atténuée, l'administration centrale a voulu cantonner le recours aux délégations aux seuls cas dans lesquels une disposition législative en a prévu le recours dans un secteur bien déterminé. Cette marque de défiance vis-à-vis de cette institution ne semble toutefois reposer sur aucun argument juridique solide (A). Plus sérieuse, en revanche, est la crainte manifestée par certaines collectivités que l'Etat attribue les délégations de manière arbitraire. Le respect du principe d'égalité peur ainsi constituer un moyen sérieux de contraindre l'Etat à accorder des délégations (B).

A – Un recours sur habilitation expresse ?

L'adoption de la loi du 7 août 2015 *portant nouvelle organisation territoriale de la République* est venue ouvrir une discussion inattendue sur la portée exacte de l'article L. 1111-8 du code général des collectivités territoriales. En effet, plusieurs dispositions introduites par la loi NOTRe font état de délégations de compétence « *dans les conditions prévues à l'article L. 1111-8 du code général des collectivités territoriales* », laissant à penser qu'une disposition légale spécifique est nécessaire pour permettre à une collectivité de déléguer une de ses compétences sur le fondement de l'article L. 1111-8.

Les débats parlementaires sur les dispositions de la loi NOTRe complétant l'article L. 1111-8 ont ainsi dégagé deux interprétations différentes de ce même article.

Au Sénat, les discussions sur les dispositions de l'article L. 3111-1 du code des transports issu du projet de loi, permettant à la région de déléguer certaines compétences en matière de transports, ont fait apparaître la nécessité de supprimer le renvoi à l'article L. 1111-8 au motif que la délégation de compétence est « *déjà prévue* » par ce dernier[40]. Cette disposition serait « *inutile* », et sa suppression répondrait à un souci de « *bonne législation* »[41]. De même, malgré la suppression à l'article L. 5219-5, II, du code général des collectivités territoriales de la possibilité offertes aux communes de déléguer facultativement des compétences à la métropole du Grand Paris, de

---

[40] J.-J. Hyest et R. Vandierendonck, Rapport N° 174, fait au nom de la commission des lois constitutionnelles, de législation, du suffrage universel, du Règlement et d'administration *générale sur le projet de loi portant nouvelle organisation territoriale de la République*, enregistré à la Présidence du Sénat le 10 décembre 2014, p. 260.

[41] Amendement n° COM-578 présenté le 11 mai 2015 au Sénat en 2ème lecture.

telles délégations resteraient possibles, justement, sur le fondement du droit commun et de l'article L. 1111-8[42].

Le gouvernement ne semblait pas accorder la même signification aux dispositions de la loi NOTRe. Ses amendements visaient à « *rétablir la possibilité pour la région [...] de déléguer sa compétence* »[43]. Le nouvel article L. 1511-2, I, al. 3 aurait ainsi pour objet de « *permettre à la région de déléguer cette compétence à une autre collectivité* »[44], preuve que la délégation serait impossible sans cette disposition. Pourtant, le gouvernement a finalement renoncé à imposer la mention de cette formule en seconde lecture devant l'Assemblée nationale[45].

Cet échange a attiré l'attention sur une formule qui n'avait peut-être aucune portée à l'origine. En effet, certaines dispositions comparables aux précédentes n'ont ainsi suscité, elles, aucune polémique...

La faculté des communes de déléguer leurs compétences au bénéfice de la métropole du Grand Paris à l'article L. 5219-5, II, précité a été abrogée à la faveur d'un amendement gouvernemental[46]. La disparition de cette disposition n'a fait l'objet d'aucun argumentaire particulier du gouvernement fondée sur son souhait de ne plus permettre de telles délégations. Est-ce à dire que ceci n'est désormais plus possible ?

Symétriquement, la modification de l'article L. 1511-2, I, al. 3, du code général des collectivités territoriales n'a fait l'objet d'aucune objection au Sénat, malgré l'insertion d'une formule identique à celle précédemment critiquée, selon laquelle la délégation est opérée « *dans*

---

[42] J.-J. HYEST et R. VANDIERENDONCK, Rapport N° 450, au nom de la commission des lois constitutionnelles, de législation, du suffrage universel, du Règlement et d'administration générale sur le projet de loi, modifié par l'assemblée nationale après engagement de la procédure accélérée, portant nouvelle organisation territoriale de la République, enregistré à la Présidence du Sénat le 13 mai 2015, Tome I, p. 158.

[43] Amendement N° 764 présenté le 16 décembre 2014 au Sénat en 1e lecture.

[44] Amendement n° CL779 présenté le 31 janvier 2015 à l'Assemblée nationale en 1e lecture.

[45] Amendement n° CL553 présenté le 12 juin 2015 à l'Assemblée nationale en 2e lecture.

[46] Amendement n° 1104 présenté le 14 janvier 2015.

les conditions prévues à l'article L. 1111-8 du code général des collectivités territoriales ».

Faute de pouvoir acquérir des certitudes sur la constance des interprétations précédentes, il est tout de même permis de s'interroger sur l'interprétation du gouvernement.

Tout d'abord, quelle serait l'utilité de l'article L. 1111-8 si une autre disposition devait prévoir le principe de la délégation ? Pour mémoire, outre les types de collectivités et d'établissements destinataires de ces délégations, cet article se contente de poser le principe de l'exercice de la compétence déléguée « *au nom et pour le compte* » de la collectivité territoriale délégante, et d'imposer la conclusion d'une convention qui en fixe la durée et qui définit les objectifs à atteindre et les modalités du contrôle de l'autorité délégante sur l'autorité délégataire.

Ensuite, quel serait l'intérêt de l'article L. 1111-8 s'il apparaît que les dispositions censées en permettre l'application y dérogent ? L'article L. 1425-1, I, al. 2, du code général des collectivités territoriales, lui aussi issu de la loi de 2015, permet à une collectivité territoriale ou un groupement de collectivités territoriales de déléguer à un syndicat mixte incluant au moins une région ou un département tout ou partie de la compétence relative à un ou plusieurs réseaux de communications électroniques, « *dans les conditions prévues à l'article L. 1111-8* ». Toutefois, la possibilité de déléguer des compétences à un syndicat mixte n'est pas prévue à l'article L. 1111-8, qui ne le permet qu'à un établissement public de coopération intercommunale à fiscalité propre. Il semble donc plutôt que les dispositions de la loi NOTRe sont des règles spéciales qui dérogent, en tant que de besoin, à la règle générale de l'article L. 1111-8, qui n'est ainsi pas privée d'effets à défaut.

Enfin, l'interprétation du gouvernement, qu'il a, au moins explicitement, abandonné, est-elle la seule légitime ? Certes, celui-ci est à l'origine des dispositions discutées, dont il fournit une explication cohérente. En revanche, il n'a pas été à l'origine de l'article L. 1111-8, qui est issu d'un amendement parlementaire. Ainsi, les différents commentateurs de la loi de 2010 n'ont relevé jusque-là aucune condition grevant la mise en œuvre de cet article[47]. L'autonomie et l'effectivité de l'article L. 1111-8 du code général des collectivités territoriales paraissent dès lors pleinement concevables.

De même, l'obligation issue de l'article R. 1111-1 introduit par le décret n° 2012-716 du 7 mai 2012[48], selon lequel la convention détermine la ou les compétences déléguées, serait assez largement sans objet si la loi devait déterminer, compétence par compétence, celle qui peut être déléguée. L'objection n'est toutefois pas insurmontable.

B – Un recours conçu comme obligatoire

Le rapport de l'Inspection générale de l'administration précédemment évoqué relevait bien l'absence de caractère obligatoire des délégations de compétences[49]. Pour répondre à son constat de la sous-utilisation des facultés de délégations existantes à la date de rédaction de son rapport, le Comité Balladur considérait quant à lui que la délégation ne devrait pas être une faculté. Il devait ainsi chercher les « *matières où une telle adaptation est particulièrement souhaitable* » ; il devrait en découler une obligation légale d'organiser, dans un délai déterminé, un « appel à délégation de compétences », obligeant à motiver tout refus (même si on ne comprend pas bien comment, partant, la délégation pourrait rester une décision de la collectivité)[50]. Cet appel ne sera pas entendu, et la délégation reste assez largement facultative, et n'est obligatoire que par exception. Toutefois, les débats récents autour de la faculté pour l'Etat de déléguer, ou pas, certaines compétences, ont ravivé le débat sur un autre plan.

Certaines délégations ne sont pas libres, mais cela reste exceptionnel. La délégation de compétences départementales au profit

---

[47] J.-F. BRISSON, « Clarification des compétences et coordination des acteurs », *AJDA* 2014, p. 605 ; C. BOSSEBOEUF, « L'acte III de la décentralisation : quelques réflexions sur le système de compétences déléguées », *BJCL* 2014, p. 234 ; J.-M. PONTIER, « Requiem pour une clause générale de compétence ? », *JCP A* 2011, étude n° 2015 ; B. FAURE, *Droit des collectivités territoriales*, Dalloz, coll. Précis, 2014, 3e éd., n° 728

[48] *JORF* n°0108 du 8 mai 2012, *JCP A* 2012, comm. 2249, formule P. PLANTIER.

[49] B. ACAR, P. REIX, *préc.*, p. 20.

[50] Rapport du Comité pour la réforme des collectivités locales, *préc.*, p. 98.

de la métropole n'est en effet pas véritablement libre, compte tenu de la sanction dont son défaut est assorti.

L'article L. 5217-2 IV du code général des collectivités territoriales autorise la métropole à exercer, par convention passée avec le département, par transfert, en lieu et place du département, ou par délégation, au nom et pour le compte du département, tout ou partie des groupes de compétences énumérés (fonds de solidarité pour le logement, action sociale, programme départemental d'insertion, aide aux jeunes en difficulté, actions de prévention spécialisée auprès des jeunes et des familles en difficulté ou en rupture avec leur milieu, personnes âgées et action sociale, à l'exclusion de la prise en charge des prestations légales d'aide sociale, tourisme, culture et sport, collèges, routes départementales).

À défaut de convention entre le département et la métropole au 1er janvier de la deuxième année qui suit la création de la métropole sur au moins trois des groupes de compétences mentionnés précédemment, à l'exception des routes départementales, la totalité de ceux-ci, à l'exception des collèges, sont transférés de plein droit à la métropole. La compétence relative aux routes départementales fait l'objet d'une convention distincte entre le département et la métropole. Une nouvelle fois, à défaut de convention au 1er janvier de la deuxième année qui suit la création de la métropole, cette compétence est transférée de plein droit à la métropole.

À cet égard, le rapport établi au nom de l'Inspection générale de l'administration, en mai 2017 a relevé que le choix fait par les départements et les métropoles a été univoque et s'est résolu par un transfert de compétences *a minima* de trois compétences en privilégiant les compétences considérées comme participant à l'affaiblissement de la place du département dans le paysage urbain[51].

La délégation de compétences de l'Etat au bénéfice des collectivités territoriales a par ailleurs ouvert un nouvel espace de discussion autour de la liberté de l'Etat. Comme cela a déjà été évoqué, l'adoption de l'article L. 1111-8 du code général des collectivités territoriales permettant les délégations de compétences entre collectivités territoriales a été faite par amendement déposé en

[51] B. ACAR, P. REIX, *préc.*, p. 32.

commission sans véritable discussion[52], pas plus que les débats parlementaires n'ont porté sur cette question[53]. Il en a toutefois été tout à fait différemment de la faculté ouverte pour l'Etat de déléguer certaines compétences, qui a placé le débat tout à la fois sur le terrain de la liberté, mais également et surtout, sur celui de l'égalité.

L'article L. 1111-8-1 du code général des collectivités territoriales a effectivement été contesté sur le terrain de l'égalité, mais plutôt sur un plan politique, et, surtout, en vain. Lors de la discussion de cette disposition en commission à l'Assemblée nationale, les députés du Mouvement républicain et citoyen ont critiqué « *le principe d'une décentralisation à la carte* », contraire à l'égalité des citoyens, car les conventions de délégation de l'État refléteraient les rapports de forces locaux et exacerberaient les différences territoriales[54]. Réitérant leur démarche lors de la discussion du projet de loi en séance, les mêmes ajouteront que la généralisation des conventions de délégation de l'Etat mettrait en place « *une forme de décentralisation issue de rapports de forces locaux conduisant à une auto-organisation locale à géométrie variable* »[55]. La question sera de nouveau abordée en séance. M. Devedjian regrettera ainsi l'inégalité consubstantielle à un

---

[52] D. PERBEN, Rapport n° 2516 fait au nom de la commission des lois constitutionnelles, de la législation et de l'administration générale de la république sur le projet de loi (n° 2280), adopté par le sénat, *de réforme des collectivités territoriales*, enregistré à la présidence de l'assemblée nationale le 14 mai 2010, Tome I, p. 342

[53] Assemblée Nationale, Compte rendu intégral, 2e séance du mercredi 2 juin 2010, JORF n° 52 A.N., jeudi 3 juin 2010, p. 4019.

[54] Amendement n° CL 477 sous l'art. 2 du projet de loi *de modernisation de l'action publique territoriale et affirmation des métropoles* présenté 27 juin 2013 par M. Laurent, Mme Bechtel et M. Hutin, rejeté, Rapport n° 1216 fait au nom de la commission des lois constitutionnelles, de la législation et de l'administration générale de la république sur le projet de loi (n° 1120), adopté par le Sénat, *de modernisation de l'action publique territoriale et d'affirmation des métropoles*, par M. O. DUSSOPT, enregistré à la présidence de l'assemblée nationale le 3 juillet 2013, p. 96.

[55] Amendement n° 1097 (Rect) présenté le 12 juillet 2013 par M. Laurent, Mme Bechtel et M. Hutin sous l'article 2 du projet de loi de modernisation de l'action publique territoriale et affirmation des métropoles - (N° 1216), rejeté en séance, Assemblée Nationale, Séances du jeudi 18 juillet 2013, *JORF* No 92 A.N., Vendredi 19 juillet 2013, Compte rendu intégral, p. 8021.

mécanisme d'origine contractuelle[56]. Pour lui, le Gouvernement « *se réserve[rait] la possibilité de moduler la délégation à sa convenance, selon la collectivité qui la demande* ». Poursuivant sa démonstration, il conclut au fait que chaque collectivité devrait avoir l'opportunité de conclure la même convention, sans être contrainte d'exercer une telle option, celle-ci dépendant de ses besoins. Il énonce ainsi clairement que si une collectivité demande une délégation, elle ne doit pas pouvoir lui être refusée pour une quelconque raison, et la convention qui encadre la délégation devait être la même pour toutes les collectivités.

L'équilibre des dispositions de l'article L. 1111-8-1 montre bien la discrétion du choix de l'Etat : si c'est à une collectivité territoriale ou à un établissement public de coopération intercommunale à fiscalité propre d'en faire la demande, l'Etat « peut » déléguer une de ses compétences par convention, et ce n'est pas une obligation. L'invocation du principe d'égalité est toutefois intéressante et n'est évidemment pas sans lien avec la liberté contractuelle. En effet, est-il concevable que l'Etat puisse refuser de conclure une telle convention pour des raisons purement politiques, sinon arbitraires ? Dans ce cas, le principe d'égalité commande que l'Etat ne refuse pas une délégation de compétence à une collectivité qui le lui demande s'il a déjà accepté une telle délégation au profit d'une autre, toute chose égale par ailleurs.

Dans l'une et dans l'autre des deux hypothèses précédemment évoquées la conclusion d'une délégation de compétence est parfaitement libre, même si cette liberté a été discutée.

---

[56] Assemblée Nationale, Séances du jeudi 18 juillet 2013, Compte rendu intégral, *préc.*, p. 8018.

III – Un instrument supplémentaire de rationalisation

La délégation prend place à côté de nombreuses autres techniques permettant de moduler l'action commune de l'Etat et des collectivités territoriales (A) ou de ces dernières et de leurs établissements publics entre elles (B).

A – Un instrument supplémentaire pour l'Etat

C'est avec la loi MAPTAM du 27 janvier 2014 que l'on acquière la certitude que la délégation est une modalité plus large de rationalisation de l'organisation territoriale de la République française, complémentaire à la décentralisation. Cette loi crée un dispositif de délégation des compétences de l'Etat à l'article L. 1111-8-1 précité, qui permet à l'Etat de déléguer par convention à une collectivité territoriale ou à un établissement public de coopération intercommunale à fiscalité propre qui en fait la demande l'exercice de certaines de ses compétences, sauf lorsque sont en cause des intérêts nationaux. La délégation de compétence apparaît ainsi en première intention comme une alternative au transfert de ces mêmes compétences par l'Etat. Les débats parlementaires ont toutefois fait apparaître que la délégation de compétences s'envisageait également concurremment avec l'expérimentation, et que la délégation de service public pouvait être envisagée.

Les débat autour de la loi NOTRe ont été l'occasion de démontrer que la délégation est une alternative tout à la fois au transfert de compétence et à l'expérimentation.

L'article 7 de la loi du 7 août 2015 a en effet introduit un article L. 5311-3-1 dans le code du travail au terme duquel l'Etat peut déléguer à la région, dans les conditions prévues à l'article L. 1111-8-1 du code général des collectivités territoriales, la mission de veiller à la complémentarité et de coordonner l'action des différents intervenants, notamment les missions locales, les plans locaux pluriannuels pour l'insertion et l'emploi, Cap emploi et les maisons de l'emploi, ainsi que de mettre en œuvre la gestion prévisionnelle territoriale des emplois et des compétences. Les débats auxquels a donné lieu cette disposition illustre bien les deux propositions liminaires.

Cet épisode est d'autant plus intéressant qu'il est lié à une réflexion sur le transfert de compétences aux régions en matière de politique de l'emploi. La faculté précédemment évoquée trouve son origine dans un amendement parlementaire présenté en première lecture à l'Assemblée nationale[1]. Or, cette dernière n'a adopté cet amendement que pour contrecarrer le transfert de compétence précédemment opéré par le Sénat au profit des régions en ce domaine. En sens inverse, et en seconde lecture, le Sénat devait purement et simplement faire disparaître ce mécanisme de délégation de compétence, préférant le rétablissement du transfert de compétences qu'il avait initialement mis en place. Même si, bien évidemment, seul la délégation subsistera, cet épisode démontre que la délégation de compétence est une alternative au transfert de compétences. Pour les auteurs du rapport de l'inspection générale de l'administration, les délégations de l'État pourraient effectivement être ressenties comme une forme d'évitement, voire de retardement d'un transfert de compétences[2].

Cette même faculté avait par ailleurs initialement pris la forme d'une expérimentation[3]. Adopté en commission, l'amendement initial proposait une autre rédaction pour l'article L. 5311-3-1 du code du travail, au terme duquel l'État aurait pu « *confier aux Régions, à leur demande et à titre expérimental, pour une durée de 3 ans* », le service public d'accompagnement vers l'emploi[4]. Lors de la discussion en commission, un député reconnaissait bien qu'il eût peut-être été plus judicieux d'évoquer une « *délégation de compétence* » au sens de l'article L. 1111-8-1 du code général des collectivités territoriales[5]. L'amendement proposant une telle expérimentation sera finalement

---

[1] Amendement n° CL801, proposant un article additionnel après l'article 3 bis, du projet de loi portant nouvelle organisation territoriale de la république - (n° 2529) présenté le 2 février 2015 par Mme IBORRA, adopté

[2] B. ACAR, P. REIX, *préc.*, p. 40.

[3] Amendement n° CL801, *préc.*.

[4] O. DUSSOPT, Rapport n° 2553 fait au nom de la commission des lois constitutionnelles, de la législation et de l'administration générale de la république sur le projet de loi (n° 2529), *portant nouvelle organisation territoriale de la République*, enregistré à la Présidence de l'Assemblée nationale le 5 février 2015, Tome 1, p. 164.

[5] N. APPÉRÉ in O. DUSSOPT, Rapport n° 2553, *préc.*, Tome 1, p. 161.

rejeté[6], au profit d'un amendement gouvernemental retenant le principe d'une délégation de compétence[7], qui ne sera pas réellement modifié par la suite. Lors des débats sur les délégations de compétence de l'Etat aux collectivités territoriales à l'occasion de la loi du 27 janvier 2014 *de modernisation de l'action publique territoriale et d'affirmation des métropoles*, Marylise Lebranchu avait elle-même d'ores et déjà introduit la comparaison avec l'expérimentation, qui serait « *bornée* » par la Constitution, en ce qu'elle impose de transférer la compétence à l'ensemble des collectivités du niveau concerné si l'expérimentation est une réussite[8]. La délégation de compétence est donc bien perçue comme une alternative à l'expérimentation, dont la seule issue est soit la généralisation soit l'abandon, alors que la délégation permet à des collectivités territoriales d'exercer des compétences en lieu et place de l'État, « sous son contrôle » et dans le cadre d'une délégation qu'il pourra éventuellement reprendre[9].

De manière plus anecdotique, la délégation de compétences peut succéder à un mécanisme complexe de délégation de service public. La loi du 12 mai 2009[10] a introduit la possibilité pour l'Etat de « déléguer » tout ou partie de l'organisation de services de transport aérien intérieurs au territoire national soumis à des obligations de service public à une collectivité territoriale ou à une autre personne publique intéressée l'ayant demandé[11]. Cette disposition ne se comprend bien que par référence au mécanisme auquel elle s'est

---

[6] Amendement n° 906 (rect) sous l'art. 3 ter du projet de loi portant Nouvelle organisation territoriale de la République, (n° 2553) présenté par M. Piron à Assemblée Nationale le 13 février 2015, rejeté.

[7] Amendement n° 2045 sous l'art. 3 ter du projet de loi portant Nouvelle organisation territoriale de la République, (n° 2553) présenté à l'Assemblée nationale par le gouvernement le 17 février 2015, adopté.

[8] Assemblée Nationale, Séances du jeudi 18 juillet 2013, Compte rendu intégral, JORF, n° 92 A.N. (C.R.), Vendredi 19 juillet 2013, p. 8016.

[9] Rapport n° 1216 fait au nom de la commission des lois constitutionnelles, de la législation et de l'administration générale de la république sur le projet de loi (n° 1120), adopté par le Sénat, *de modernisation de l'action publique territoriale et d'affirmation des métropoles*, par M. O. DUSSOPT, enregistré à la présidence de l'assemblée nationale le 3 juillet 2013, p. 96.

[10] Loi n° 2009-526 du 12 mai 2009 de simplification et de clarification du droit et d'allégement des procédures, JORF 13 mai, p. 7920, art. 115.

[11] Article L. 330-3 du code de l'aviation civile, abrogé par Ordonnance n° 2010-1307 du 28 octobre 2010, art. 7, devenu article L. 6412-4 CGCT.

substitué. Sous l'empire du décret du 16 mai 2005 relatif aux règles d'attribution par l'Etat de compensations financières aux transporteurs aériens et aux exploitants d'aéroports[12], une collectivité territoriale pouvait saisir l'Etat d'une demande d'attribution de compensations financières pour une liaison aérienne déterminée, qui en vérifiait l'éligibilité dans un premier temps[13]. Puis un appel d'offres était réalisé à l'initiative de cette même collectivité territoriale[14]. Cette dernière présentait alors une demande de compensation financière au ministre chargé de l'aviation civile, qui avait un délai de quatre mois pour répondre[15]. Et si l'Etat décidait de participer financièrement, une convention de délégation de service public était conclue entre l'Etat, la collectivité territoriale ou la personne publique intéressée et le transporteur retenu pour exploiter la liaison considérée[16]. Le décret du 16 mai 2005 était ainsi considéré comme autorisant les collectivités ou autres personnes publiques à agir « comme si elles étaient l'autorité organisatrice ». Il apparaissait donc « *opportun* » de rendre la répartition des compétences « *cohérente avec la pratique actuelle où les collectivités jouent de fait le rôle de personnes délégantes d'un service public* ». Ainsi, la personne publique à l'origine du projet serait bien la « seule à contracter »[17]. En cela, la délégation a bien été un facteur de simplification et de rapprochement du droit avec la répartition du pouvoir. Pour le reste, au niveau national comme local, la délégation est une technique supplémentaire d'intervention à la disposition des collectivités.

---

[12] Décret n° 2005-473 du 16 mai 2005 relatif aux règles d'attribution par l'Etat de compensations financières aux transporteurs aériens et aux exploitants d'aéroports pour leurs missions relatives au sauvetage et à la lutte contre les incendies d'aéronefs, à la sûreté, à la lutte contre le péril aviaire et aux mesures effectuées dans le cadre des contrôles environnementaux et modifiant le code de l'aviation civile.

[13] *Ibid.*, art. 6, 1°.

[14] *Ibid.*, art. 7.

[15] *Ibid.*, art. 6, 2°.

[16] *Ibid.*, art. 8.

[17] Rapport n° 1145 fait au nom de la commission des lois constitutionnelles, de la législation et de l'administration générale de la république sur la proposition de loi de M. Jean-Luc WARSMANN (n° 1085) *de simplification et de clarification du droit et d'allégement des procédures*, par M. Etienne BLANC, enregistré à la Présidence de l'Assemblée nationale le 8 octobre 2008, p. 133.

B – Un instrument supplémentaire pour les collectivités

Les textes tendent à privilégier les délégations de compétences au bénéfice de collectivités ou d'établissements publics territorialement inclus dans le périmètre de la collectivité délégante. Ils se situent ainsi sur un plan nettement distinct du regroupement intercommunal, même si la délégation au profit d'une collectivité de rang supérieur désormais possible. La délégation de compétence prend ainsi place à côté d'autres techniques telles que celles sui prévoient la possibilité de confier une prestation de service à une autre collectivité.

Au niveau local, les textes semblent également plutôt inscrire la délégation de compétence dans une logique descendante, même si l'inverse n'est pas exclu. Il faut sans doute y voir là la manifestation de la crainte d'une forme de tutelle.

Les exemples donnés dans le rapport Balladur révélaient déjà une faveur accordée à ce mouvement descendant, aussi bien d'une collectivité territoriale au bénéfice d'une autre (reprenant ainsi l'exemple de l'action sociale du département, mais au bénéfice des métropoles), que de l'Etat au bénéfice des collectivités territoriales (évoquant le rôle respectif de l'Etat et des régions potentiellement délégataires des compétences en matière de formation professionnelle)[18].

Le premier temps de l'édiction de dispositions spécifiques aux délégations de compétence s'est caractérisé par un mécanisme « descendant » de compétence, au bénéfice des collectivités territoriales ou d'établissements publics de coopération intercommunale, depuis des collectivités territoriales dont le territoire comprend le destinataire.

Ainsi, la loi du 22 juillet 1983 avait prévu qu'une commune peut « *exercer directement* » les compétences qui sont attribuées au département dans le domaine de l'action sociale[19], et que le département ou l'autorité compétente pour l'organisation des transports urbains peuvent « *confier par convention* » tout ou partie de

[18] Rapport du Comité pour la réforme des collectivités locales, *préc.*, p. 99.
[19] Actuel article L. 121-6 du code de l'action sociale et des familles issu de la loi n° 83-663 du 22 juillet 1983 *complétant la loi n° 83-8 du 7 janvier 1983 relative à la répartition de compétences entre les communes, les départements, les régions et l'Etat*, art. 33.

l'organisation des transports scolaires à des communes, établissements publics de coopération intercommunale, syndicats mixtes, établissements d'enseignement, associations de parents d'élèves et associations familiales[20].

Pour les établissements publics de coopération territoriale, ceci s'est fait en deux temps, en adoptant d'abord des régimes spécifiques à telle ou telle compétence, avant de prévoir plus largement la faculté de leur déléguer toute compétence.

Ainsi, les communautés urbaines[21] et les communautés d'agglomération[22] peuvent « *exercer pour le département* » tout ou partie de ses compétences dans le domaine de l'action sociale, et « *exercer en lieu et place* » du département tout ou partie de ses compétences dans le domaine de la voirie. L'article L. 1511-2 I. du code général des collectivités territoriales permet par ailleurs au conseil régional de déléguer l'octroi de tout ou partie des aides aux entreprises dans la région à la métropole de Lyon, aux communes et à leurs groupements.

Comme déjà évoqué, l'article L. 5210-4 du code général des collectivités territoriales, issu de la loi du 13 août 2004, permet à un établissement public de coopération intercommunale, lorsqu'il y est expressément autorisé par ses statuts, de demander à exercer, au nom et pour le compte du département ou de la région, tout ou partie des compétences dévolues à l'une ou l'autre de ces collectivités.

La généralisation du phénomène, autant que la preuve qu'il peut être mis en œuvre aussi bien de manière ascendante que descendante résulte de l'action combinée de la loi de réforme des collectivités territoriales du 16 décembre 2010 et de la loi du 27 janvier 2014 de modernisation de l'action publique territoriale et d'affirmation des métropoles, largement préfigurées en cela par le rapport du comité Balladur.

L'article L. 1111-8 dans le code général des collectivités territoriales issu de la loi de 2010 a ouvert la possibilité à une collectivité territoriale de déléguer à « *une collectivité territoriale relevant d'une autre catégorie ou à un établissement public de*

[20] Actuel article L. 3111-9, issu de cette même loi, article 30.
[21] CGCT, art. L. 5215-20, III et IV.
[22] CGCT, art. L. 5216-5 V et VII.

coopération intercommunale à fiscalité propre » tout ou partie d'une compétence dont elle est attributaire, qu'il s'agisse d'une compétence exclusive ou d'une compétence partagée. Au terme de cette disposition, seules les délégations horizontales sont interdites ; mais les délégations verticales peuvent être aussi bien ascendantes que descendantes.

La généralité d'une délégation de compétence descendante a été consacrée à partir du moment où l'article L. 1111-8-1 du code général des collectivités territoriales, créé par la loi MAPTAM, a prévu la possibilité pour l'Etat d'accorder une telle délégation à une collectivité territoriale ou à un établissement public de coopération intercommunale à fiscalité propre[23].

Le mécanisme de délégation n'est en outre pas sans rappeler celui de prestation de service spécifiquement organisé entre les établissements publics de coopération intercommunale et leurs communes membres.

L'article L. 5215-27 du code général des collectivités territoriales dispose que la communauté urbaine « *peut confier, par convention* » avec la ou les collectivités concernées, la création ou la gestion de certains équipements ou services relevant de ses attributions à une ou plusieurs communes membres, à leurs groupements ou à toute autre collectivité territoriale ou établissement public. Dans les mêmes conditions, ces collectivités peuvent confier à la communauté urbaine la création ou la gestion de certains équipements ou services relevant de leurs attributions. L'article L. 5214-16-1 dispose de même pour les communautés de communes avec la loi du 13 août 2004, tandis que l'article L. 5216-7-1 renvoie à l'article L. 5215-27 depuis la loi du 27 février 2002. Le législateur ne semble alors pas évoquer d'action pour le compte, comme l'ancien article L. 5333-5 de ce code qui autorisait la communauté ou le syndicat d'agglomération nouvelle « *à assurer la gestion de services et l'exécution de tous travaux ou études pour le compte des communes membres* » dans les conditions fixées par convention avec la ou les communes intéressées, et, réciproquement,

---

[23] *JORF* du 28 janvier 2014 p. 1562, issu d'un amendement parlementaire, N° 684 rect. Ter sur le projet de loi de modernisation de l'action publique territoriale et affirmation des métropoles (1ère lecture) présenté le 31 mai 2013 par Mme LIPIETZ, MM. DANTEC, PLACÉ et les membres du Groupe écologiste, adopté au Sénat, séance du 31 mai 2013, p. 5151.

ils peuvent demander, dans des conditions fixées par convention, à une ou plusieurs communes d'assurer pour son compte certaines prestations de services et, le cas échéant, certains investissements.

Le juge a précisé que lorsque, par convention, une ville membre est chargée par la communauté urbaine compétente en matière de voirie et de signalisation de réaliser les opérations nécessaires aux études, travaux et fonctionnement de la signalisation lumineuse, cette convention, qui laisse à la charge du budget de la communauté urbaine les dépenses correspondant à ces opérations, constitue une convention de prestation de services et n'emporte pas transfert des compétences dévolues par la loi à la communauté urbaine. Par suite, celle-ci ne peut appeler la ville en garantie en cas de condamnation à indemniser la victime d'un accident causé par un dérèglement des feux de circulation[24]. En d'autres termes, l'action de la ville « pour le compte » de la communauté n'exonère pas cette dernière de sa responsabilité. Il s'agit toutefois d'une simple prestation de services, sans effet de représentation, conformément à la distinction opérée précédemment. Malgré cela, la délégation de compétence comme la réalisation de prestations de services impliquent bien, par deux fois, la réalisation d'un certain nombre de tâches contre, *a minima*, le défraiement de celui qui s'est chargé de les réaliser.

Ce dernier exemple nous rappelle la difficulté à identifier la nature juridique exacte des délégations de compétence, qui oscille entre contrat d'entreprise et mandat, car le législateur a essentiellement entendu organiser les structures de l'administration publique, plus que de mettre œuvre un régime juridique sans faille.

---

[24] CAA Lyon, 27 février 1990, *Communauté urbaine de Lyon,* Lebon T. 626 et 984.

Les délégations de compétences entre collectivités territoriales ou entre collectivités territoriales et EPCI

Éric GINTRAND

Avocat associé, Publica-Avocats

I – La diversité des types de délégations de compétences

Le cadre juridique comporte des dispositions générales codifiées à l'article L. 1111-8 du CGCT et des dispositions particulières propres à l'exercice de certaines compétences.

Toutefois, la plupart de ces dispositions particulières prévoient que la délégation est régie par l'article L. 1111-8 du CGCT.

Il en est ainsi :

- des délégations de compétence en matière d'octroi et d'instruction des aides et subventions dans les domaines de compétences partagées entre collectivités, lorsque le délégant et le délégataire sont des collectivités territoriales ou des EPCI à fiscalité propre *(CGCT, art. L. 1111-8-2)* ;

- des délégations de compétences prévues par les conventions territoriales d'exercice concerté d'une compétence *(CGCT, art. L. 1111-9-1)* ;

- des délégations que peuvent accorder les régions aux communes et à leurs groupements en matière d'octroi de tout ou partie des aides aux entreprises *(CGCT, art. L. 1511-2)* ;

- des délégations de compétences que peuvent accorder la région ou l'autorité compétente pour l'organisation des transports urbains en matière de transports scolaires *(C. trans., art. L. 3111-9)* ;

- des délégations de compétence entre une collectivité territoriale ou un groupement et un syndicat mixte dans le domaine des réseaux de communications électroniques *(CGCT, art. L. 1425-1)* ;

- des délégations faites au bénéfice des établissements territoriaux de bassin dans le domaine de la gestion des milieux aquatiques et de la prévention des inondations (*C. env., art. L. 213-12).*

Certaines délégations obéissent à un régime propre.

Il en est ainsi :

- des délégations que peuvent accorder les communes et les EPCI à fiscalité propre aux départements en matière d'octroi de tout ou partie des aides en matière d'investissement à l'immobilier d'entreprises (*CGCT, art. L. 1511-3)*
- des délégations que peut demander un établissement public de coopération intercommunale, s'il y est autorisé par ses statuts, pour exercer, au nom et pour le compte du département ou de la région, tout ou partie des compétences qui leurs sont dévolues *(CGCT, art. L. 5210-4)* ;
- des délégations de compétence que la métropole peut exercer au nom et pour le compte du département dans les compétences énumérées à l'article L. 5217-2 IV du CGCT *(CGCT, art. L. 5217-2).*

II – Le régime des délégations

A – Qualité de délégant et de délégataire

L'article L. 1111-8 du CGCT n'autorise que les collectivités territoriales à déléguer une compétence dont elles sont attributaires.

Ainsi, la possibilité de déléguer des compétences n'est pas reconnue aux EPCI, sauf lorsque la loi le prévoit comme par exemple en matière d'octroi des aides et subventions dans les domaines de compétences partagées *(CGCT, L. 1111-8-2)* ou des aides à l'investissement d'immobilier d'entreprise *(CGCT, art. L. 1511-3).*

S'agissant des bénéficiaires, l'article L. 1111-8 dispose que la délégation peut être faite au profit d'une collectivité territoriale relevant d'une autre catégorie ou d'un EPCI à fiscalité propre.

A noter toutefois, que lorsque la loi prévoit la possibilité de délégation portant sur une compétence exclusive en énumérant précisément le ou les bénéficiaires de la délégation comme par exemple pour les aides au développement économique *(CGCT, art. L .1511-2 et L. 1511-3),* c'est évidemment pour dire que cette liste de bénéficiaires est limitative, par rapport à l'habilitation de l'article L. 1111-8 du CGCT.

B – Compétences susceptibles d'être déléguées

Dans le cadre du régime général de l'article L. 1111 -8 du CGCT, l'habilitation à déléguer étant générale, toute compétence peut être déléguée qu'elle soit exclusive, partagée ou conjointe *(CGCT, art. L. 1118-2 et L. 1111-9).*

Dans les régimes particuliers, la loi fixe limitativement, au cas par cas, les compétences susceptibles d'être déléguées.

C – Portée de la délégation

Le régime de la délégation instauré par l'article L. 1111-8 du CGCT se caractérise par le fait que la collectivité délégante conserve la maîtrise, le contrôle et la responsabilité de la compétence déléguée.

En conséquence, la délégation n'apporte aucune modification dans la répartition des compétences entre les collectivités, seul l'exercice de cette compétence est délégué.

La loi dispose à cet égard que le délégataire intervient *« au nom et pour le compte »* du déléguant, c'est-à-dire sous la responsabilité et la surveillance de celui-ci.

Il convient de souligner à cet effet que la délégation prévue à l'article L. 1111-8 du CGCT n'a pas pour effet de substituer le délégataire au délégant, cette disposition qui figurait dans le décret n° 2012-716 du 7 mai 2012 *(CGCT, art. R. 1111-1)* ayant été supprimée par le décret n° 2015-687 du 17 juin 2015).

L'emploi du terme *« au nom et pour le compte de »* fait référence à la notion de mandat.

Cette notion de mandat en matière de délégation n'est pas propre aux seules délégations régies par l'article L. 1111-8 du CGCT puisque la plupart des dispositions particulières y font également référence.

Cette référence à la notion de mandat n'est pas non plus nouvelle puisqu'on la retrouve notamment dans le régime de la délégation de maîtrise d'ouvrage publique instaurée par la loi n° 85-7704 du 12 juillet 1985 relative à la maîtrise d'ouvrage publique et à ses rapports avec la maîtrise d'œuvre privée.

A noter toutefois, qu'elle n'est pas générale et qu'elle est absente de certains régimes particuliers de délégation.

C'est le cas en particulier des délégations accordées par les EPCI à fiscalité propre en matière d'octroi de tout ou partie des aides à l'investissement d'immobilier d'entreprise *(CGCT, art. L. 1511-3)* et des délégations de compétences entre la métropole et le département *(CGCT, art. L. 5217-2).*

D – Procédure de mise en œuvre

La délégation de compétence suppose une démarche volontaire qui ne peut être imposée par la loi ou par le règlement.

Les délégations sont obligatoirement régies par une convention.

S'agissant des délégations soumises aux dispositions de l'article L. 1111-8, les principales caractéristiques de la convention sont fixées par l'article R. 1111-1 du CGCT.

S'agissant de la procédure d'élaboration et de conclusion, l'article R. 1111-1 du CGCT dispose :

- que la convention est élaborée par les présidents des assemblées délibérantes des collectivités territoriales ou des établissements publics de coopération intercommunale à fiscalité propre concernés ;
- qu'elle est approuvée par délibérations concordantes des assemblées délibérantes des collectivités territoriales ou des établissements publics de coopération intercommunale à fiscalité propre qui y sont parties.

Toutefois, s'agissant des délégations relevant de dispositions particulières, la loi peut renvoyer à une autre procédure.

Il en va ainsi, par exemple, pour les délégations portant sur des compétences conjointes pour lesquelles il existe un chef de file. Celles-ci ne peuvent être accordées que si elles ont été préalablement débattues par la conférence territoriale de l'action publique *(CGCT, art. L. 1111-9 et L. 1111-9-1).*

E – Contenu de la convention de délégation

Pour les conventions conclues dans le cadre du régime de l'article L. 1111-8 du CGCT, l'article R. 1111-1 du CGCT fixe un certain nombre d'obligations quant au contenu de la convention.

Pour les autres régimes de délégation, le contenu de la convention est librement déterminé entre les parties.

Selon l'article R. 1111-1 du CGCT, la convention doit obligatoirement déterminer :

1° La ou les compétences déléguée(s)

La convention doit définir avec précision le contenu et les limites de la matière déléguée, étant entendu que toute compétence peut être déléguée qu'elle soit exclusive, partagée ou conjointe *(CGCT, art. L. 1118-2 et L. 1111-9).*

Toutefois, la rédaction de l'article L. 1111-8 paraît interdire une délégation partielle de la compétence.

Celle-ci ne paraît possible que lorsque la loi le précise, comme par exemple en matière d'octroi de tout ou partie des aides.

Il n'existe donc pas de domaine non délégable comme c'est le cas par exemple dans le cas de la délégation de maîtrise d'ouvrage public.

On relèvera cependant que la collectivité délégante dispose d'une grande latitude pour définir le périmètre de la délégation, lorsqu'il n'est pas précisément défini par la loi.

Le contour de la compétence peut être défini :

- soit par rapport à un champ thématique (culture, sport, action sociale, …) ;
- soit par rapport à des objectifs (solidarité sociale ou solidarité des territoires, lutte contre l'insalubrité, …) ;
- soit par rapport aux personnes concernées (actions en faveur des jeunes, des personnes âgées, des personnes défavorisées, des demandeurs d'emplois, …)

- soit encore par la mise en œuvre d'un dispositif (fonds de solidarité, régime d'aides, …

La convention devra également préciser les conditions dans lesquelles la collectivité délégante est susceptible ou non d'intervenir dans le champ de la délégation, dès lors que cette dernière n'a pas pour effet de la dessaisir.

La délégation devra également définir l'étendue des pouvoirs de la collectivité dans l'exercice de sa délégation (actes, marchés et autres contrats, représentation dans des organismes extérieurs, …).

2° La durée de la délégation de compétence ainsi que les modalités de son renouvellement

Contrairement aux transferts de compétences qui sont d'une durée illimitée, la délégation de compétence a nécessairement une durée limitée.

Elle peut toutefois être renouvelée, sans que la loi ou le règlement ne fixent les modalités de ce renouvellement.

3° Les objectifs à atteindre et les indicateurs de suivi correspondant

Il peut s'agir d'indicateurs quantitatifs ou qualitatifs.

4° Les modalités de contrôle de l'autorité délégante sur l'autorité délégataire :

La convention devrait notamment prévoir :

- la production d'un rapport d'activités ;
- la production d'un rapport financier contenant notamment l'état des charges et des produits, globalisés par compte et par nature, résultant de la délégation, état au vu duquel l'ordonnateur émet après contrôle les titres de recettes et les mandats de dépenses et intègre ces opérations à la comptabilité de la collectivité ;
- la transmission de toutes les pièces justificatives de paiement ;

5° Les moyens et le cadre financier :

Le cadre financier dans lequel s'exerce la délégation, les moyens de fonctionnement et les services éventuellement mis à la disposition de l'autorité délégataire ainsi que les conditions dans lesquelles des personnels de l'autorité délégante peuvent être mis à disposition de l'autorité délégataire ou détachés auprès d'elle doivent être précisés dans la convention.

S'agissant du cadre financier, la notion de mandat paraît exclure que la collectivité déléguée puisse supporter sur son budget propre tout ou partie du coût de la mise en œuvre de la compétence.

En effet le principe, en la matière est qu'il appartient au délégant et non au délégataire de supporter le coût.

La convention devra donc précisément déterminer l'enveloppe financière attribuée à la collectivité déléguée, les modalités de versement des avances ou de remboursement des dépenses ainsi que les modalités de reversement des fonds disponibles dans la caisse du comptable public de la collectivité délégante.

Si la convention prévoit néanmoins que des dépenses afférentes aux compétences déléguées incomberont à la collectivité déléguée, elle devra alors préciser les dépenses qui relèvent du délégant et du délégué.

6° Les conditions de résiliation anticipée

Il serait possible de prévoir une résiliation pour motif d'intérêt général et une résiliation pour faute.

La convention devrait alors déterminer les conséquences patrimoniales et financières de ces résiliations anticipées.

Outre les obligations imposées par l'article R. 1111-1 du CGCT, la convention devrait également définir :

7° Le régime de la responsabilité

Le principe en la matière est que la collectivité délégante qui reste tenue responsable des dommages causés par le mandataire.

Ainsi jugé, à propos de l'exécution d'une convention conclue entre une communauté urbaine et une commune, chargeant celle-ci d'intervenir pour son compte, sans lui transférer la compétence et laissant à la charge du budget de la communauté urbaine les dépenses correspondant à ces opérations, que c'est la communauté urbaine, titulaire de l'attribution qu'elle a confiée, qui est responsable *(CAA*

Lyon, 27 février 1990, Communauté urbaine de Lyon : Rec. CE, tables, p. 984).

Toutefois, vis-à-vis de la collectivité délégante, le délégataire encourt une responsabilité contractuelle limitée à l'inexécution de ses obligations.

En cas de mise en cause de la responsabilité du délégant, ce dernier devrait donc disposer d'une action récursoire contre la collectivité déléguée si la responsabilité résulte d'une faute de la part de ce dernier.

8° Les conséquences, juridiques, patrimoniales et financières de la fin de la délégation

En particulier la remise éventuelle des biens nécessaires à l'exercice de la compétence à la collectivité et pour les modalités de leur incorporation dans son patrimoine.

9° Les modalités de règlement des différends

En particulier, prévoir des clauses d'arbitrage ou de conciliation en cas de différend.

MOYENS

Réforme territoriale et rationalisation des compétences: quels moyens humains ?

Annie FITTE-DUVAL

Maître de conférences en Droit public (HDR), Université de Pau et des Pays de l'Adour, Centre de recherche Pau Droit Public

La mise en œuvre des mutations territoriales est l'œuvre des hommes et des femmes qui agissent dans ces collectivités. Aussi pourrait on attendre d'une étude consacrée aux moyens humains attachés à la rationalisation des compétentes locales dans la réforme territoriale, qu'elle apprécie le rôle de l'ensemble des acteurs concernés qu'il s'agisse des élus décisionnaires ou des agents territoriaux qui occupent l'espace d'expertise, d'aide à la décision et d'exécution, tant les missions des uns et des autres apparaissent étroitement imbriquées et complémentaires.

Pourtant , nous choisirons dans cette contribution de rester fidèle à un consensus traditionnel qui retient une conception des moyens humains centrée sur la place des agents publics par profession, consensus renforcé par la conviction de plus en plus affirmée qu'une meilleure gestion des ressources humaines à travers l'emploi est la condition indispensable de l' efficacité optimale d'une organisation publique.

Dans cette recherche d'efficacité, la question de la mobilité des fonctionnaires se pose de manière récurrente. Pourtant, dans la mise en œuvre de cette réforme des territoires, on observera d'entrée que le législateur semble s'être un peu désintéressé du sort s agents amenés à porter cette réforme, ce qui peut s'analyser comme une négligence coupable.

Certes, il a organisé en amont la mobilité des agents publics, enjeu essentiel dans un contexte qui favorise l'interpénétration et la mutualisation des activités. Mais une première difficulté tient sans doute à la définition de la mobilité qui peut comporter une dimension géographique, fonctionnelle, impliquer un changement d'employeur, la mise en œuvre de procédures spécifiques ou tout cela à la fois. La conception de la mobilité peut être politique : les défenseurs d'une fonction publique de carrière la limitent à la circulation interne au secteur public tandis que les champions de la flexibilité y voient l'opportunité d'échanges entre le public et le privé. Ces différences de conception pèsent sur l'organisation de cette mobilité dont le contenu fluctue dans le temps et selon l'agenda politique.

Déjà au moment de la création de la fonction publique territoriale, la mobilité s'était affirmée comme corollaire d'une grande fonction publique pour la République réunissant dans un même processus de carrière, fonctionnaires d'Etat et fonctionnaires territoriaux. La version initiale de la loi du 26 janvier 1984 facilitait les passerelles entre l'Etat et les collectivités territoriales en permettant les changements de corps. Porteuse d'une volonté de rétablir la spécificité de la gestion locale des agents publics, la loi modificative du 13 juillet 1987 a cependant fait disparaître les corps de la fonction publique territoriale pour leur substituer des cadres d'emplois, et dans le même temps supprimé la notion de corps comparables et l'intégration directe. Les possibilités d'échanges entre les différents volets de la fonction publique ont cependant été restaurées progressivement, durant les dix dernières années sous l'impulsion de plusieurs textes.

Le détachement a longtemps été la seule forme de mobilité permettant le passage du fonctionnaire d'une fonction publique à une autre. Cette position statutaire permet au fonctionnaire d'occuper un emploi dans un grade (d'un autre cadre d'emplois pour la fonction publique territoriale ou d'un corps pour les fonctions publiques d'Etat et hospitalière) tout en conservant ses droits à l'avancement et à la retraite. Le recours au détachement de courte ou de longue durée impose dans la plupart des cas une démarche volontaire du fonctionnaire, et une acceptation de la part de l'administration d'origine et de l'administration d'accueil, mais le législateur a également prévu quelques hypothèses de déplacement d'office.

Aujourd'hui toutefois, la mobilité du fonctionnaire dans la fonction publique n'est plus conditionnée par le recours au détachement, et la loi du 2 février 2007 concernant la modernisation de la fonction publique a développé le champ d'application de la mise à disposition. Ce mécanisme renvoie à la situation du fonctionnaire qui demeure dans son corps d'origine, est réputé y occuper son emploi, continue à percevoir la rémunération correspondante, mais qui exerce ses fonctions hors du service où il a vocation à servir. L'administration d'accueil rembourse les rémunérations du fonctionnaire à l'administration d'origine. La mise à disposition est subordonnée à une demande de l'Administration ou de l'organisme bénéficiaire et à l'autorisation de l'administration d'origine.

Les procédures de mise à disposition se sont en effet développées dans la fonction publique avec la loi du 2 février 2007 élargissant le champ d'application de cet aménagement de la position d'activité (qui peut désormais concerner les administrations de l'Etat et des collectivités territoriales, les établissements publics qui en dépendent et même des organismes contribuant à la mise en œuvre d'une politique publique, pour l'exercice des missions de service public. Ainsi, la loi du 2 février 2007 en renforçant la place de la mise à disposition[1] a contribué à enrichir les mécanismes utilisables pour concrétiser une mobilité solennellement consacrée par la suite dans la loi du 3 août 2009. Celle-ci a en effet érigé cette mobilité en objet principal, certes dans le cadre d'un processus interne à la fonction publique mais qui dépasse largement la fonction publique territoriale. En revanche, l'organisation de cette mobilité comme outil d'accompagnement des réformes touchant au territoire n'est pas systématique.

La mise en œuvre des transferts de compétences est un mécanisme désormais traditionnel qui entraîne parallèlement le transfert de personnels, dont les modalités sont généralement prévues par les textes. Mais le législateur demeure à l'inverse, assez elliptique sur les conséquences pour les personnels de la mise en œuvre des différentes hypothèses de recours aux conventions de délégation des compétences qu' il a envisagées et qui peuvent lier soit des collectivités

---

[1] Articles 61 à 63 de la loi du 26 janvier 1984 ; Cf. aussi décret n° 2008-580 du 18 juin 2008 relatif au régime de la mise à disposition applicable aux collectivités territoriales et aux établissements publics administratifs locaux.

territoriales entre elles pourvu qu'elles appartiennent à des catégories différentes, soit l'Etat et des collectivités, soit des collectivités et des EPCI.

Dans le cadre des délégations de compétences, la mise à disposition de services, la mise à disposition individuelle et le détachement constituent les principales options envisageables pour les personnels, aux termes de la loi, mais les incidences de ces différentes méthodes ne font l'objet d'aucune analyse voire d'une incitation susceptible d'orienter le choix des collectivités et d'optimiser l'objectif poursuivi de rationalisation des compétences.

Certes, l'apparente indifférence aux moyens humains qui semble accompagner ces changements peut être justifiée par le respect de la libre administration, le domaine de la gestion des personnels s'affirmant classiquement comme un lieu sensible d'expression de la liberté d'agir des collectivités[2]. Mais cela ne suffit peut être pas à expliquer la différence de traitement de la mobilité des personnels par les textes dans les cas respectifs des transferts de compétence et des délégations de compétence. Sans doute, la prévalence de la libre administration s'impose t-elle davantage dans le cas de la délégation de compétences dont la dimension volontariste permet d'adapter les structures à la diversité territoriale, et reconnaît aux collectivités le choix des modalités d'accompagnement de leurs engagements contractuels.

Force est de constater toutefois qu'en se contentant de renvoyer brièvement aux dispositifs classiques utilisés notamment lors de transferts de compétences, en demeurant allusif sur les conséquences associées à ces choix, le législateur ne valorise ni ne favorise le choix de la délégation de compétences, dont on peut observer qu'elle est quelque peu délaissée par les acteurs publics[3].

La réforme territoriale sous l'angle de la rationalisation des moyens humains induit certes *a priori* une mobilité des personnels. Celle-ci,

---

[2] Cf. Cons. const., Décision n° 83-168 DC du 20 janvier 1984, *Loi portant dispositions statutaires relatives à la fonction publique territoriale.*

[3] Voir à ce sujet, *Délégation de compétences et conférence territoriale d'action publique, de nouveaux outils au service de la coopération territoriale* ; rapport de l'inspection générale de l'administration n° 16119-R. Établi par Bruno ACAR Inspecteur général de l'administration et Patrick REIX Inspecteur général de l'administration en service extraordinaire- Mai 2017.

organisée en ce qui concerne les transferts de compétences (I), demeure aléatoire dans le cas des délégations de compétences (II), et en toute hypothèse, d'une mise en œuvre complexe (III).

I – Une mobilité des personnels organisée dans le cas des transferts de compétences

La loi n° 2002-276 du 27 février 2002 relative à la démocratie de proximité affirme pour la première fois le lien entre la compétence et le personnel dans l'hypothèse d'un transfert de compétences. Elle insère dans le CGCT un article L. 5211-4-1, I disposant que «*le transfert de compétences d'une commune à un établissement public de coopération intercommunale entraîne le transfert du service ou de la partie de service chargé de sa mise en œuvre.*» Le Conseil d'Etat s'était de son côté prononcé en faveur d'un recours exclusif aux mécanismes de mobilité prévus par la loi en cas de transfert de compétences[4]. Transfert ou mise à disposition de personnels sont les deux principales options prévues par le législateur mais il faut distinguer la mise en œuvre de plein droit de celle qui nécessite l'accord de l'agent.

A – Une mobilité contrainte : le transfert ou la mise à disposition de plein droit des personnels

Illustrée par la mutation ou le détachement, la mobilité traditionnelle résulte d'une démarche volontaire du fonctionnaire. De manière dérogatoire, le transfert de compétences d'une collectivité à un EPCI, ou d'une catégorie de collectivités à une autre, fait intervenir soit un transfert de plein droit sans donc qu'il soit nécessaire de recueillir le consentement des agents, soit une mise à disposition[5]. Lorsqu'il existe une possibilité d'affectation auprès de plusieurs collectivités territoriales, il peut être procédé à une

---

[4] Seuls les mécanismes de mobilité prévus par le statut général des fonctionnaires s'appliquent en cas de transfert de compétence (CE, 22 nov. 2002, n° 244138, *Commune de Beaulieu-sur-Mer*, *Lebon T.* 858 ; *AJDA* 2003, p. 734, note J.-P. MARKUS, note F. SEMPÉ

[5] Voir pour une analyse approfondie, G. GLÉNARD, « La mobilité des agents publics dans le droit de la coopération locale », *AJDA* 2017, p. 1318.

répartition d'office, qui s'impose au personnel concerné en vertu d'une décision administrative unilatérale.

Le choix d'un transfert de plein droit a été retenu par le législateur, notamment dans le cas du transfert de compétences à un EPCI ou à un syndicat mixte fermé, dans l'hypothèse de la transformation ou de la fusion d'un EPCI dans le cadre défini par l'article L. 5211-4-1, I (al. 1 et 2), ou encore au moment de la création d'un service commun, prévu par l'article L. 5211-4-2. Ce mécanisme est également prévu pour les compétences communales transférées aux métropoles (art. L. 5217-2 du CGCT), et le sort du personnel est alors réglé, conformément à l'article L. 5217-19, I, qui renvoie aux modalités de l'article L. 5211-4-1.

La loi NOTre a prévu dans son article 114 le transfert ou la mise à disposition de services dans le cas des transferts de l'Etat vers les collectivités. La même loi a organisé le transfert des services ou parties de service du département, dans le cadre du transfert à la Région des compétences départementales en matière de transports. Ces transferts définitifs donnent lieu à des conventions entre le département et la région, prises après avis des comités techniques compétents des deux collectivités. La loi organise également la situation des agents non-titulaires des services concernés qui deviennent des agents non titulaires de la collectivité nouvellement attributaire de la compétence.

Indépendamment du transfert de compétences, la loi NOTre du 7 août 2015 a également prévu dans l'article L. 5211-4-2 du CGCT un autre cas de transfert de personnels de plein droit, lorsqu'un « service commun » est créé par l'EPCI à fiscalité propre avec une ou plusieurs communes membres et, éventuellement, un ou plusieurs établissements publics rattachés à un ou plusieurs d'entre eux. Il en va différemment si l'agent n'est que partiellement affecté à ce service commun, ce qui permet de réintroduire une part de négociation dans le processus.

B – Une mobilité négociée : le transfert ou la mise à disposition consentis des personnels

Dans l'hypothèse en effet où l'agent n'exerce qu'en partie ses fonctions dans le service ou la partie de service en charge de la compétence transférée, le transfert peut lui être proposé par la collectivité ou par l'EPCI mais ce n'est une obligation ni pour l'une ni pour l'autre et de ce fait, l'agent peut conserver son statut d'agent communal. Ce dernier peut également refuser le transfert. Dès lors que le transfert n'a pas lieu, la mise à disposition devient en revanche aux termes de l'article L. 5211-4-1 du CGCT, le substitut obligatoire, l'agent étant *« de plein droit et sans limitation de durée »* mis à disposition de l'EPCI pour la partie de ses fonctions relevant du service ou de la partie de service transféré.

Le législateur prévoit également plusieurs hypothèses de recours à la mise à disposition soit du service, soit des agents à titre individuel. L'article L. 5211-4-1 prévoit la possibilité pour une commune de mettre à disposition d'un EPCI un service ou des agents. Plus spécifiquement, dans le cas de la Métropole du Grand Paris, le décret n° 2016-386 du 30 mars 2016 envisage pour les fonctionnaires des administrations parisiennes[6], un droit d'option permettant soit une intégration, soit un détachement soit une mise à disposition des fonctionnaires des administrations parisiennes en application de l'article 13 de la loi n° 2014-58 du 27 janvier 2014 de modernisation de l'action publique territoriale et d'affirmation des métropoles.

Dans tous les cas de transfert recensés, le législateur s'est donc préoccupé de préciser les conditions dans lesquelles le personnel suit la compétence en recourant soit au transfert de personnels plus contraignant, soit à la mise à disposition réputée plus souple. Ce dernier caractère justifie sans doute la place prépondérante du mécanisme de mise à disposition dans le cadre d'une autre hypothèse de circulation des compétences : les délégations de compétences. Si, en effet, la mobilité dans le cas des transferts de compétences est généralement organisée, il n'en est pas tout à fait de même dans le cas des délégations de compétences où elle est simplement suggérée et donc aléatoire.

---

[6] Les fonctionnaires de la Ville de Paris bénéficient d'un statut propre distinct de celui de la fonction publique territoriale

II – Une mobilité des personnels aléatoire dans le cas des délégations de compétences

A côté des transferts de compétences qui mettent en place une collaboration pérenne et ne permettent plus à la collectivité initiale d'agir une fois la compétence transférée, la loi prévoit un autre mode de coopération entre collectivités : celui de la délégation de compétences qui peut intervenir entre collectivités et établissements publics, voire entre l'Etat et les collectivités. Le législateur prévoit ou suggère de manière parfois elliptique dans les différentes hypothèses qu'il a conçues entre 2010 et 2015, une mobilité des personnels qui peut prendre, selon les cas, la forme de mises à disposition de services, de mises à disposition individuelle ou du détachement. Mais si le législateur renvoie aux solutions traditionnelles, l'utilisation de la mise à disposition apparaît privilégiée, en adéquation présumée avec la vocation de ce mécanisme de coopération conventionnel.

A – L'adaptation des solutions classiques du détachement et de la mise à disposition

Parfois perçue comme un substitut au transfert de compétences voire l'antichambre de celui-ci, la délégation de compétences s'en rapproche en ce qu'elle permet également une forme de circulation des compétences. Pour cette raison, le législateur renvoie aux mêmes procédés d'accompagnement en ce qui concerne les ressources humaines, afin de permettre la mobilité des agents ou des services, comme le montrent les exemples suivants.

Ainsi, l'article L. 1111-8 du CGCT permet par exemple à une collectivité de déléguer par convention l'exercice d'une compétence de son choix à une collectivité relevant d'une autre catégorie. L'article R. 1111-1 précise à cet égard que la convention doit prévoir les services éventuellement mis à la disposition de l'autorité délégataire ainsi que les conditions dans lesquelles des personnels de l'autorité délégante peuvent être mis à disposition de l'autorité délégataire ou détachés auprès d'elle.

L'article L. 1111 8 -1 du même code issu de la loi du 27 avril 2014 prévoit que l'Etat peut déléguer certaines de ses compétences, pourvu que ne soit pas en cause un intérêt national[7], à une collectivité territoriale ou un EPCI qui en font la demande. Dans ce cas de figure, la convention définit, aux termes de l'article R. 1111-1-1 issu du décret n° 2015-687 du 17 juin 2015, « *les services le cas échéant mis à la disposition de l'autorité délégataire* ».

L'article L. 5217-2 du CGCT modifié par la loi NOTre énumère des compétences susceptibles d'être transférées ou déléguées spécifiquement aux métropoles, notamment par les départements. Le législateur prévoit dans ce cas qu'une convention détermine les conditions dans lesquelles tout ou partie des services départementaux correspondants sont transférés ou mis à disposition de la métropole.

Le législateur prévoit en outre certaines délégations de compétences dans des domaines spécifiques. Parmi celles-ci, les délégations de compétence entre autorités organisatrices de transport urbain pour les transports scolaires, évoquées par l'article L. 3111-9 du code des transports, fournissent un exemple de convention entre la région nouvellement détentrice de la compétence aux termes de la loi NOTre (et potentiellement collectivité délégante) et le département, des communes, ou des établissements publics de coopération intercommunale, tous potentiellement délégataires. Dans la pratique, ce sont essentiellement des délégations provisoires de compétences qui ont été conclues dans l'attente du transfert de la compétence transport aux départements et qui illustrent singulièrement le lien entre transfert et délégation évoqué plus haut. Elles prévoient sans surprise, le maintien des agents départementaux concernés par le service.

Dans le cas de conventions liant l'Etat aux collectivités (par exemple, celle prévue par le décret n° 2015-1918 portant délégation de compétences du ministère de la culture et de la communication à la région Bretagne), les moyens humains sont évalués en fractions d'emplois, et le texte prévoit qu'« *eu égard à l'impossibilité de*

---

[7] Cette restriction fonde l'exclusion de la nationalité, des droits civiques, des garanties des libertés publiques, de l'état et de la capacité des personnes, de l'organisation de la justice, du droit pénal, de la procédure pénale, de la politique étrangère, de la défense, de la sécurité et de l'ordre publics, de la monnaie, du crédit et des changes, ainsi que du droit électoral, ou intervenir lorsqu'elle affecte les conditions essentielles d'exercice d'une liberté publique ou d'un droit constitutionnellement garanti.

fractionner les compétences, une dotation complémentaire annuelle de 65 000 euros correspondant à l'évaluation de la masse salariale chargée et aux frais de fonctionnement ».

Au-delà de la diversité des modèles, la mise à disposition proposée ou suggérée s'impose le plus souvent du fait des caractéristiques propres de la délégation de compétences.

B – La primauté de la mise à disposition

En premier lieu, alors que le volet conventionnel apparaît secondaire dans le transfert de compétences généralement décidé par la loi, il est prépondérant dans le cadre de la délégation de compétences. Cette dernière, à la différence du transfert, conserve au titulaire initial, responsabilité et droit de regard sur l'exercice de compétence(s) dont il n'est dessaisi que pour une durée limitée, la compétence étant *« exercée par le délégataire au nom et pour le compte du délégant ».*

La délégation de compétences, dévolution concertée des compétences, est marquée par l'importance de la latitude contractuelle et le caractère réversible, éléments constitutifs d'une certaine flexibilité tant du point de vue de l'initiative, que de l'application. Dès lors que l'objectif de la mise à disposition de personnels, dans son économie générale est d'offrir une solution pour pallier une absence ou carence temporaire de personnel , elle présente un fort indice de compatibilité avec la délégation de compétences, l'un et l'autre procédés répondant à la double logique d'une temporalité limitée et d'un consensus nécessaire.

La mise à disposition peut être adaptée à la mobilité des services, des parties de service ou à des situations individuelles puisqu'elle est envisageable dans le cas des contractuels à durée indéterminée par exemple. Sa capacité d'adaptation et sa malléabilité apparente s'avèrent très appréciables dans le cadre d'un dispositif qui n'est pas définitif, et qui ne confère qu'un pouvoir de décision sous contrôle. La place de la convention demeure centrale qu'il s'agisse de la mise à disposition de services ou de celle des agents. Ainsi l'article L. 5211-4-1 prévoit que la mise à disposition de services relève d'une convention entre les collectivités et groupements concernés qui doit mentionner les dispositions relatives aux personnels ou aux services, et si le cadre général de la mise à disposition des agents à titre individuel est défini par le législateur et le pouvoir réglementaire, sa mise en œuvre nécessite également une convention entre collectivité d'origine et collectivité d'accueil.

De fait, quel que soit le type de dispositif retenu par le législateur, et nonobstant la différence de traitement réservée par ce dernier aux deux formes évoquées de réorganisation des compétences, leur mise en œuvre s'accompagne d'une gestion complexe du volet humain correspondant.

III – Une mise en œuvre complexe en partage

La complexité naît d'abord de la multiplicité des combinaisons désormais possibles en matière de répartition des compétences, celle-ci s'avérant plus sophistiquée dans la nouvelle décentralisation de l'acte III que dans l'acte I. En effet, le mille-feuille territorial n'a pas véritablement régressé et s'est enrichi de nouvelles entités avec la reconnaissance de nouvelles collectivités à statut particulier et des métropoles conjuguée à une certaine adaptabilité des compétences.

Prolongeant les questions traditionnelles liées à toute réforme de la répartition des compétences, des problématiques supplémentaires émergent notamment celle du consentement qui signe le passage du droit à la mobilité à un devoir de mobilité (A) et celle de la préservation des garanties des agents dans le cadre de la mobilité (B).

A – Du droit au devoir de mobilité

Le droit de la fonction publique a toujours permis la reconnaissance de mobilités contraintes justifiées par les nécessités du service. Toutefois ces situations restaient marginales et avaient été quelque peu éclipsées par la loi du 3 août 2009, affirmant le droit à la mobilité et renforçant par là même le caractère de garantie fondamentale de la mobilité des fonctionnaires reconnu dès l'origine par l'article 14 de la loi du 13 juillet 1983 et l'article 7 de la loi du 26 janvier 1984. Pourtant, la réforme territoriale altère nettement la portée du consentement et transforme souvent le droit en devoir.

La question du consentement se pose d'ailleurs tant en ce qui concerne les employeurs territoriaux qu'en ce qui concerne les agents. Du côté des employeurs, ceux-ci n'ont plus toujours la latitude de choisir ses collaborateurs, puisque transferts et mises à disposition peuvent intervenir d'office dans certains cas, alors même que le recrutement et la gestion des personnels constituent aux yeux des élus une dimension importante de la libre administration[8] .

Du côté des agents, la mobilité n'est pas toujours consentie, qu'il s'agisse du transfert ou de la délégation. Contrairement au transfert qui peut être imposé par la loi, la délégation ne peut résulter que d'une volonté commune expresse et délibérée des parties, mais dans l'un et l'autre cas, la volonté des personnels passe au second plan et la mobilité peut sous une forme ou une autre, être imposée aux agents concernés. Avant un transfert, le consentement du personnel est certes requis mais en cas de refus de l'agent, le transfert laisse place à un autre mécanisme de mobilité - en l'occurrence la mise à disposition - qui s'applique indépendamment du souhait de l'agent.

Alors que le droit commun de la mise à disposition institue en effet, aux termes du décret du 18 juin 2008, l'obligation de recueillir le consentement exprès de l'agent au moins *« sur la nature des activités qui lui sont confiées et sur ses conditions d'emploi »*[9], rien de tel n'est prévu dans les mouvements de personnels envisagés dans le cadre de la réforme territoriale. La durée de l'engagement sera fonction du mécanisme choisi : le transfert de personnels est durable comme le transfert de compétences, tandis que la mise à disposition est limitée dans le temps tout comme la délégation de compétences. Dans cette seconde hypothèse, la mobilité des personnels n'a pas de caractère définitif, mais le choix de la durée peut aussi mettre à l'épreuve le libre arbitre des agents comme celui des collectivités concernées.

S'agissant des contractuels à durée indéterminée, en cas de transfert d'une compétence, il peut leur être proposé un nouveau contrat qu'ils demeurent cependant libres de refuser. Ce refus entraîne cependant de plein droit leur licenciement.

Fragile, en raison de sa faible effectivité et du caractère peu incitatif des dispositifs qui lui sont favorables, le droit à la mobilité a bien davantage l'allure d'un devoir de mobilité dans les situations de réaménagement des compétences. A cet égard cependant, on rappellera à titre comparatif, que la mobilité imposée est traditionnelle

---

[8] Voir décision n° 83-168 DC du 20 janvier 1984.

[9] Article 61 de la loi du 26 janvier 1984.

dans certains corps de la fonction publique d'Etat où elle conditionne parfois la promotion.

Mais subie ou non, la mobilité a aussi des conséquences directes sur l'emploi, la carrière, la rémunération, les droits acquis, les relations voire la qualité de vie au travail, même si le législateur se préoccupe des seules conséquences juridiques et notamment de préserver les garanties des agents.

B – Les difficultés de préservation des garanties et du positionnement des agents

Le législateur s'est attaché à maintenir les acquis de la situation statutaire, en matière d'emploi et de rémunération. Le fonctionnaire demeure dans son cadre d'emplois d'origine et continue à percevoir la rémunération correspondante, qu'il s'agisse de son traitement, élément principal, mais aussi des avantages collectivement acquis et du régime indemnitaire s'il est plus favorable et du régime de protection sociale. Dans le cas d'une dissolution d'EPCI, la haute assemblée a pu préciser que *« les personnels doivent être replacés en position d'activité dans un emploi de même niveau, en tenant compte de leurs droits acquis »*[10].

En outre, le maintien des garanties peut être apprécié de manière plus ou moins extensive. En cas de transfert des personnels, le législateur a posé le principe du maintien du régime indemnitaire des agents transférés si celui-ci est plus avantageux que celui de l'administration de transfert (art. L. 5211-4-1 dès sa version d'origine issue de la loi du 27 févr. 2002), ainsi que celui des avantages collectivement acquis, qui semble s'imposer pour tout changement d'employeur résultant d'une réorganisation effectuée dans le cadre d'une opération de coopération locale (CGCT, art. L. 5111-7, créé par la loi NOTRe du 7 août 2015). Ces règles devraient *a fortiori* s'appliquer en cas de mise à disposition. Le maintien des conditions de statut et d'emploi est garanti en cas de mise à disposition des agents, en vertu du régime de droit commun de la mise à disposition dans la mesure où l'agent demeure en position d'activité (la mise à

---

[10] CE 10 déc. 2015, n° 361666, *Commune de Verrières-le-Buisson, Lebon T.* 572 ; *AJDA* 2015, p. 2413

disposition n'étant qu'une variante de cette position[11]), et qu'il est réputé occuper son emploi dans son cadre d'emplois d'origine bien qu'il exerce ses fonctions hors du service où il a vocation de servir. Toutefois, certains textes précisent expressément ce maintien des garanties alors que d'autres n'en font pas état. Négligence ou omission volontaire, ces différences font craindre que la latitude laissée aux cocontractants dans le cadre de la convention de délégation ne fragilise les garanties.

Sur le plan des incitations, l'agent peut percevoir un complément de rémunération qui devra être justifié au regard de ses fonctions au sein du ou des organismes d'accueil. L'article L. 5111-7 du CGCT prévoit que dans *« tous les cas où des agents changent d'employeur en application d'une réorganisation »* prévue par la cinquième partie du code relative à la coopération locale, une *« indemnité de mobilité peut leur être versée par la collectivité ou l'établissement d'accueil, selon les modalités et dans les limites définies par décret en Conseil d'État »*. Mais la conséquence de cette sécurité voulue pour les agents peut constituer une contrainte supplémentaire pour le nouvel employeur qui doit appliquer des décisions qui ne sont pas les siennes. Aussi convient-il de distinguer entre les véritables droits acquis et les autres éléments qui peuvent faire l'objet de modifications ou de négociations.

La question de la contrainte ne concerne donc pas que les agents, mais aussi les collectivités, et renvoie à la problématique des relations entre collectivités en particulier dans le cas des délégations de compétences dès lors que la collectivité délégataire agit au nom et pour le compte de la collectivité délégante. Ce modèle relationnel interroge en effet notamment, l'étendue respective des pouvoirs de la collectivité délégante et de la collectivité délégataire et le danger d'une tutelle de fait exercée par la collectivité délégante qui conserve un pouvoir de contrôle. Le risque toujours présent de conflits entre les collectivités[12] peut s'en trouver renforcé et s'exprimer dans le domaine des ressources humaines, par une concurrence des liens hiérarchiques et fonctionnels affectant le positionnement de l'agent. Faute d'une analyse ciblée de leurs effets sur les personnels, transferts

---

[11] Art. 12 bis de la loi du 13 juill. 1983, et art. 56 et 61 de la loi du 26 janv. 1984.

[12] Voir sur la question des conflits entre collectivités, L. JANICOT « Les conflits entre collectivités territoriales », *Dr. adm.* n° 8-9, août 2017, p. 5.

et délégations de compétences induisent ainsi potentiellement une flexibilité et une fragilisation nouvelle dans la gestion des ressources humaines territoriales, en même temps qu'ils illustrent des contraintes insoupçonnées, même dans le cas de la délégation, dont la souplesse se révèle partiellement illusoire.

Dans l'air du temps, voire avant-gardistes dans l'esprit, en ce qu'elles permettent, même dans le cas des collectivités de droit commun, une modulation des compétences souhaitée aujourd'hui par le gouvernement, les délégations de compétences introduisent comme le souligne le Conseil d'Etat, *« des différenciations légales de compétences toujours à l'intérieur d'une même catégorie de collectivités »*[13]. Pourtant, la formule reste sous-utilisée, et même si le flou qui entoure la question des personnels n'en est pas la seule cause, il contribue sans doute au défaut d'attractivité et à l'insuffisance de lisibilité du dispositif.

---

13 Avis rendu à la demande du premier ministre CE, 7 déc. 2017, n° 393651, relatif à la différenciation des compétences des collectivités territoriales relevant d'une même catégorie et des règles relatives à l'exercice de ces compétences.

Le financement des délégations de compétences

Matthieu HOUSER

Maître de conférences en Droit public (HDR), Université de Bourgogne-Franche-Comté

Le financement des délégations de compétences intervient dans un contexte extrêmement paradoxal mêlant deux logiques contradictoires, la recherche d'une clarification financière de l'intervention des acteurs locaux et l'affirmation, par chaque catégorie de collectivité, de sa légitimité dans la mise en œuvre de l'action publique.

D'une part, depuis une dizaine d'années, le législateur recherche, peut-être désespérément une clarification de l'intervention des acteurs locaux, avec en arrière-plan le dogme selon lequel cette simplification serait source d'économies.

Le premier acte de cet objectif, d'un point de vue financier, réside dans les tentatives de spécialisation de la fiscalité locale par catégorie de collectivités notamment en 2010[1], avec l'abandon progressif du vote d'un taux sur un même impôt par plusieurs collectivités.

Le deuxième acte de cette clarification financière s'explique par la mise en place de règles pour réduire les financements croisés entre collectivités complexifiant la compréhension des enjeux locaux et source d'incohérences entraînant des surcoûts au sein de l'action publique.

La loi du 16 décembre 2010[2] pose les premières touches de cet édifice, certes en supprimant la clause générale de compétences, mais également en prônant la participation du maître d'ouvrage à hauteur de 20 % d'un projet.

---

[1] Loi n° 2009-1673 du 30 décembre 2009 de finances pour 2010, *JO* 31 déc. , p. 22856.

[2] Loi n° 2010-1563 du 16 décembre 2010 de *réforme des collectivités territoriales.*

D'autres règles ont également été posées avec la création d'un schéma d'organisation des compétences entre le conseil départemental et le conseil régional, qui à défaut d'adoption par les collectivités, devrait interdire le cumul de subventions de la part de ces dernières. La loi NOTRe du 7 août 2015[1] a, quant à telle, porté cette participation à 30 %.

D'autre part, la deuxième logique est celle de l'affirmation presque identitaire de catégorie de collectivité. Dans ce cadre, chaque personne morale cherche à « maximiser » sa situation dans l'espoir d'accroître les compétences qu'il détient et d'augmenter son budget. Il est révélateur, à cet égard, que l'Association des départements de France (ADF) ait intenté un recours peu de temps après l'adoption de la loi NOTRe sur la mise en œuvre de celle-ci, afin de s'opposer au dessaisissement des compétences des conseils départementaux[2].

Au cœur de cette confrontation, émerge une nouvelle logique, qui est celle de la différenciation de l'action publique remettant en cause le principe d'uniformité. Chaque territoire doit s'adapter en termes de périmètre, de compétences, de financement des réalités territoriales. Les délégations apparaissent dans ce contexte novateur. Pour utiliser le vocabulaire de la circulaire, elles constituent *« l'une des modalités de rationalisation de l'action publique, notamment dans le cadre des compétences partagées pour lesquelles sont prévus des chefs de file »*[3].

Si d'autres modalités ont déjà été créées comme l'expérimentation, les délégations offrent une nouvelle possibilité pour les collectivités de s'organiser. Certes, ce mécanisme n'est pas une nouveauté de la loi NOTRe. Deux antécédents notoires avaient déjà été inventés :

- les délégations d'aide à la pierre de l'Etat vers les collectivités prévues par la loi du 13 août 2004 ;

- les relations communes / EPCI avec un agencement des compétences propre à chaque territoire.

---

[1] Loi n° 2015-991 portant nouvelle organisation territoriale de la République (Notre) du 7 août 2015.

[2] Le Conseil d'État, en tant que juge des référés, a rejeté le 14 avril 2016 la requête, estimant que la condition d'urgence requise n'était pas remplie.

[3] Circulaire du 15 février 2016, Incidences de la suppression de la clause de compétence générale des départements et des régions sur l'exercice des compétences des collectivités territoriales, p. 4.

La loi de réforme des collectivités territoriales de 2010 a édicté un premier mécanisme de délégation de compétences entre les collectivités territoriales avant que la loi du 27 janvier 2014[4] n'en modifie le contenu, en offrant la possibilité à l'État de déléguer par convention à une collectivité territoriale ou à un EPCI à fiscalité propre qui en fait la demande, l'exercice de certaines de ses compétences (art. L. 1111-8-1 du CGCT).

D'autres mécanismes de délégation existent ci-ou-là, comme celui posé par l'article L. 1511-2 du CGCT, qui offre la possibilité au *« conseil régional peut déléguer l'octroi de tout ou partie des aides à la métropole de Lyon, aux communes et à leurs groupements, dans les conditions prévues à l'article L. 1111-8 du CGCT »*.

L'article L. 5217-2 du CGCT dresse également une liste de compétences susceptibles d'être déléguées ou transférées spécifiquement aux métropoles, notamment par les conseils départementaux[5]. Celui-ci a donc vocation à transférer ou à déléguer un certain nombre de ses compétences à la métropole.

Notons également l'existence d'un autre mécanisme avec les lois de 2014 et de 2015 donnant la possibilité à l'Etat de déléguer aux régions[6] des compétences en matière de politique de l'emploi.

---

[4] IGA, *Délégation de compétences et conférence territoriale d'action publique, de nouveaux outils au service de la coopération territoriale*, mai 2017, p. 5.

[5] *« Par convention passée avec le département, la métropole exerce à l'intérieur de son périmètre, par transfert, en lieu et place du département, ou par délégation, au nom et pour le compte du département, tout ou partie des groupes de compétences suivants »*.

[6] L'article 7 (I) de la loi n° 2015-991 du 7 août 2015 dite « NOTRe » codifié à l'article L. 5311-3-1 du code du travail dispose que *« l'Etat peut déléguer à la région, dans les conditions prévues à l'article L 1111-8-1 du Code Général des Collectivités Territoriales et après avis du CREFOP, la mission de veiller à la complémentarité et de coordonner l'action des différents intervenants, notamment les missions locales, les plans locaux pluriannuels pour l'insertion et l'emploi, Cap emploi et les maisons de l'emploi, ainsi que de mettre en œuvre la gestion prévisionnelle territoriale des emplois et des compétences, sans préjudice des prérogatives de Pôle emploi. La région évalue le taux d'insertion dans l'emploi. La convention de délégation signée entre les présidents des régions délégataires et le représentant de l'Etat précise les objectifs et les conditions d'exercice et de suivi de la délégation, notamment les conditions de transfert par l'Etat aux régions délégataires des crédits affectés hors dispositifs nationaux des politiques de l'emploi »*.

Cependant, malgré les nombreuses possibilités offertes par la loi, le nombre de délégations demeure faible à l'heure actuelle. La modification des compétences voulue par le législateur constitue une évolution importante, qui nécessite du temps expliquant peut-être les limites de la délégation. Pour l'Inspection générale de l'Administration, dans son rapport de mai 2017, les causes sont autres :

- *« les parties lui* [préfèrent] *le transfert de compétences »*
- *« les délégations de compétences intervenues l'ont presque toutes été pour une circonstance précise : mode transitoire de gestion d'une compétence transférée (transports), maintien de l'exercice partiel d'une compétence que l'on ne détient plus (immobilier d'entreprises), affichage d'une volonté de développement de son champ de compétence face à l'État (compétence culture pour une région) »*[7].

La délégation apparaît au milieu du gué, à tel point que le rapport précité *« se demande si la délégation de compétences est un outil adapté à la recomposition des compétences entre collectivités territoriales. À certaines conditions, elle pourrait en revanche permettre de préparer de nouveaux transferts de responsabilités de l'État aux collectivités »*[8]. Dès lors, doit-on à l'instar de ce rapport, décréter la fin de ce nouvel outil du droit des collectivités territoriales ?

Le choix, qui a été effectué par le législateur, est d'inscrire la délégation, c'est-à-dire cette nouvelle modalité de mise en œuvre de l'action publique, dans le cadre de la contractualisation avec un dispositif normatif limité. En effet, le cadre législatif et réglementaire s'avère extrêmement pauvre reflétant la volonté du législateur de laisser les collectivités s'organiser entre-elles, conformément au principe de libre administration.

Cette rencontre entre le recours à la contractualisation et l'existence « d'un contexte financier difficile » constitue une forte particularité expliquant peut-être les craintes des collectivités de recourir aux délégations. Le climat financier dans lequel les délégations ne s'épanouissent pas est donc celui d'un dispositif juridique et financier

---

[7] *Ibid.*, p. 32.
[8] *Ibid.*, p. 40.

limité dans un contexte incertain (I). Ce constat explique peut-être l'efficacité incertaine du procédé de la délégation (II).

I – Un dispositif normatif limité dans un contexte financier incertain

Le caractère limité renvoie à l'absence de précisions normatives dans la loi concernant la mise en œuvre des délégations (B). Ce choix a été retenu par le législateur, alors que la logique financière demeure pour l'heure introuvable (A).

A – L'introuvable logique financière

L'essor sur le papier des dispositifs de délégation est indéniable et ne peut être dissocié du contexte financier, à tel point qu'il convient de s'interroger sur un éventuel lien de causalité ou de dissension. L'essor des mécanismes créés depuis cinq ans est indissociablement lié à un contexte financier austéritaire. Les signes les plus flagrants sont légions :

- limitation du pouvoir de taux ; rappelons que le pouvoir de taux des conseils régionaux a été supprimé, celui des conseils départementaux fortement endommagé, reste celui du bloc local, là aussi diminué. Cela peut sembler technique mais en réalité, cela signifie la disparition d'une variable d'ajustement des budgets locaux et la réduction du pouvoir politique.
- réduction des dotations, dont la stabilisation pour 2018 n'est sans doute qu'un leurre pour les années suivantes. Notons que le problème n'est pas que seulement celui des dotations, mais l'effet cumulé avec d'autres mécanismes non maîtrisés : baisse des variables d'ajustement, montée en puissance du fonds de péréquation des ressources intercommunales et communales (FPIC) ou encore compétences transférées insuffisamment compensées…

Ces deux caractéristiques entraînent un certain nombre de conséquences, démontrant l'entrée dans une période de fortes turbulences pour ne pas dire de mutation des finances locales, avec par exemple deux caractéristiques :

- essor de l'encours de dette ;

- hausse de la tarification, c'est-à-dire la mise en place de redevances au sein du secteur local.

Le projet de loi de finances pour 2018 s'inscrit partiellement dans cette logique en réduisant à nouveau le pouvoir de taux des collectivités sur la taxe d'habitation. Il apparaît donc que l'ensemble des réformes menées depuis une dizaine d'années sont inspirées par l'idée que des économies peuvent être menées sur le plan local et la délégation s'inscrit dans ce cadre-là. Or, un meilleur agencement des compétences avec une différenciation selon les territoires est-il synonyme de réduction de la dépense publique ?

Il s'agit du premier problème. La délégation n'a-t-elle pas, au contraire, vocation à concentrer l'exercice d'une compétence sur une seule et même personne morale et donc entraîner un essor de la dépense publique sur un secteur jugé clef pour un territoire ? A ce stade, apparaît le décalage entre les deux finalités de la délégation, qui s'opposent frontalement, la délégation-source d'économies et la délégation, source de dépenses publiques supplémentaires.

Cette interrogation sur la finalité de la délégation revêt une autre dimension, lorsqu'on l'analyse à la lumière de l'absence de précision normative concernant la détermination de son coût financier.

B – L'absence de précision dans le domaine financier contrairement aux transferts de compétences

L'absence de précision législative et réglementaire concernant la délégation surprend à la lumière des nombreuses dispositions existantes en matière de transfert de compétences[9].

En effet, en matière de transfert de compétences, la réglementation ne cesse de s'étoffer afin de les encadrer. Désormais, chaque transfert est régi par une commission locale, alors pour les délégations, le législateur se borne à renvoyer à la négociation.

Si le « droit commun des transferts de compétences » concerne principalement les relations Etat/collectivité, la loi NOTRe a créé un nouveau cadre juridique pour les relations collectivités/collectivités. Désormais, aux termes de l'article 133-V de la loi Notre,

---

[9] Voir M. HOUSER, « Les mécanismes de financement des transferts de compétences entre collectivités territoriales », *AJCT* nov. 2015, pp. 575-577.

« les transferts de compétences effectués entre un département et une autre collectivité territoriale ou un groupement de collectivités territoriales et ayant pour conséquence d'accroître les charges de ces derniers sont accompagnés du transfert concomitant par le département à cette collectivité territoriale ou à ce groupement des ressources nécessaires à l'exercice normal de ces compétences. Ces ressources sont équivalentes aux dépenses effectuées, à la date du transfert, par le département au titre des compétences transférées. Elles assurent la compensation intégrale des charges transférées. Les charges correspondant à l'exercice des compétences transférées font l'objet d'une évaluation préalable à leur transfert. Une commission locale pour l'évaluation des charges et des ressources transférées » est créée.

L'évolution en matière de transfert de compétences est celle d'un renforcement de la loi et des garanties pour limiter le risque de contentieux. La loi de finances pour 2017 prévoit même en matière de transfert de compétences au sein du bloc communal, que si le rapport de la Commission locale d'évaluation des charges transférées (CLECT) n'est pas transmis aux conseils municipaux, ou à défaut de leur approbation dudit rapport, le préfet devient compétent pour déterminer le coût des charges transférées[10].

Le transfert de compétences offre donc un cadre stable et plus objectif que ne peut l'être la délégation, procédé finalement au sein duquel chaque collectivité aura *« l'impression de se faire duper »*. Cette étrange impression pourrait être dissipée si l'efficacité de la délégation en termes d'exercice de compétences était réelle. Mais là encore, l'efficacité interroge.

II – L'efficacité limitée de la délégation

L'efficacité limitée de la délégation, expliquant peut-être sa faible utilisation, résulte d'un double constat. Il apparaît dans un premier temps qu'elle peut aboutir à une forme de d'influence financière, c'est-à-dire la possibilité pour le délégant d'orienter l'action du délégataire (A). Dans un deuxième temps, l'effet d'entraînement dans l'exercice de la compétence apparaît limité, signifiant que la plus-

[10] Voir article 1609 nonies C du CGI.

value n'est pas démontrée (B) et ce, à juste titre, car la collectivité n'aura pas de compensation supplémentaire.

A – Le conventionnement : un moyen d'influence financière

Le rapport de l'IGA estime que *« pour beaucoup des interlocuteurs rencontrés par la mission, le cadre contraignant des délégations est généralement traduit comme l'exercice d'une manière de tutelle du délégant sur le délégataire »*[11]. Si le constat d'une influence peut être établi, en revanche, rien ne permet de considérer qu'une tutelle apparaît en matière de délégation.

Le premier axe d'influence se manifeste très clairement dans l'absence de compensation financière. En effet, l'existence de moyens financiers résulte d'un accord conventionnel. Les décrets de 2012[12] et de 2015[13] utilisent d'ailleurs la même formule selon laquelle la convention :

« détermine également le cadre financier dans lequel s'exerce la délégation, les moyens de fonctionnement et les services éventuellement mis à la disposition de l'autorité délégataire ainsi que les conditions dans lesquelles des personnels de l'autorité délégante peuvent être mis à disposition de l'autorité délégataire ou détachés auprès d'elle »[14].

Pour comprendre les enjeux financiers de la délégation de compétence, il est fondamental de comprendre les tensions du financement d'un transfert de compétences. Le plus délicat n'est pas d'estimer le coût d'une compétence mais de trouver une compensation qui va s'ajuster avec le coût de la compétence. Deux exemples opposés du contexte du transfert de compétence démontrent la difficulté d'ajuster la compensation financière.

---

[11] Voir *infra*.

[12] Décret n° 2012-716 du 7 mai 2012 pris pour l'application des articles L. 1111-8 et L. 1111-10 du code général des collectivités territoriales, *JORF* n° 0108 du 8 mai 2012 p. 8563

[13] Décret n° 2015-687 du 17 juin 2015 relatif à la convention de délégation de compétences entre l'Etat et les collectivités territoriales prévue par l'article L. 1111-8-1 du code général des collectivités territoriales, *JORF* n° 0140, 19 juin 2015 p. 10105.

[14] *Ibid.*

En matière de transfert de compétences de l'Etat aux collectivités, celui-ci a opéré des transferts dans une seule logique, celle de réduire son coût financier. Il a pour ce faire anticiper l'évolution de certaines dépenses (aide personnalisée à l'autonomie (APA), prestation de compensation du handicap (PCH), routes nationales) mais également le coût de certaines compensations financières. En effet, la quasi-stagnation de la taxe intérieure sur la consommation des produits pétroliers (TICPE) (ex-TIPP) était envisageable. L'Etat a refusé tout transfert d'une partie de l'impôt sur le revenu (IR) ou de la cotisation sociale généralisée (CSG).

En matière d'intercommunalité, l'un des rouages fondamentaux de son émancipation réside dans l'existence d'une attribution de compensation, qui est stable d'une année sur l'autre, indépendamment de l'évolution du coût de la compétence et de la compensation financière.

La plupart des réformes menées depuis cinq ans le sont dans un souci de cohérence, de rationalisation de l'action publique : création des conférences territoriale, lutte contre les financements croisés, encadrement de la clause générale de compétence et essor des dispositifs de délégation. Cependant, cette logique se heurte à la réalité de toute personne morale qui comme le rappelait Duguit en son temps est qu'elle tend à s'étendre.

Dès lors, en matière financière, dans un contexte austéritaire doublé d'une logique concurrentielle, inévitablement chaque personne morale décentralisée va chercher à maximiser sa situation. Or, la délégation heurte cette logique car la personne morale qui va exercer temporairement une compétence aura forcément des surcoûts avec une compensation qui sera définie préalablement par convention. Dès lors, la délégation révèle le paradoxe de la situation : il peut s'agir d'une modalité favorisant la cohérence de l'action publique mais elle peut nuire à la situation financière d'une collectivité. Cependant, aucun dispositif n'est prévu pour tenter de limiter ces risques, expliquant le succès peut-être pour l'instant limité de la délégation.

A ce premier risque s'ajoute le fait que la durée de la délégation est limitée. Or, le temps d'accueillir d'une compétence, de l'exercer et de mesurer ses effets en termes d'action publique interrogent fortement.

L'exemple des relations Etat-région en matière de politique de l'emploi est extrêmement révélateur.

L'instruction ministérielle du 14 octobre 2016[15] relative à la mise en œuvre de la loi Notre a suscité une forte indignation des régions, celles-ci s'offusquant que :

- l'instruction conseille de limiter à trois ans, alors que la loi offre une possibilité maximale de six ans.
- Le périmètre invoqué surprend également les régions car dans l'instruction n'est pas prévue *« la quasi-totalité des crédits de l'Etat concernant l'accompagnement vers l'emploi et la gestion prévisionnelle territoriale des emplois et des compétences avec une définition particulièrement extensive des dispositifs nationaux »*[16].
- En outre, *« la délégation de compétences ne donne lieu à aucune compensation financière tout en maintenant des services de l'Etat pour des tâches qui seraient déléguées aux Régions »*[17].

Certes, un compromis semble avoir été trouvé néanmoins cela illustre les tentatives d'utiliser la délégation comme un moyen de transfert de charges et démontre que le risque d'influence d'une personne morale sur une autre existe réellement.

Notons également que la convention doit fixer des indicateurs dont la portée et la nature demeurent relativement obscures. Le délégataire, qui signe la convention, peut donc se retrouver en situation de sous-moyens avec la possibilité de se voir évaluer avec toutes les conséquences politiques qui peuvent en découler.

A ce risque d'emprise du délégant sur le délégataire apparaît une deuxième incertitude concernant un effet d'entraînement limité dans l'exercice de la compétence.

---

[15] Délégation générale à l'emploi et à la formation professionnelle, instruction n° DGEFP/DAT/2016/275 du 14 octobre 2016 relative à la mise en œuvre des dispositions des articles 6 et 7 de la loi NOTRe du 7 août 2015 et de la plateforme Etat-Régions signée le 30 mars 2016.

[16]https://www.caissedesdepotsdesterritoires.fr/cs/ContentServer?pagename=Territoires/LOCActu/ArticleActualite&cid=1250271820549.

[17] *Ibid.*

B – Un effet d'entraînement limité dans l'exercice de la compétence

L'un des effets attendus de la délégation résiderait dans l'accroissement des dépenses dans la compétence en cause par le délégataire. Il est vrai qu'en matière de délégation d'aide à la pierre, le résultat semblait atteint à la fin des années 2010 avec une hausse de la dépense publique en matière d'aide à la pierre lorsque la collectivité bénéficiait de la délégation :

Evolution du budget consacré au logement en euros par habitant (2005 - 2009)[18]

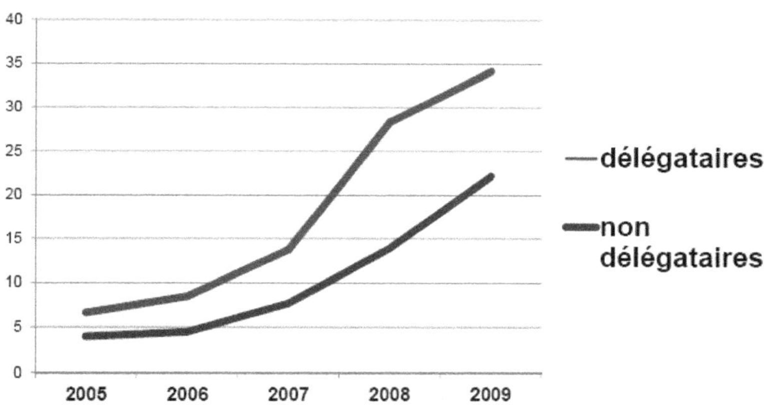

Cependant, comme le rappelle le rapport sénatorial de 2011, « *utilisée pour l'attribution des aides à la pierre (...), la délégation, d'abord perçue favorablement par les collectivités et l'État, semble en perte de vitesse. La généralisation de ce mode de gestion est limitée par l'absence de visibilité à moyen/long terme sur les compétences des niveaux de collectivités et le financement par l'État du logement social. Le manque de souplesse du dispositif et l'inadaptation des objectifs nationaux aux contextes locaux comportent aussi des risques de démobilisation* »[19].

---

[18] Rapport sénatorial, *Les délégations de compétences dans le domaine du logement (aides à la pierre et contingents préfectoraux)*, par M. Philippe DALLIER n° 570 (2010-2011), fait au nom de la commission des finances, déposé le 1er juin 2011.

[19] *Ibid.*

Le rapport de l'inspection générale de 2017 dresse d'autres constats similaires comme en matière de culture[20].

L'analyse « juridico-financière » de la délégation présente certaines particularités expliquant peut-être sa faible utilisation à l'heure actuelle. Cependant, dresser le constat de l'inutilité de ce mécanisme semble prématuré. Cet outil peut offrir des possibilités d'agencement local des compétences intéressantes à condition de réfléchir à l'amélioration des règles juridiques et financières l'encadrant.

---

[20] Préc.

ILLUSTRATIONS

Les délégations de compétences de l'Etat aux collectivités territoriales

Illustrations et bilan

Antoine BOURREL

Maître de conférences en droit public, Université de Pau et des Pays de l'Adour, Centre de recherche Pau Droit Public

La délégation de compétence, intéresse les collectivités territoriales qui peuvent y trouver un instrument utile pour organiser, au-delà des répartitions prévues par la loi, l'exercice de leurs compétences.

Mais la délégation de compétences intéresse également l'Etat dans ces rapports avec les collectivités territoriales. En effet, tout en conservant la responsabilité d'une compétence, l'Etat peut en confier la mise en œuvre à un échelon territorial décentralisé (EPCI ou collectivité territoriale).

La délégation de compétence emprunte alors à la déconcentration et à la décentralisation (justifiant par ailleurs l'emploi du concept de « déconcentralisation ») :

- **la délégation se rapproche de la déconcentration** en ce qu'elle de permet à l'Etat de conserver la responsabilité d'une compétence dont il organise la mise en œuvre au niveau local. Ce faisant, la délégation s'inscrit dans une logique de territorialisation des politiques publiques, caractéristique de la déconcentration ;

- **la délégation se rapproche ensuite de la décentralisation** en ce qu'elle a pour objet de confier à une autre entité que l'Etat l'exercice d'une compétence (caractéristique du transfert de compétence). L'entité délégataire ne se situe alors pas dans une relation hiérarchique caractéristique de la déconcentration, ce que traduit la formalisation contractuelle de la délégation de compétence. Toutefois, à l'instar de la décentralisation, si l'entité délégataire jouit d'une autonomie certaine dans la mise en œuvre de la compétence déléguée, elle fait l'objet d'un contrôle de l'Etat, justifié par le fait même que la compétence demeure sous la responsabilité de ce dernier.

La délégation de compétence de l'Etat aux collectivités territoriales peut alors apparaître comme un instrument d'organisation administrative de l'Etat particulièrement utile, complémentaire de la décentralisation et de la déconcentration. En effet, s'agissant de compétences que l'Etat ne peut pas ou ne souhaite pas transférer en raison de leur dimension nationale mais dont la mise en œuvre suppose une forte implication des collectivités territoriales ou de leurs groupements (ex : politique du logement, politique de l'emploi), la délégation de compétence constitue *a priori* une technique particulièrement intéressante de co-construction des politiques publiques. Elle permet en effet à l'Etat de conserver le contrôle de la définition des politiques publiques en cause, tout en lui permettant de s'appuyer sur une administration décentralisée qui, proche du citoyen et des réalités locales, semble plus à même que les services déconcentrés de l'Etat d'assurer la mise en œuvre efficace de la compétence déléguée. Enfin, le cadre contractuel qui accompagne la délégation favorise un exercice bien plus souple et pragmatique de la compétence déléguée que celui qui entoure les subventionnements classiques de l'Etat.

Cette brève présentation des enjeux de la délégation de compétence de l'Etat aux collectivités territoriales achevée, il convient, puisque c'est le sujet d'examiner les illustrations concrètes en la matière. Nous présenterons ainsi les différents dispositifs de délégation de compétence (I) avant de tenter d'en faire le bilan (II).

I – Les dispositifs de délégation de compétence de l'Etat aux collectivités territoriales

Conscient de l'intérêt et de l'utilité de la technique de la délégation de compétence dans un Etat dominé par la déconcentration et la décentralisation, le législateur a créé un cadre favorable à la délégation de compétence.

Ainsi, après avoir inauguré le procédé en 2004 (loi Libertés et responsabilités locales du 13 août 2004) en ce qui concerne la politique du logement avec la délégation des aides à la pierre (codifié à l'article L. 301-5-1 du CCH), le législateur a ensuite entendu généraliser le principe de la délégation de compétence par l'article 1er de la loi MAPTAM du 27 janvier 2014, codifié à l'article L. 1111-8-1 du CGCT.

Il a souhaité, enfin, créer des délégations de compétences particulières, notamment au profit de la région dans le domaine de la politique du travail (Loi NOTRe du 7 août 2015, art. 7, codifié à l'article L. 5311-3-1 du Code du travail, lequel renvoie à l'article L. 1111-8-1 du CGCT) ou encore au profit d'une collectivité territoriale en matière de transport aérien (article L. 6412-4 du code des transports qui prévoit que sous réserve des compétences attribuées à certaines collectivités territoriales, l'Etat peut déléguer tout ou partie de l'organisation de services de transport aérien intérieurs soumis à des obligations de service public à une collectivité territoriale ou à une autre personne publique intéressée l'ayant demandé).

Coexistent donc un dispositif général et des dispositifs spécifiques.

A – Le dispositif général couvert par l'article L. 1111-8-1 du CGCT et l'article R. 1111-1-1 du CGCT (décret du 17 juin 2015)

1° Les conditions de la délégation de compétence

Le *champ* de la délégation

L'article L. 1111-8-1 du CGCT pose le principe selon lequel *« l'Etat peut déléguer par convention à une collectivité territoriale ou à un EPCI à fiscalité propre qui en fait la demande l'exercice de certaines de ses compétences »*. Il prévoit également que *« les compétences déléguées [...] sont exercées au nom et pour le compte de l'Etat »* et qu' *« elles ne peuvent habiliter les collectivités territoriales et les établissements publics concernés à déroger à des règles relevant du domaine de la loi ou du règlement ».*

Cela étant précisé, la délégation de compétence est bornée :

- d'une part, elle ne peut être organisée lorsque *« sont en cause des intérêts nationaux »* ;

- d'autre part, la délégation ne peut porter sur un certain nombre de compétences de l'Etat, considérées comme régaliennes (ainsi, sont exclues toutes les compétences relatives à la nationalité, aux droits civiques, aux garanties des libertés publiques, à l'état et à la capacité des personnes, à l'organisation de la justice, au droit pénal, à la procédure pénale, à la politique étrangère, de la défense, de la sécurité et de l'ordre publics, de la monnaie, du crédit et des changes, ainsi qu'au droit électoral. De même, la délégation ne peut intervenir lorsqu'elle affecte les conditions essentielles d'exercice d'une liberté publique ou d'un droit constitutionnellement garanti, ou porter sur l'exercice de missions de contrôle confiées à l'Etat sans faculté expresse de délégation par les engagements internationaux de la France, les lois et les règlements).

La délégation de compétence, in fine décidée par décret, donne lieu à une convention entre l'Etat et la collectivité territoriale ou l'EPCI délégataire :

- La convention détermine la ou les compétences déléguées, fixe la durée de la délégation de compétence et les modalités de sa reconduction expresse.

- Elle définit les objectifs à atteindre et les modalités de contrôle de l'Etat sur l'autorité délégataire et fixe des indicateurs de suivi correspondant aux objectifs à atteindre.

- Elle détermine également le cadre financier dans lequel s'exercent la délégation, les moyens de fonctionnement et les services le cas échéant mis à la disposition de l'autorité délégataire.

La convention prévoit les modalités de sa résiliation anticipée par l'une ou l'autre des parties.

La procédure de la délégation de compétence :

L'article L. 1111-8-1 et l'article R. 1111- 1 du CGCT organisent une procédure de délégation de compétence particulièrement lourde puisque pas moins de 10 étapes sont nécessaires :

- La collectivité (ou EPCI) intéressée délibère.

- La Conférence territoriale de l'action publique (CTAP) émet un avis sur cette demande (dans une séance à laquelle le préfet participe de droit).

- Le préfet transmet la demande assortie de l'avis de la CTAP au(x) ministre(s) concerné(s).

- Le(s) ministre(s) concerné(s) notifie(nt) leur accord.

- Un projet de convention, reprenant les modalités précises prévues à l'article L. 1111-8-1 est élaboré par le préfet qui le communique à la collectivité ou à l'EPCI (exécutif) dans le délai d'un an à compter de la transmission de sa demande.

- Après accord sur son contenu entre le préfet et l'exécutif de la collectivité territoriale ou EPCI le projet de convention est soumis à l'approbation de l'assemblée délibérante du délégataire.

- Le projet de convention est ensuite transmis par le préfet dans la région aux ministres concernés.

- Un décret est ensuite pris portant délégation de compétence auquel est annexé le projet de convention.

- La convention est signée par le préfet et le président de la collectivité / EPCI après publication du décret portant délégation de compétence auquel est annexé le projet de convention. La délégation prend effet à la date d'entrée en vigueur fixée par la convention et ne peut excéder six ans.

- Le décret portant délégation de compétence et la convention signée sont publiés au JORF et au recueil des actes administratifs de la collectivité territoriale ou de l'EPCI à fiscalité propre concerné.

2° Illustration dans le domaine de la culture : le cas de la région Bretagne

La délégation de compétence ouverte par l'article L. 1111-8-1 du CGCT a donné lieu à une application tout à fait originale. En effet, la région Bretagne a souhaité se saisir de cette possibilité dans le domaine de la culture afin de gérer les aides de l'Etat concernant le livre, le cinéma et le patrimoine immatériel. Cette délégation est effective depuis le 1er janvier 2016.

Le contexte de la délégation

Le pacte d'avenir pour la Bretagne signé le 13 décembre 2013 prévoyait que dans le cadre de la future loi de décentralisation, une délégation serait possible sur un périmètre à définir conjointement.

La délégation s'est cependant effectuée dans un contexte caractérisé par les réserves d'une administration centrale qui semble avoir freiné le processus (demande d'un vote explicite de la CTAP, retard dans la mise à disposition des crédits qui a conduit la région à faire l'avance des crédits délégués...).

Périmètre et contenu de la délégation

La délégation actée accordée pour une durée de six ans présente les caractéristiques suivantes :

- *un périmètre restreint à trois secteurs :* le livre (soutien à la librairie, à l'édition, aux manifestations littéraires), le cinéma (soutien au fonctionnement, aux manifestations cinématographiques, aux réseaux de diffusion et de cinéma) et le patrimoine immatériel (soutien à la protection et à la promotion du patrimoine culturel oral).

La région avait initialement souhaité se voir transférer les moyens consacrés par la DRAC au soutien du spectacle vivant (premier poste budgétaire pour la région : 14,5 millions). Mais la forte opposition des professionnels du secteur à cette évolution pour des raisons diverses (attachements aux pluri-financements, conviction que la participation de l'Etat serait le garant de la qualité et de l'indépendance de la création artistique) l'a conduite à restreindre ses ambitions ;

- *des crédits délégués d'un montant limité :* l'ensemble de ces délégations mobilise un crédit modeste d'un total de 320 000 euros (à rapporter au budget de la région Bretagne consacré au soutien à la vie littéraire et cinématographique : 4,4 millions en 2016).

Premiers éléments d'évaluation de la délégation

Du point de vue de la région, la délégation a permis de conforter son intervention dans deux domaines, le livre et le cinéma où elle disposait déjà d'une expertise forte et de rationaliser l'utilisation des fonds publics.

La délégation vient ainsi consacrer le rôle de chef d'orchestre des politiques culturelles qu'entend assurer la région à travers notamment la commission culture de la CTAP.

De son côté, la **DRAC fait une évaluation beaucoup plus réservée** de cette délégation : elle n'aurait généré aucune économie réelle en masse salariale ; elle aurait fait perdre en cohérence (dans le domaine du cinéma, la DRAC continue de financer les mêmes structures que la région) ; elle aurait fait perdre en légitimité (en raison de la difficulté de dissocier l'expertise et le financement), les conseillers de la DRAC ne suivant plus les demandes de subvention dans les domaines délégués à la région, ils s'éloignent de leur réseau et disent perdre en connaissance et reconnaissance.

B – Les dispositifs spécifiques de délégation de compétence

On s'intéressera ici à un dispositif historique (la délégation des aides à la pierre) et un dispositif nouveau en matière de politique de l'emploi.

1° Un exemple historique : la délégation des aides à la pierre

La notion d'aides à la pierre

Les aides à la pierre concernent, en premier lieu, la construction de logements locatifs sociaux. Ainsi, lorsque l'Etat regarde une opération de construction comme une « opération de logement social », sa décision ouvre droit à l'obtention de prêts à long terme accordés par la Caisse des dépôts et consignations sur les fonds d'épargne. Le bénéfice de ces prêts, dont les caractéristiques dépendent des ressources de la population à laquelle sont destinés les logements à construire, conditionne à son tour l'attribution d'avantages fiscaux. Des subventions d'Etat complètent par ailleurs le dispositif.

Parallèlement l'Etat soutient financièrement la rénovation du parc privé ancien qui est devenu le second objet des aides à la pierre. La mission a été confiée à l'Agence nationale de l'habitat (Anah), qui accorde des subventions aux propriétaires occupants bénéficiant de faibles ressources, mais aussi aux propriétaires bailleurs.

Les aides à la pierre relèvent de la politique du logement aux enjeux particulièrement complexes

En France, l'Etat dispose d'une priorité dans la définition et la mise en œuvre de cette politique publique (programmation des crédits au logement, financement et gestion) au nom de la de la solidarité nationale dont il est le garant. Les lois de décentralisations adoptées à partir des années 80 n'ont pas remis en cause cette priorité de l'Etat mais ont confié aux collectivités et aux EPCI à fiscalité propres des compétences de plus en plus nombreuses dans le domaine du logement et de l'habitat (Loi SRU de 2000, Loi portant engagement national pour le logement de 2006, loi Molle de 2009, loi ALUR de 2014).

Ainsi, les EPCI à fiscalité propre ont vu leur compétence en matière de logement se renforcer. En particulier, si la politique du logement et du cadre de vie constitue une compétence optionnelle pour les Communautés de communes, les Communautés urbaines et les métropoles ont une compétence beaucoup plus étendue au travers de la compétence en matière d'équilibre social de l'habitat sur le territoire communautaire (PLH, la politique du logement -aides financières au logement social ; actions en faveur du logement social ; action en faveur du logement des personnes défavorisées- ; Opérations programmées d'amélioration de l'habitat, actions de réhabilitation et résorption de l'habitat insalubre).

Il en va de même s'agissant des Communautés d'agglomération : outre la compétence en matière de PLH, leurs interventions et leurs actions dans le domaine de la politique du logement (actions et aides financières en faveur du logement social) sont guidées par l'intérêt communautaire.

A ces compétences, s'ajoute celle relative aux SCoT et PLUi qui constituent autant de documents d'urbanisme dans lesquels la politique publique du logement est prise en compte dans le cadre du PADD.

Justification de la délégation de compétence en matière d'aides à la pierre

Au final, la nécessité de coordonner la programmation nationale des crédits au logement et les priorités locales exprimés dans les PLH explique le recours à la technique de la délégation des aides à la pierre consacrée par la loi libertés et responsabilités locales du 13 août 2004.

La délégation de compétence constituait en effet une technique appropriée. Tout d'abord, la compétence de l'Etat n'est pas transférée à l'EPCI ; ensuite, la loi du 13 août 2004 consacre l'idée selon laquelle il est nécessaire, s'agissant des politiques locales de l'habitat, de privilégier les partenariats plutôt que des mécanismes coercitifs ; enfin, la délégation permet de concilier l'impératif de solidarité nationale qui relève de la responsabilité de l'Etat avec une logique de subsidiarité qui permet l'exercice d'une compétence au plus près des réalités du terrain.

Au total, le choix de la délégation des aides à la pierre aux EPCI (et accessoirement aux départements) qui en font la demande permet tout à la fois à l'État de conserver la maîtrise du système de financement du logement social et de territorialiser les objectifs de production des logements sociaux.

Les bénéficiaires de la délégation des aides à la pierre

La délégation de compétence repose sur un principe de volontarisme de la collectivité candidate à la délégation.

Le délégataire est, à titre principal, un EPCI qui doit être doté d'un PLH (le PLH est obligatoire pour les métropoles, communautés urbaines, communautés d'agglomération et les communautés de communes compétentes en matière d'habitat de plus de 30 000 habitants comprenant au moins une commune de plus de 10 000 habitants).

Le préfet vérifie que les intercommunalités qui demandent la délégation sont capables de définir et de mettre en œuvre une politique locale de l'habitat compatible avec les objectifs et les priorités de la politique nationale du logement et qu'elles couvrent des bassins d'habitat pertinents, possèdent une capacité financière suffisante pour aider au bouclage financier des opérations programmées.

En l'absence de candidature d'un EPCI, le département peut également se porter volontaire. La qualité du dossier présenté est alors examinée au regard de la prise en compte des priorités retenues par le plan départemental d'aide au logement des personnes défavorisées (ce plan, obligatoire depuis la loi Besson du 31 mai 1990 vise à la mise en œuvre du droit au logement ; il est arrêté sous l'autorité conjointe du préfet et du président du conseil départemental ; il vise à coordonner les interventions publiques ou associatives en ce domaine et comporte une évaluation quantitative et qualitative des besoins).

La procédure de la délégation des aides à la pierre

La délégation des aides à la pierre repose sur une convention conclue avec l'Etat. Le préfet de département, saisi d'une demande tendant à la conclusion d'une convention, notifie, dans un délai de 3 mois, son accord ou son refus, qui est motivé.

La convention passée avec l'Etat est conclue pour une durée de 6 ans. Au terme des 6 ans, elle peut être prorogée pour une durée d'un an, par avenant, si l'EPCI dispose d'un PLH exécutoire. Cette prorogation est renouvelable une fois.

Le contenu de la convention relative à la délégation des aides à la pierre

Tout d'abord, il doit être précisé que lorsqu'une convention de délégation est conclue, la délégation porte obligatoirement sur la gestion des aides destinées à la fois à la construction nouvelle de logements locatifs sociaux et à la rénovation du parc privé ancien, sans pouvoir choisir les unes plutôt que les autres.

Ensuite, sans entrer dans le détail, on soulignera qu'en application des plans départementaux d'action pour le logement et l'hébergement des personnes défavorisées et en tenant compte des PLH et des actions de rénovation urbaine, la convention précise,:

- les objectifs poursuivis et les actions à mettre en œuvre en matière de réalisation, de réhabilitation et de démolition de logements locatifs sociaux, ainsi qu'en matière de rénovation de l'habitat privé, notamment dans le cadre d'opérations programmées d'amélioration de l'habitat.

- Elle précise, par commune, les objectifs et les actions menées dans le cadre de la lutte contre l'habitat indigne

- Elle arrête le montant des droits à engagement alloués au délégataire et le montant des crédits que celui-ci affecte sur son propre budget à la réalisation des objectifs de la convention. Elle précise annuellement, au sein des droits à engagement alloués, les parts affectées au logement social ou à l'hébergement, d'une part, et à l'habitat privé.

- Elle fixe, en accord avec la Caisse des dépôts et consignations, l'enveloppe de prêts que cet établissement peut affecter aux opérations définies dans la convention.

A titre facultatif, le délégataire peut, en outre, signer une autre convention, par laquelle il demande à recourir aux services de l'Etat (les DDT), qui sont mis à sa disposition pour l'instruction des dossiers. Mais, qu'il y ait ou non une convention avec les services déconcentrés de l'Etat, le paiement des aides reste de la responsabilité du délégataire et de son comptable, qu'il s'agisse des aides déléguées par l'Etat ou des compléments que le délégataire leur apporte. Si cette convention accompagnait généralement la convention principale, on observe que tel n'est plus le cas aujourd'hui. A cet égard, l'administration centrale du ministère du logement considère que cette évolution est souhaitable, dans la mesure où la mise à disposition des services déconcentrés « *ne répond pas à un souhait de l'État de garder en son sein l'instruction des dossiers mais constitue une souplesse destinée à permettre d'opter plus facilement pour la mise en place d'une délégation de compétence* ».

A noter enfin, qu'au-delà de la convention de délégation conclue avec l'Etat, une convention de gestion pluriannuelle des crédits est signée de façon concomitante avec l'Agence nationale de l'habitat (Anah) s'agissant spécifiquement des crédits concernant le parc privé. Elle précise quels services – entre ceux de l'Anah et ceux du délégataire – seront chargés de l'instruction des dossiers. Elle définit les modalités financières.

Le suivi de la délégation des aides à la pierre

Tout d'abord, la convention conclue avec l'Etat peut être dénoncée par préfet de département, après avis du comité régional de l'habitat et de l'hébergement, s'il estime que les objectifs et engagements définis dans la convention, et en particulier lorsque les résultats du bilan triennal d'exécution du PLH, sont manifestement insuffisants par rapport aux objectifs définis dans la convention. Ensuite, la convention signée avec l'Etat définit les conditions dans lesquelles une évaluation sera effectuée au terme de son application.

2° Une illustration nouvelle : la délégation de compétence dans le domaine de l'emploi

En effet, la mise en cohérence territoriale des politiques de l'emploi, de la formation professionnelle et du développement économique étant un levier majeur dans la lutte contre le chômage, le législateur a consacré le principe d'une construction coordonnée des politiques territoriales dans ce domaine.

Cela paraissait d'autant plus indispensable que les compétences en la matière sont très largement partagées entre l'État (compétence générale en termes d'emploi), la région (compétente en matière de développement économique, orientation et formation professionnelles), les départements (solidarités sociales et insertion) les communes et EPCI mais aussi les partenaires sociaux.

La signature le 30 mars 2016 de la plateforme commune Etat/régions « Ensemble pour l'emploi » a ainsi confirmé la volonté politique de confier un rôle renforcé aux régions dans ce domaine. Elle ouvrait la voie, dans les régions volontaires, à la mise en œuvre « dans un court délai » de délégations de compétences relatives à la coordination des acteurs publics de l'emploi (PLIE, Cap emploi, missions locales, maisons de l'emploi).

Ainsi, tout en renvoyant aux dispositions de l'article L. 1111-8-1 du CGCT, un dispositif spécifique de délégation de compétence à la région a été institué par l'article 7 de la loi NOTRe, codifié à l'article L. 5311-3-1 du Code du travail.

Il en résulte que l'Etat peut déléguer à la région, dans les conditions prévues à l'article L. 1111-8-1 du CGCT, et après avis du comité régional de l'emploi, de la formation et de l'orientation professionnelles, la mission, d'une part, de veiller à la complémentarité et de coordonner l'action des différents intervenants, notamment les missions locales, les plans locaux pluriannuels pour l'insertion et l'emploi (PLIE), Cap emploi et les maisons de l'emploi, d'autre part,; de mettre en œuvre la gestion prévisionnelle territoriale des emplois et des compétences (GPEC). En outre, la région évalue le taux d'insertion dans l'emploi.

La convention de délégation signée entre les présidents des régions délégataires et le préfet précise les objectifs et les conditions d'exercice et de suivi de la délégation, notamment les conditions de transfert par l'Etat aux régions délégataires des crédits affectés hors dispositifs nationaux des politiques de l'emploi.

Sept régions se sont portées candidates : Occitanie, Pays-de-la-Loire, Corse, Centre-Val-de Loire, Bretagne, PACA, Nouvelle-Aquitaine.

On verra cependant que ces bonnes dispositions ont été largement compromises par une instruction ministérielle provoquant de vives réactions des collectivités concernées. *In fine*, c'est la mise en œuvre même d'une des rares délégations de compétences qui avaient trouvé preneur qui se trouvait menacée.

II – Le bilan contrasté des dispositifs de délégation de compétence de l'Etat aux collectivités territoriales

Il peut s'avérer, de prime abord, délicat d'établir un bilan d'ensemble de la délégation de compétence de l'Etat vers les collectivités territoriales, eu égard à la diversité des dispositifs, et, parfois, aux maigres retours d'expérience. Ainsi, si la délégation des aides à la pierre se prête facilement à une évaluation sérieuse (voir en ce sens le rapport de la Cour des comptes de 2011), les autres dispositifs présentés sont encore trop récents pour qu'il soit permis d'énoncer des conclusions réellement fiables.

Cela étant, si l'on veut se risquer à un bilan provisoire, il faut bien admettre qu'il apparaît contrasté, pour ne pas dire mitigé. En effet, alors que la délégation des aides à la pierre peut être regardée comme une réussite, le faible nombre de conventions conclues dans les autres domaines témoigne d'une certaine forme d'échec de cette instrument qui paraissait présenter les gages de souplesse et d'adaptabilité requis pour une mise en œuvre de efficace de compétences intéressant l'Etat et les collectivités territoriales.

A – Le succès de la délégation de compétence dans le domaine des aides à la pierre

Indiquons tout de suite que, même si la Cour des comptes soulignait dans son rapport en 2011 que « *la délégation semble en perte de vitesse* », les chiffres parlent d'eux-mêmes :

- dès 2005, 16 conventions de délégation avaient été signées.

- En 2006, 70 nouveaux délégataires ont été acceptés.

- Si le mouvement s'est par la suite ralenti, on comptait au 1er janvier 2015, 89 EPCI ayant conclu une convention de délégation de compétence (12 métropoles, Communautés urbaines, 67 Communautés d'agglomération, 3 Communautés de communes, 28 départements)

Quelles sont les raisons de ce succès et quelles conséquences peut-on identifier ?

1° Les raisons du succès

La réussite du dispositif de la délégation des aides à la pierre repose en premier lieu sur le fait que, conformément aux souhaits de l'administration centrale, les services déconcentrés de l'Etat ont fait preuve d'une grande souplesse dans l'examen des candidatures. Au final, les refus préfectoraux, motivés par une insuffisante prise en compte des objectifs nationaux ont été rares (5 entre 2005 et 2009).

Mais, d'autres éléments expliquent la réussite de la délégation des aides à la pierre. Il en va ainsi de la consécration du territoire intercommunal en tant que territoire pertinent de la mise en œuvre des politiques locales de l'habitat et de l'hébergement comme en témoigne l'obligation pour les EPCI d'élaborer un PLH. Cette évolution est par ailleurs confirmée depuis la loi ALUR avec le passage du PLU au PLUi lequel tient lieu de PLH. En conséquence, l'implication des intercommunalités en matière de logement qui résulte ainsi de l'élaboration du PLH constitue, *in fine*, une puissante incitation à se tourner vers la délégation des aides à la pierre afin de mener les actions prévues par ce document.

Ensuite, la procédure même de la délégation est clairement moins lourde et moins complexe que celle prévue par l'article 1111-8-1 du CGCT. La convention de délégation des aides à la pierre est en effet directement conclue avec le Préfet qui, saisi d'une demande tendant à la conclusion d'une convention, notifie, dans un délai de trois mois, son accord ou son refus, lequel doit être motivé.

Par ailleurs, une procédure de prorogation des conventions de délégation de compétences a été introduite par la loi ALUR (en lien avec l'assouplissement de la procédure des PLH et l'institutionnalisation d'une procédure de prorogation d'un PLH). Elle a ainsi pour but de permettre la poursuite des politiques locales de l'habitat en faveur des collectivités qui démontrent un certain dynamisme, sans qu'elles se trouvent bloquées par la modification des périmètres intercommunaux, la contrainte des délais d'élaboration des documents supports (PLH ou PLUi-H) ou par la rédaction d'une nouvelle convention et donc la fin de la délégation.

Enfin, il doit être souligné que la possibilité pour la convention d'adapter les conditions d'octroi des aides de l'Etat, selon les secteurs géographiques et les particularités locales et démographiques et de la situation du marché du logement favorise une gestion efficace et pragmatique des aides déléguées.

2° Conséquence : élargissement du champ de la délégation

On observe en effet que le succès de la délégation de compétence en matière d'aides à la pierre a conduit le législateur à étendre le champ de cette délégation afin de permettre aux EPCI volontaires de disposer d'une marge d'action plus importante et leur permettre de disposer sur leur territoire de tous les leviers nécessaires à la mise en œuvre d'une politique cohérente et efficace du logement et de l'hébergement.

C'est en ce sens que le champ des compétences « délégables » de l'Etat en la matière, aux EPCI et aux métropoles dotés d'un PLH, a été élargi par la loi ALUR, notamment à :

- la garantie du droit au logement et, pour ce faire, à la gestion de tout ou partie du contingent préfectoral ;

- la procédure de réquisition avec attributaire ;

- la gestion de la veille sociale, de l'accueil, de l'hébergement et de l'accompagnement au logement de toute personne ou famille sans domicile ou éprouvant des difficultés particulières d'accès au logement ;

- l'élaboration et au suivi des conventions d'utilité sociale ;

- la délivrance aux organismes HLM des agréments d'aliénation de logement.

Enfin, au-delà de l'élargissement des compétences délégables, la loi ALUR a également étendu les fonctions de la convention : celle-ci précise, par commune, les objectifs et les actions menées dans le cadre de la lutte contre l'habitat indigne. Elle précise, le cas échéant, les conditions dans lesquelles l'EPCI devient, sur son territoire, le garant du droit à un logement décent et indépendant.

B – L'échec de la délégation de compétence dans les domaines couverts par le dispositif général (art. L. 1111-8-1 CGCT)

1° Les données chiffrées

Le sentiment d'échec résulte tout d'abord d'un constat : le nombre extrêmement faible de conventions conclues par les collectivités territoriales dans les domaines autres que les aides à la pierre.

Ainsi, procédant au recensement des conventions conclues par les régions, l'Inspection générale de l'Administration (dan son rapport de mai 2017) relevait que seules 7 régions avaient engagé des procédures de délégation de compétence dans le domaine spécifique de la politique de l'emploi (aucune dans le domaine du transport aérien).

En outre, elle faisait observer que seule la région Bretagne avait conclu une convention pour la délégation d'aides en matière culturelle (à noter cependant que la région Occitanie a manifesté son intérêt pour un transfert des crédits de l'Etat dédiés à l'art contemporain, notamment FRAC). A cet égard, le montant marginal des sommes en jeu (de l'ordre de 300 000 euros) invite à nuancer la portée de la délégation engagée dans ce domaine.

Force est donc d'admettre, qu'en dehors des aides à la pierre, la délégation de compétence n'a guère séduit les collectivités territoriales qui ne se sont pas précipitées pour s'emparer de cet instrument.

2° Les raisons de l'échec

Principalement au nombre de 3, elles sont relevées par l'IGAS dans son rapport de mai 2017.

a) Lourdeur des dispositifs de délégation

La mise en place du dispositif général de délégation suppose en effet un certain nombre d'allers retours entre l'Etat et la collectivité candidates qui peuvent constituer autant de freins à la délégation. A cet égard l'exigence d'un décret pour valider la délégation paraît discutable (cette exigence ne concerne pas par exemple la délégation des aides à la pierre).

b) Les réticences des collectivités territoriales

Cette réticence tient au fait que les collectivités ne sont pas aujourd'hui dans une situation où elles aspirent à se voir déléguer davantage de compétences de l'Etat.

En effet, l'intérêt des collectivités qui ont candidaté a été motivé, moins par l'importance des missions et moyens transférés, que par la légitimité nouvelle que pouvait leur conférer l'octroi de ces nouvelles responsabilités vis à vis de leurs partenaires locaux sur les politiques de développement local.

Enfin, les délégations de l'Etat peuvent également être ressenties comme une forme d'évitement ou de retardement de transferts de compétences, ce dont témoigne l'attitude souvent défiante des administrations centrales de l'Etat (politique de l'emploi, politique culturelle). Aussi, les collectivités territoriales ont pu être dissuadées de s'engager dans la délégation de compétence, craignant une certaine forme de tutelle de l'Etat (pas dans le domaine de la pierre en revanche).

c) Les réticences des administrations centrales

Certaines administrations centrales ont en effet, dans la mise en œuvre des délégations par voie de circulaire, tenté d'en limiter la portée et le contenu.

Cette attitude peut s'expliquer par l'absence de régulation au niveau interministériel (chaque ministère définissant sa position sur les délégations de façon autonome, sans arbitrage interministériel garantissant la pertinence des orientations).

Ainsi, outre les obstacles rencontrés par la région Bretagne à propos de la délégation d'aides en matière culturelle, le domaine de la politique de l'emploi, pour ne prendre que cet exemple, est particulièrement révélateur. En effet, la circulaire de la Délégation Générale de l'Emploi et de la Formation Professionnelle du 14 octobre 2016 a constitué un frein très puissant à la délégation de compétence ouverte par la loi NOTRe, suscitant à la fois incompréhension et protestations de l'ARF et des régions concernées avant qu'un compromis ne soit trouvé quelques mois plus tard.

En conclusion, les illustrations ainsi présentées en matière de délégation de compétence de l'Etat aux collectivités territoriales montrent que toutes les évolutions en la matière ne sont pas achevées. Cependant, l'échec du dispositif prévu à l'article L. 1111-8-1 du CGCT de la technique oblige à en repenser les modalités si l'Etat souhaite développer ce mode de gestion des compétences…

Étude de conventions de délégations de compétences entre départements et régions en matière d'exercice de la compétence transport

Laetitia JANICOT

Professeur de Droit public, Université de Cergy-Pontoise

Jérôme BRIEND

Conseiller, Assemblée des Départements de France (ADF)

L'organisatrice de ce colloque, Maylis Douence, que nous remercions tout particulièrement pour son accueil, nous a demandé de travailler sur les conventions de délégation de compétences passées entre collectivités territoriales depuis la réforme territoriale. Nous avons choisi d'aborder ce sujet d'un point de vue très pratique, en étudiant une dizaine de conventions dans un domaine spécifique : celui des transports. Ce domaine de compétences a fait l'objet de deux transferts obligatoires des Départements vers les Régions, au 1er janvier 2017 pour le transport routier interurbain de personnes, régulier ou à la demande, et au 1er septembre 2017 pour le transport scolaire[1]. En revanche, le transport des élèves handicapés relève toujours de la compétence départementale.

Les conventions de délégation de compétences, qui font l'objet de cette étude, ont toutes été conclues sur le fondement de l'article L. 1111-8 du CGCT. Cet article introduit un nouvel outil juridique, d'un genre un peu particulier, permettant à une collectivité territoriale de confier l'exercice, au nom et pour son compte, d'une de ses compétences, exclusives ou partagées, à une autre collectivité relevant d'une autre catégorie ou à un établissement public de coopération intercommunale. Cet outil s'inscrit dans la logique actuelle de l'exercice concerté des compétences, favorisant la complémentarité, l'organisation et la coordination d'actions.

---

[1] Art. 15 de la loi du 7 août 2015 modifiant l'art. L. 3111-1 du CGCT.

Avant la réforme territoriale, les délégations de compétences existaient déjà mais elles étaient principalement conclues entre l'Etat et les Collectivités locales. Ainsi, l'Etat déléguait, par exemple, depuis une quinzaine d'années aux Départements la politique des aides à la pierre en matière de logement social[1]. Mais tous les Départements n'assumaient pas de la même manière ce type de compétence, certains l'assumant jusqu'au bout et en totalité, d'autres n'y mettant aucun moyen et par conséquent le délégant au bloc communal ou au secteur associatif. L'article L. 1111-8-1 du CGCT, issu de la loi du 27 janvier 2014, a encadré ces délégations de compétences qui préexistaient.

Il faut préciser qu'une présentation plus approfondie de ce type de contractualisation nécessiterait de prendre davantage de recul. Par ailleurs, il faut souligner l'extraordinaire diversité de forme et de fond de ces conventions de délégation, qui traduit une grande hétérogénéité des pratiques des acteurs locaux. Auparavant, ces compétences pouvaient être exercées en régie ou pouvait être déléguées à des entreprises publiques ou privées. Il est donc nécessaire de laisser du temps aux collectivités territoriales pour s'approprier ces nouveaux outils juridiques.

La généralisation de leur expérimentation à d'autres objets annoncera certainement l'émergence de nouvelles relations juridiques entre les échelons locaux. Cette tendance est identique s'agissant des conventions d'exercice concerté des compétences créées par la loi MAPTAM qui apparaissent peu à peu, souvent à l'initiative des Régions. Les Départements peuvent en être également à l'origine, par exemple, en matière de solidarité des territoires, lorsque que ces derniers entendent jouer un rôle d'animateur ou de médiateur, comme c'est le cas, par exemple, entre la Région Nouvelle Aquitaine et le Bloc intercommunal girondin. Les cinq Départements de Hauts-de-France s'apprêtent à faire de même afin de promouvoir la solidarité territoriale entre la Région et les intercommunalités. La délégation de compétence offre également dans les faits un cadre de contractualisation assez souple lorsque des Départements interviennent en matière de développement économique par délégation et en complément des Régions. Ces nouvelles modalités d'exercice des compétences interviennent dans un contexte de mutation du droit des collectivités locales : nouveau droit à la

[1] Cf. l'intervention d'Antoine BOURREL.

différenciation territoriale, modernisation de l'action publique, raréfaction des ressources budgétaires des collectivités publiques. Depuis le lancement de la conférence nationale des territoires en juillet 2017, l'enjeu est pour les collectivités locales du XXIème siècle que sont les Communes, les Départements et les Régions, de gagner la bataille de l'attractivité territoriale.

Les conventions de délégation de compétences étudiées ont été conclues, sur le fondement de l'article L. 1111-8, dans le cadre légal prévoyant le transfert obligatoire des compétences du Département vers la Région en matière d'organisation des transports routiers non urbains, réguliers ou la demande, à compter du 1er janvier 2017, et des transports scolaires à compter du 1er septembre 2017.

Or, avant ce transfert de compétence, le transport scolaire s'exerçait le plus souvent dans le cadre des transports interurbains et pouvait difficilement l'être indépendamment des seconds. Les moyens matériels, humains et les contrats étaient souvent communs aux deux activités de transport. Les collectivités territoriales délégantes se sont donc trouvées confrontées à une difficulté liée à des transferts de compétences fractionnés dans le temps et les délégataires à une impossibilité de subdéléguer. Afin d'assouplir un cadre juridique rigide relatif aux autorités organisatrices de la mobilité qui interdit toute subdélégation de compétences, une proposition de loi sénatoriale avait certes été adoptée le 6 décembre 2016. Il s'agissait de permettre aux départements délégataires de la compétence régionale, de déléguer à leur tour par voie de convention tout ou partie des attributions correspondantes au bloc communal ou à d'autres personnes morales de droit public ou privé. Redéposée le 6 juillet 2017 sur le Bureau de l'Assemblée nationale, cette proposition est cependant restée lettre morte.

Ces motifs, pratiques, liés aux modalités d'exercice des compétences, qui ont conduit les Départements et les Régions à recourir à des délégations de compétences, sont mentionnés dans l'ensemble des conventions étudiées, notamment dans leurs préambules. Par exemple, la convention entre la Région Nouvelle Aquitaine et le Département de la Haute-Vienne évoque le décalage entre les dates des deux transferts de compétence et la dissociation des dates d'exercice des compétences nouvellement conférées à la Région, qui risquent d'affecter la continuité du service public pour les usagers, notamment les usagers scolaires. La convention entre la Région

Bretagne et le Département des Côtes d'Armor indique elle aussi que « l'imbrication forte de l'organisation des services de transports non urbains et des services de transports scolaires » se trouve remise en cause par la dissociation des dates d'exercice des compétences.

Pour cette raison principale, un certain nombre de Départements et de Régions ont fait le choix, non prévu par la loi, de déléguer temporairement leur compétence dans l'attente du transfert de compétences prévu pour le 1er septembre 2017.

Ainsi, ce sont les exigences liées à la bonne organisation du service public qui sont à l'origine de la conclusion de ces conventions de délégation de compétences. C'est parce que le législateur n'a pas tenu compte de considérations pratiques que les collectivités ont eu recours, dans les cas étudiés, à la délégation de compétences. La délégation apparaît ainsi comme une solution temporaire liée au transfert de compétence prévu par la loi. Ainsi, dans les exemples de conventions étudiées, il y a au moins une convention qui organise tout à la fois la délégation provisoire de la compétence des transports scolaires et l'organisation du transfert légal des compétences des transports interurbains et scolaires. Les conventions de délégation étudiées s'appliquent le plus souvent pour une période allant du 1er janvier au 31 août 2017, à l'exception de la convention de délégation de la compétence des transports non urbains réguliers et à la demande conclue entre la Région Bretagne et le Département des Côtes d'Armor, qui fixe le terme du contrat au 31 décembre 2018.

Cet usage de la convention de délégation de compétence comme outil préparant le transfert de compétence n'est pas exceptionnel, comme cela a d'ailleurs souligné par l'Inspection générale de l'Administration, dans son rapport de septembre 2017, intitulé *« Délégation de compétence et conférence territoriale de l'action publique, de nouveaux outils au service de la coopération territoriale ».*

La délégation la plus fréquemment opérée porte sur la compétence des transports routiers non urbains. Dans le cadre de ces conventions, le Département exerce du 1er janvier jusqu'au 31 août 2017 cette compétence au nom et pour le compte de la Région, qui est la collectivité à laquelle la compétence a été transférée depuis le 1er janvier 2017 par la loi NOTRe. Ce n'est que le 1er septembre 2017 que la Région exerce pour son propre compte cette compétence en plus de celle portant sur le transport scolaire.

Une seule des conventions étudiées prévoit, à l'inverse, la délégation de la compétence transport scolaire du Département vers la Région entre le 1er janvier et le 1er septembre 2017[2]. La Région exerce ainsi, de manière anticipée, une compétence dont elle ne sera attributaire qu'à partir du 1er septembre, mais elle l'exerce pendant cette période provisoire au nom et pour le compte du Département. La Région exerce donc du 1er janvier 2017 au 1er septembre 2017, la compétence transport routier interurbain, régulier ou à la demande en son nom propre et la compétence transport scolaire au nom et pour le compte du Département.

Au 1er septembre dernier, seuls 10 Départements sur 101 avaient obtenu la délégation de la compétence des transports routiers interurbains selon des modalités très différentes d'un Département à l'autre[3]. Ces conventions n'ayant pas vocation à être renouvelées, certains Départements ont refusé des propositions de délégations émanant des Régions, comme ce fut le cas des quatre Départements bretons. De même, une trentaine de Départements ont clairement refusé de se voir déléguer la compétence des transports interurbains soit par manque d'intérêt compte tenu du caractère très restreint de la délégation de compétences, soit par absence de volonté politique. Quelle autonomie d'initiative pouvaient-ils attendre par rapport à la Région ? Quelle lisibilité à l'égard des usagers pouvaient-ils espérer ? Le refus de certains Départements de se voir confier par délégation cette compétence transport s'explique aussi par leur incapacité à l'assumer eux-mêmes, ne pouvant la subdéléguer. A l'inverse, certaines Régions, comme le Grand Est ou l'Aquitaine ne se sont pas montrées favorables à une délégation de leur nouvelle compétence transport pour des raisons de positionnement vis-à-vis du bloc communal et d'affirmation d'une certaine suprématie. Ainsi, la Région Pays de La Loire a refusé pour ce motif cette possibilité de délégation totale et durable de la compétence transports aux Départements qui la composent et a voulu reprendre la compétence transport des élèves handicapés.

---

[2] Convention conclue entre la région Grand-Est et le département de l'Aube-en-Champagne.

[3] Ain, Isère, Loire, Puy de Dôme, Haute Garonne, Orne, Allier, Cantal, Haute-Loire et Rhône.

Cette étude, qui porte uniquement sur les conventions conclues entre les Départements et les Régions dans le domaine des transports routiers, a pour objet d'identifier, tout d'abord, les conditions générales dans lesquelles ces conventions ont été conclues, puis de montrer la diversité de leur objet.

I – Les conditions d'élaboration des conventions de délégation de compétences

Les conventions de délégation, étudiées, ont toutes été préparées par les techniciens et les équipes de direction générale des collectivités. Toutefois, des accords ou des désaccords politiques, tenant compte de circonstances locales, ont pu modifier leur contenu jusqu'à leur signature. Il s'agit, par excellence, d'une matière contractuelle qui prend en compte le libre accord des parties surtout lorsque le transfert de compétences est obligatoire. Pour certains Départements, comme celui des Bouches-du-Rhône, le transfert des deux compétences et de la Régie des transports vers la Métropole s'est fait facilement. En Charente-Maritime ou dans l'Hérault, les négociations ont été plus difficiles et empreintes de méfiance. Pour 20% des conventions de délégation de compétences conclues entre les Départements et les Régions, les commissions locales pour l'évaluation des charges ont dû déterminer la charge nette attachée à la compétence transférée avant l'adoption du montant de la compensation par l'Assemblée délibérante. Ce montant tient compte de la déduction des charges annuelles, de la part supplémentaire de contribution sur la valeur ajoutée des entreprises (CVAE). Cette part attribuée du Département vers la Région correspond à 25 % de la part totale.

Ainsi, pour l'Aube ou le Bas-Rhin, le montant de CVAE supplémentaire perçu par la Région étant supérieur à la charge nette de la compétence, une attribution de compensation a été perçue par les Départements précités. A l'inverse, les Ardennes ont connu une compensation négative.

Les conditions de la discussion ont varié selon chaque Région et chaque Département compte tenu de la grande hétérogénéité des situations. Ces discussions en font des conventions « à géométrie variable ». Leur durée est très variable d'un Département à l'autre. Dans les conventions étudiées beaucoup sont très courtes entre 8 mois et un an et concernent, soit l'une des deux compétences transférées, soit les deux. L'Ardèche a obtenu une double délégation de compétences d'une durée de 3 ans ; la convention conclue par la Drôme prévoit 2 ans. Pour preuve encore, les conventions conclues par une même Région avec deux Départements différents peuvent ne pas avoir le même contenu : c'est le cas, par exemple, de la convention conclue par la Région Aquitaine avec le Département des Deux Sèvres et le Département de La Haute-Vienne. Ainsi, les pouvoirs de décision du Département délégataire ne sont pas les mêmes dans les deux conventions : l'un des deux Départements est chargé de l'accessibilité du réseau concernant les services délégués[4], alors que l'autre ne l'est pas, l'un des deux Départements propose les évolutions tarifaires et pas l'autre[5]. La gratuité du transport est généralisée à l'échelle de la Région Pays de La Loire, alors qu'en Rhône-Alpes-Auvergne, elle ne concerne que 4 Départements sur 12.

II – Le contenu des conventions de délégation de compétences

Indépendamment des conditions d'élaboration de ces conventions, l'étude porte sur leur contenu, plus précisément, sur ce que la délégation peut impliquer concrètement en termes d'exercice d'une compétence. Sont ainsi exclues de cette étude les clauses financières et celles relatives aux agents et aux personnels liés à la délégation de compétence, dans la mesure où ces questions sont abordées plus spécifiquement dans les communications précédentes. L'analyse menée porte principalement sur la manière dont les collectivités ont entendu la notion « de délégation au nom et pour le compte de la collectivité délégante » au sens de l'article L. 1111-8 du CGCT. L'appréhension de la notion de délégation de compétence renvoie principalement à trois éléments : les compétences déléguées ; l'identification de la collectivité territoriale responsable et les formes de contrôle exercées par la collectivité délégante sur la collectivité délégataire. Un constat s'impose assez rapidement à la lecture des

---

[4] Convention conclue entre la Région Nouvelle-Aquitaine et le Département de la Haute-Vienne, art 5-1.

[5] Convention conclue entre la Région Nouvelle-Aquitaine et le Département des Deux-Sèvres, art. 3-3.

conventions : celui de l'absence d'unité de la délégation telle qu'elle est prévue dans ces conventions. Il est en effet possible d'identifier au moins trois modèles différents parmi les conventions de délégation de compétences étudiées.

1° Le premier modèle est celui où la délégation de compétence est entendue, par les deux collectivités, comme un transfert de compétences.

C'est le cas, par exemple, de la convention conclue entre la Région Hauts-de-France et le Département de l'Aisne. L'article 3 de la convention précise d'emblée que « la délégation de compétence [transport routier interurbain au profit du Département] comprend l'ensemble des prérogatives et responsabilités ». Le Département se voit ainsi chargé de la définition du service public, de la détermination des dessertes, des arrêts, des horaires, de l'exploitation du service (choix libre du mode d'exploitation) et de l'attribution des contrats d'exploitation aux opérateurs économiques, du contrôle des exploitants, des relations avec les usagers, de la fixation des tarifs et de tous les actes de gestion. L'objectif de la délégation « est d'assurer la continuité du service public selon les mêmes principes et dans les mêmes conditions qu'au cours de l'année 2016 », comme si aucun transfert au profit de la Région n'avait eu lieu. La seule limite est celle de conclure des conventions de sous-délégation (article 4, alinéa 2) mais ces dernières sont interdites par la loi pour toutes les collectivités délégataires.

Doté de très larges prérogatives, le Département est aussi seul responsable. Il « fait son affaire personnelle de tous les risques et de tous les litiges et supporte les conséquences financières de tout recours contentieux pouvant résulter de cette exploitation ; il ne peut en aucun se retourner contre la Région en raison de ces risques et de ces litiges » (article 10).

En contrepartie, la Région n'exerce quasiment aucun contrôle. L'article 8 de la convention sur le contrôle reste très général, imposant la remise d'un rapport d'exécution de la délégation présentant notamment le niveau de réalisation des services de transports après le terme de la convention, soit le 31 octobre 2017. La Région se réserve toutefois le droit de se prononcer avant la conclusion de tout nouveau marché ou convention ou avenants aux contrats et conventions existantes. Ceux-ci devant être transmis six semaines avant la délibération du Conseil départemental. Le silence de la Région dans un délai de deux semaines vaut accord implicite. Ce droit de regard de la Région s'explique aisément par le fait que ces nouveaux contrats engageront non plus le Département mais la Région, lorsque celle-ci retrouvera l'exercice direct de la compétence transférée.

La convention conclue entre la Région Grand-Est et le Département de L'Aube-en-Champagne illustre, elle aussi, ce premier modèle.

Ici, c'est la Région, future titulaire de la compétence, qui est délégataire de la compétence transports scolaires. Le contexte n'est donc pas du tout le même et explique sans aucun doute le rôle et la place essentiels joués par la collectivité délégataire.

« Sauf faute grave de la Région délégataire, le Département s'interdit d'intervenir dans le champ de la compétence déléguée » (article 7). La Région assume ainsi « l'ensemble des missions et attributions légalement dévolues au Département », notamment la définition de l'offre de transport, la réglementation du service des transports, l'exploitation du réseau, les relations avec les usagers, la gestion des litiges, le financement du développement du réseau (article 7). Elle prend toute décision initiale ou modificative relative à l'organisation, à l'exploitation du réseau et engage toute action contentieuse propre à défendre les intérêts du Département (article 7). La Région consulte le Département préalablement à toute modification substantielle de l'organisation du service public à exécuter sur l'année scolaire 2016-2017. Les deux collectivités s'informent mutuellement de toute procédure ou réclamation et la Région adresse mensuellement au Département un bilan d'exercice de sa délégation (article 1).

Le Département conserve sa qualité d'autorité organisatrice des transports scolaires vis-à-vis des tiers. Dans le cas où sa responsabilité serait engagée à ce titre, la Région garantit le Département qui l'appellera en cause pour les missions et attributions qui lui sont dévolues dans le cadre de la compétence déléguée (article 12-1).

2° Le deuxième modèle de convention de délégation de compétence, susceptible d'être identifié, est le cas inverse.

La collectivité délégante joue pleinement son rôle ; c'est elle qui prend les décisions ; la collectivité délégataire a seulement un rôle d'exécutant, de simple gestionnaire ; elle formule des propositions.

L'idée qui sous-tend ces délégations est de préparer le transfert de compétences au 1er septembre 2017.

C'est le cas, par exemple, de la convention conclue entre la Région Nouvelle Aquitaine et le Département des Deux-Sèvres.

Le Département délégataire organise les services non urbains réguliers, gère les gares, les biens, assume la communication, assure la gestion contractuelle et financière (article 3.1), assume un rôle de gestionnaire de proximité. Le Département a une autonomie d'exécution et de gestion (article 8). Le Département a également un rôle de proposition et d'instruction en matière d'évolution des tarifs et du niveau de service. Il définit les mesures d'ajustement des services dans un périmètre géographique donné, il instruit et fait approuver les accords de mutualisation et de coopération opérationnelle ou intermodale avec les autorités organisatrices de la mobilité (AOM) (article 5).

En revanche, le Département a besoin de l'accord préalable de la Région pour les décisions relatives à l'évolution tarifaire du service, la modification de l'offre de transport susceptible de représenter une évolution financière (à la hausse ou à la baisse sur une ligne d'autocar donnée de plus de 5 000 euros sur base annuelle), la passation d'un avenant ou encore l'engagement de procédures amiables ou contentieuses pour régler un litige portant sur un montant supérieur ou égal à un certain seuil (article 3.3). Tout un dispositif de demandes et de réponses est mis en place imposant notamment des délais à la Région, son silence valant accord. Les actions de communication institutionnelle et de valorisation des services délégués sont mises en œuvre par le Département en coordination avec la Région sur tous les supports (article 10.1). La Région est responsable du financement des compétences déléguées, de la mise en accessibilité des services délégués et elle assure la coordination stratégique des politiques de transports de l'ensemble des autorités organisatrices des transports (AOT) et des AOM internes à son périmètre et limitrophes. Par ailleurs, elle approuve toute proposition faisant l'objet de délibérations ou lancement de consultations ainsi que le budget prévisionnel couvrant la période de délégation (article 4). Les modalités de contrôle font l'objet de dispositions très précises et complètes (article 7) : il est prévu l'établissement d'un compte administratif, de rapports d'activités, des visites sur le terrain et dans les locaux ou s'exerce l'activité de transport non urbain régulier et à la demande, des visites des gares routières, et l'examen des cahiers de réclamations et autres documents commerciaux, des documents comptables et analytiques de l'activité déléguée.

3° Le dernier modèle identifié est un modèle intermédiaire, fondé sur une forme de concertation et de « codécision ».

C'est le cas de la convention conclue entre la Région Bretagne et le Département des Côtes d'Armor.

La Région Bretagne est responsable de la politique générale des services de transports non urbains réguliers ou à la demande. A ce titre, elle conserve un rôle de coordination stratégique entre les quatre Départements et s'engage à financer les services de transports dans les conditions définies dans une convention-cadre (article 3.1). Le Département est responsable de l'exercice des compétences, en exploitant les services, en définissant le niveau de service et la politique tarifaire, en signant les conventions. En outre, le Département définit les ajustements du plan de transports mais l'avis de la Région peut être sollicité au-delà d'un certain montant. En principe, il signe les conventions, mais « en raison de la sensibilité politique, financière, ou juridique de certaines d'entre elles, des échanges de vue peuvent être organisés avec la Région, pour information ou approbation préalable ; les conventions seront signées de façon tripartite » (article 3). Pour la communication institutionnelle, le Département exerce cette compétence en lien étroit avec la Région. Il est prévu que les deux logos soient apposés côte à côte.

Des rencontres régulières entre délégant et délégataire sont par ailleurs prévues autant que nécessaire afin de permettre de se concerter sur les projets stratégiques ayant un impact financier important pour les collectivités (article 7).

La responsabilité de la Région est engagée sauf si le Département se trouve à l'origine d'une faute (de type délit ou quasi délit, faute d'imprudence ou de négligence ou s'il agit en dépassement des limites de la convention) (article 11).

Pour conclure, l'analyse des conventions montre que, dans la pratique, il n'est pas possible d'identifier, dans la pratique, un régime unique de la délégation de compétences. Les pouvoirs du déléguant comme du délégataire ne sont pas les mêmes d'une convention à l'autre ; les relations entre les collectivités parties à la convention ne sont pas davantage comparables.

Comment peut-on expliquer cette conclusion ?

L'absence d'unité au sein des conventions de délégation de compétences peut s'expliquer par l'absence, en droit, cette fois-ci, de catégorie prédéfinie de convention de délégation de compétences entre personnes publiques. Ainsi, les dispositions législatives qui habilitent les collectivités locales à conclure des conventions de délégation de compétences entre collectivités territoriales se caractérisent par une certaine confusion et n'apportent pas d'éléments de définition constants et clairs. Il règne un certain flou dans l'expression du législateur. Ainsi, le législateur peut opérer une confusion entre le transfert et la délégation de compétence, utilisant à la fois l'un et l'autre terme pour préciser le régime d'une même convention. C'est le cas, par exemple, de l'article L. 5216-5-VII du CGCT, qui dispose que « par convention passée avec le département, une communauté d'agglomération dont le plan de déplacements urbains comprend un service de transport collectif en site propre empruntant des voiries départementales ou prévoit sa réalisation peut, dans le périmètre de transports urbains, *exercer en lieu et place du département* tout ou partie des compétences qui, dans le domaine de la voirie, sont attribuées au département en vertu des articles L. 131-1 à L. 131-8 du code de la voirie routière. Le refus du conseil général *de déléguer* tout ou partie de ces compétences doit être motivé par délibération. La convention précise l'étendue et les conditions financières de la *délégation de compétence* ainsi que les conditions dans lesquelles les services départementaux correspondants sont mis à la disposition de la communauté d'agglomération ».

Surtout, cette notion de délégation de compétences entre personnes publiques « au nom et pour le compte » est difficilement rattachable aux modèles d'attribution de compétence entre personnes publiques, déjà existants. La convention de délégation de compétence se distingue tout d'abord de la convention de délégation de service public. Dans le cadre d'une convention de délégation de service public, le délégataire n'agit pas au nom et pour le compte de la personne publique délégante ; il agit pour son propre compte et à ses risques et périls ; il est donc seul responsable, en cas de mauvaise gestion du service public, à l'égard des tiers. Il en va différemment dans le cadre d'une convention de délégation de compétences, le délégataire agissant au nom et pour le compte du délégant, seul ce dernier devrait être regardé comme responsable. La convention de délégation de compétence se distingue également du mandat, en ce qu'elle n'a pas pour seul objet la représentation du délégant ; elle a aussi pour objet de déléguer l'exécution d'une prestation. Déléguant l'exercice d'une compétence, elle ne conduit pas davantage à l'exercice en commun, concerté d'une compétence. Ainsi, l'absence de définition, en droit, de la délégation de compétence explique, sans doute, en partie la diversité des conventions conclues dans la pratique.

La délégation de compétences ne doit pas demeurer cependant pour des raisons de sécurité juridique un outil mal identifié, une sorte de nouveau support à des « aménagements interstitiels » entre collectivités, comme le soulignait Jean-Bernard Auby. La délégation de compétence née de nouveaux transferts intervient en effet dans le cadre d'un nouveau modèle d'organisation territoriale porteur de dynamiques territoriales, fondé davantage sur un droit différencié qui laisserait une plus grande place à l'expérimentation. Mais, ce « dynamisme de la subsidiarité », dont parlait Arnaud Duranthon dans sa thèse de 2016[6], doit favoriser toutes les contractualisations entre les collectivités locales, au service d'une action publique plus efficace mais aussi plus lisible pour les citoyens.

---

[6] A. DURANTHON, *Subsidiarité et collectivités territoriales : étude sur la subsidiarisation des rapports entre Etat et collectivités territoriales en droit public français*, Dalloz, 2017, Paris.

PLANIFICATION

Sous la présidence de Pierre BON, professeur émérite de l'Université de Pau et des Pays de l'Adour

CADRAGE

La planification administrative par schémas

Bertrand FAURE

Professeur de Droit public, Université de Nantes

Dans une des dernières éditions de son Précis de droit administratif[1], Jean Rivero soulignait déjà l'habileté de l'administration à créer des instruments d'action se situant dans les marges de la réglementation – des « normes d'orientation » – avec la difficulté pour le juge de les soumettre au droit. Ce trait n'a cessé de se confirmer engendrant un véritable phénomène de schémas de planification au sein de l'administration moderne.

On pourra identifier deux causes essentielles à leur prolifération actuelle. En premier lieu, on a vu la liste des schémas s'allonger à mesure que l'administration a étendu son activité à des domaines nouveaux (économie, aménagement du territoire, développement durable...). Dans ces domaines, l'administration agit moins par voie d'autorité que par la recherche de conciliation, de persuasion avec les acteurs. On discerne alors particulièrement l'écart entre une administration traditionnelle assignée à ses tâches d'ordre lié à l'Etat libéral du XIXème siècle et une administration actuelle chargée de missions d'interventions économiques et sociales mais qui, pour de telles missions, n'est plus entièrement liée par des règles rigides, impératives et permanentes comme elle le fût traditionnellement.

---

[1] J. RIVERO, *Droit administratif*, coll. Précis, Dalloz, 1988, lire la conclusion.

En second lieu, le schéma s'impose par nécessité sur le plan interinstitutionnel. Il permet de faire vivre ensemble les institutions publiques dont les relations juridiques sont fondamentalement égalitaires. C'est le cas en droit des collectivités territoriales où en vertu de l'application qui est faite du principe d'interdiction de tutelle d'une collectivité sur une autre, on parvient à un résultat où aucune d'entre elles, notamment d'un niveau territorial supérieur, ne peut imposer sa réglementation unilatérale que les autres devraient mettre fidèlement en application (art. 72 alinéa 5 Const.). La situation constitutionnelle est d'autant plus contraignante que, depuis les années 1982, les personnes décentralisées sont plus nombreuses, leurs domaines de compétences se sont développés et enchevêtrés, créant une situation où leurs administrations sont amenées à agir ensemble dans à peu près tous les secteurs de la vie locale. Voilà pourquoi leur collaboration doit suivre les voies d'un droit souple, commandant des règles de collaboration non autoritaires (pactes, plan, schémas, directives...). Seuls ces procédés sont utilisables au regard des exigences du droit constitutionnel pour favoriser une action administrative plus unitaire. Ce verrou constitutionnel, tel qu'il est interprété et appliqué dans la jurisprudence actuelle, empêche la construction d'un ordre local général où les collectivités coopéreraient selon des relations, sinon hiérarchiques, à tout le moins fédératives.

On connaît l'effet normatif produit par l'application du schéma: il permet d'agir de manière programmatoire ou directive. Ils se développent à un niveau intermédiaire entre les lois et leur application réglementaire offrant un développement du droit plus consensuel, adapté et progressif. Plus collégial également puisque dans ses conditions d'élaboration le schéma suppose la concertation collective. En cela, le schéma favorise la cohérence de l'action administrative sur laquelle il diffuse les exigences de la loi, la soumet à ses objectifs. Le schéma permet ainsi le mariage entre le pouvoir propre aux diverses personnes publiques et la recherche de l'efficacité administrative.

Le problème est que lorsqu'on tente d'approfondir le sujet, on se heurte inévitablement à l'impossibilité de livrer une explication générale du schéma, valant pour tous les cas. En effet, aucun schéma ne ressemble tout à fait à un autre, provoquant l'application d'un régime unitaire caractérisant le procédé. Les éléments qu'on y rencontre sont de portée trop différente : certains créent des droits et obligations, d'autres rappellent des droits et obligations qu'on connaissait déjà par la loi ou la réglementation, d'autres ont la portée de simples lignes directrices, parfois même de vœux. Les schémas sont donc multiples et multiformes.

Il faut aussi ajouter qu'on peut reconnaître sous d'autres noms le procédé du schéma (plan, directive territoriale, charte, pacte...). Et l'on éprouvera beaucoup de peine à dissocier logiquement le contenu d'un schéma régional d'aménagement et de développement durable du territoire (SRADDET) qui *« fixe les objectifs de la région en matière d'équilibre et d'égalité des territoires »* et l'ancien plan de région destiné à *« fixer les orientations mises en œuvre par la région »*. Parfois le plan pourra être présenté comme un acte pris pour l'exécution d'un schéma (schéma de cohérence territoriale et plan local d'urbanisme par exemple), mais cette présentation n'est pas recevable dans tous les cas. On n'entretient donc pas trop d'espérance sur l'intérêt scientifique du mot schéma, qualification employée en toute liberté par le législateur, comme d'autres qualifications, pour désigner un acte programmatoire. Il apparaît donc artificiel de vouloir clôturer une recherche sur l'énoncé de ce mot puisque d'autres mots sont révélateurs du même procédé, procédé qui, lui-même, ne présente aucune unité par son contenu. Il convient cependant de réfléchir à un certain nombre de traits caractéristiques du schéma mais sans être certain d'y apporter des solutions unitaires. Nous envisagerons successivement la nature juridique du procédé (I) puis sa force contraignante (II).

I – La nature juridique des schémas

Faut-il assimiler le schéma à une mesure préparatoire ? Faut-il y voir un acte faisant grief ? Voire un règlement ? La question est importante car selon la réponse le schéma sera plus ou moins susceptible d'être attaquable devant le juge administratif. L'acte réglementaire est le plus évident à contester puisqu'on peut non seulement en demander l'annulation par la voie du recours pour excès de pouvoir, mais encore se prévaloir de son illégalité à toute époque.

Généralement, le schéma ne peut être comparable à l'acte réglementaire en ce qu'il ne saurait produire des effets de droit directs. C'est manifestement le cas lorsque le législateur invite l'autorité compétente pour élaborer le SCoT à *« poser les orientations générales de l'organisation de l'espace »*[1]. L'habilitation légale ne serait pas respectée si l'autorité disposait de manière plus précise et plus directement contraignante. Elle empiéterait même sur la compétence de l'autorité secondaire qui doit traduire en règles ces orientations supérieures en édictant le plan local d'urbanisme.

Il apparaît donc que le SCoT doit demeurer un acte pré-réglementaire. Il reste pourtant difficile de distinguer le réglementaire du pré-réglementaire. En effet, le SCoT contient un document d'objectifs et d'orientations (DOO) pouvant contenir des dispositions présentant les traits d'un règlement administratif. Le document peut ainsi prendre appui sur certaines particularités du territoire pour y appliquer, et même renforcer, des objectifs légaux (par exemple l'obligation de prévoir au moins 20 % de logements sociaux pour chaque commune couverte par le SCoT et chaque opération d'habitat significative[2]. Néanmoins, aucun DOO ne ressemble tout à fait à un autre, certains ne contenant que des *« recommandations »* sans doute hautement souhaitables mais demeurant facultatives (encourager le logement des personnes âgées par exemple). Il est donc difficile de trouver des solutions qui s'imposent de façon générale.

On pourrait inclure certains schémas au sein d'une conception extensive de l'acte réglementaire. On pense à ceux qui ne contiennent pas directement une règle mais provoquent à des personnes – publiques ou privées – l'application d'un statut légal et réglementaire préétabli. Le schéma prend alors l'aspect de l'acte-condition étudié par L. Duguit : cet acte qui commande d'appliquer un cadre juridique à une situation matérielle déterminée paraît aussi prescriptif que le cadre juridique lui-même. On trouve une illustration avec le Schéma départemental de coopération intercommunal (SDCI) qui prévoit, par exemple, le regroupement de plusieurs communautés de communes au sein d'une nouvelle plus vaste. Le schéma provoque alors l'application du cadre légal relatif aux fusions d'établissements publics de coopération intercommunal (EPCI) à ces communautés.

Pour autant, la véritable nature juridique du SDCI reste délicate à établir, à tout le moins au vu des évolutions de la jurisprudence. Il est

---

[1] Art. L. 122-1-4, Code de l'urbanisme.

[2] V. CAA Lyon, 8 nov. 2001, *Société Investissements internationaux et Participations*, *AJDA* 2012, p. 391, note J.-P. BRUANT.

possible de considérer qu'il ne saurait faire grief par lui-même si, pour se réaliser, il a besoin d'autres mesures juridiques. Une liste d'économies institutionnelles par regroupement d'EPCI ne reste guère qu'une déclaration d'intention sans portée concrète tant que le préfet n'a pas décidé, par un arrêté distinct, de chacun des regroupements qu'il impose. En conséquence, le schéma doit se voir reconnaître la nature d'un acte préparatoire à une décision administrative.

Mais dans la mesure où le préfet peut s'écarter des propositions du schéma quand un cas particulier paraît l'exiger, celui-ci prendrait plutôt l'aspect d'une ligne directrice au sens de la jurisprudence *Crédit Foncier de France*[3]. Le juge semblait s'orienter en ce sens en faisant obstacle à un contentieux du schéma sinon à travers toutes les décisions individuelles prises pour l'appliquer ou s'en écarter[4].

Cependant les solutions ne coulent pas de source claire. Cette orientation n'a pas inspiré la jurisprudence postérieure qui a considéré qu'il fallait prendre en considération certains de ses effets directement contraignants (interdiction de créer un syndicat intercommunal, définition des pouvoirs du préfet...), sans pour autant conclure à un règlement. Dans la mesure où les transformations du paysage intercommunal ne se trouvent pas énoncées selon des termes abstraits et généraux comme ils devraient l'être s'agissant d'un règlement, mais par la désignation concrète d'opérations de regroupements d'intercommunalités, le schéma départemental de coopération intercommunal prend plutôt l'allure d'une décision « ni individuelle, ni réglementaire »[5]. En conséquence, l'exception d'illégalité ne peut jouer que dans le délai du recours contentieux, c'est-à-dire que les décisions de regroupement intercommunal, en pratique, seront inattaquables sur le fondement du SDCI. Ces décisions ne seront guère contestables que sur violation directe de la loi.

Dans ces conditions, on se demande si la nature du schéma ne tient pas tant à son objet, à la physionomie de ses dispositions, qu'aux effets d'opportunité recherchés par le juge trouvant satisfaisant qu'un acte soit soumis au régime contentieux des règlements ou, au

---

3 Cons. d'État, Sect . 11 déc. 1970, *Rec.* p. 750 concl. BERTRAND.

4 Cons. d'État, 21 sept. 2012, *Commune de Couvrat* (1ère esp.), *Commune de Poligny* (2ème esp.), *AJDA* 2013, p. 240, note B. FAURE.

5 Cons. d'État, 21 oct. 2016, *Communautés de communes du Val de Drôme*, *AJDA* 2017, note G. EVEILLARD, *JCP A* 2017 n° 2314, note B. QUIRINY

contraire, qu'il faille s'en écarter pour doser les possibilités de le contester, notamment les limiter.

C'est ici que le problème est sérieux. Non pas que le régime de l'acte détermine sa nature selon une démarche inversée. Mais les solutions du juge appréhendées globalement peuvent entraîner des effets paradoxaux. A propos du SDCI, on parvient à un résultat qui élimine pratiquement tout contentieux de la mise en œuvre et le rend plus rapidement définitif. Alors que si celui-ci était regardé comme un acte préparatoire dans le cadre d'une opération complexe, on aurait pu discuter de sa régularité à l'occasion du recours contre les décisions de regroupement qui l'ont fait aboutir.

On peut aussi s'interroger sur le sort du SDCI en comparaison avec schéma directeur régional de chambre de commerce et d'industrie car les deux schémas ont le même objet : programmer des fusions d'établissements publics (consulaires dans le second cas). Leur contenu est comparable. Le problème est que le second se voit reconnaître les effets d'un acte pleinement contestable à la fois par les voies de l'action et de l'exception. Paradoxalement une commune aura donc moins de possibilités de contester le SDCI qui la frappe alors pourtant que l'opération met en jeu le principe constitutionnel de libre administration censé la garantir (art. 72 al. 3 Const.).

A supposer même qu'on se trouve en présence d'un règlement, le juge peut chercher à en cantonner le contentieux de l'exception. C'est le cas pour un schéma directeur d'aménagement et d'urbanisme : le juge ne voit pas la déclaration d'utilité publique attaquée comme nécessairement reliée à lui et ne permet pas de faire jouer l'exception d'illégalité[6]. On sait aussi que pour les plans locaux d'urbanisme ne peuvent être contestés par voie d'exception reposant sur un vice de légalité externe que dans les 6 mois suivant son édiction (Loi 9 février 1994).

On est donc bien contraint de conclure que le schéma ne correspond à aucun modèle juridique unique qui renseignerait sur l'application d'un régime contentieux clair et constant qui l'identifierait.

---

[6] Cons. d'État, Sect., 25 févr. 2005, *Association Préservons l'avenir à Our Mons Thaulac, AJDA* 2005, chron C. Landais et F. Lenica ; *RFDA* 2005 p. 608, note R. Hostiou.

II – La force contraignante des schémas

Les mesures d'exécution des schémas sont de toute sorte. Il peut s'agit de règlements, de décisions individuelles, de décisions d'espèce, voire de schémas de portée inférieure. Alors peut-on sanctionner ces mesures lorsqu'elles contredisent le schéma ? Le problème est qu'on sait que le schéma est un acte pauvre en prescriptions juridiques, contrastant d'ailleurs généralement avec la richesse de ses conditions d'élaboration. Le problème est aussi qu'avec le schéma on se trouve en face du pouvoir politique : comment peut-il se faire le gardien de recommandations hautement désirables mais purement incitatives (*« encourager l'entreprenariat féminin »*, *« le développement des entreprises régionales »* au sein d'un schéma régional de développement économique d'innovation et d'internationalisation) ?

Au vu de la jurisprudence en matière d'urbanisme, d'aménagement du territoire et d'environnement certaines particularités caractérisent son contrôle, précisément expliquées par cette proximité du pouvoir politique : il s'agirait d'un contrôle original sous l'appellation largement reçue aujourd'hui de « contrôle de compatibilité ». La difficulté est de savoir si ce contrôle est conduit selon les règles, les méthodes qui sont celles habituelles du juge de l'excès de pouvoir.

Pour G. Vedel, il n'y aurait pas lieu de faire une place particulière au contrôle de compatibilité : l'incompatibilité n'est qu'un aspect de la contrariété puisque l'acte incompatible est nécessairement contraire. Le couple « contrariété-non contrariété » est donc le seul opératoire. Il suffit de mettre l'accent sur la plus ou moins grande liberté de l'auteur de l'acte contrôlé et, pour cela, de s'en remettre aux notions du pouvoir discrétionnaire et de pouvoir lié qui nous sont plus familières[7].

Le problème est que le contrôle de compatibilité ne caractérise pas forcément le contrôle minimum d'une autorité discrétionnaire et qu'on peut voir des contrariétés directes au schéma non sanctionnées car elles restent compatibles en ce qu'elles ne l'affectent pas substantiellement[8]. Et le résultat ne s'explique pas par l'imprécision

---

[7]G. VEDEL, « Excès de pouvoir législatif et excès de pouvoir administratif », N3C 1996 p. 57, v. p. 82.

[8] V. le cas d'un plan d'occupation des sols qui déroge à une zone verte – mais de manière limitée – protégée par les orientations du schéma directeur : Cons. d'État, 3

du schéma car rien n'est plus précis que la délimitation d'un périmètre. Voilà pourquoi il semble bien exister une autonomie du contrôle de compatibilité : l'obligation pour l'acte incompatible n'est pas une obligation de respect hiérarchique mais une obligation de conciliation. Le juge recherche seulement la cohabitation avec un schéma par une méthode empirique.

Voici un autre problème : la cohabitation des schémas entre eux. En effet, on observe que systématiquement, les schémas se lient entre eux car ils se sont multipliés, car on voit des schémas d'exécution de schémas, car surtout leur périmètre respectif n'a rien de précis. C'est alors un autre aspect du problème général des schémas : il est impossible d'isoler chacun d'eux sous l'estampille de leur législation et régler ainsi leur articulation par le principe de l'indépendance des législations. En effet, chacun dépasse son domaine pour le régler entièrement (urbanisme, construction, environnement et logement social par exemple). Certains schémas régionaux entendent pratiquement régir tous les domaines de la vie juridique locale (SRDEII et SRADDET).

Généralement la loi précise dans chaque cas leur articulation respective. Et il est des cas où elle exige la simple « prise en compte » du schéma supérieur. C'est une notion en pleine expansion dans les domaines discrétionnaires de l'administration où elle y favorise la cohabitation des schémas relevant de législations indépendantes (urbanisme et environnement par exemple) ou d'institutions indépendantes (région et métropole par exemple). Alors comment traduire en termes classiques cette obligation de prise en compte ? Il s'agit d'une forme d'excès de pouvoir qui désigne une contrariété au droit, mais une contrariété minimale : l'acte contrôlé ne doit avoir été pris ni en totale ignorance, ni en totale indépendance de l'acte pris en compte. Dans le premier cas, la contrainte est d'ordre procédural consistant dans l'obligation de prendre connaissance de l'acte. Dans le second cas, c'est une contrainte de fond imposant l'impossibilité de déroger à l'acte pris en compte sans pouvoir justifier d'un motif d'intérêt général[9].

---

mai 2004, *Commune de Deuil la Barre*, *BJDU* 2004, p. 173, concl. M.-H. MITJAVILLE.

[9] Cons. d'État, 9 juin 2004, *Association « Alsace nature » du Haut-Rhin, BJCL* 2004 p. 613 concl. F. DONNAT ; Cons. d'État, 28 juillet 2004, *Association de défense de*

Nous n'avons exploré que quelques aspects d'une étude d'ensemble sur le schéma. Mais ils suffisent à établir le mariage difficile entre le schéma et les règles du droit administratif, ceci parce que le schéma prospère non sans ébranler un certain nombre de ses règles qui ne peuvent se maintenir de manière intacte. Il est désormais difficile de faire appel à ces règles pour définir les schémas et leurs effets. C'est le cas du règlement administratif dont l'identification ne suffit plus à caractériser un régime contentieux qui lui est propre. C'est le cas de l'excès de pouvoir puisque qu'avec les contrôles de compatibilité et de prise en compte l'acte contraire peut néanmoins être jugé légal. C'est encore le cas du principe de l'indépendance des législations qui ne peut servir à cantonner les décisions d'exécution des schémas sous l'empire d'une législation unique. C'est enfin le cas de la notion de compétence puisque les schémas s'imposent de biais à l'ensemble des autorités administratives sur lesquels ses objectifs conditionnent l'exercice de leur compétence. L'idée que chacune d'elles est « autocéphale » dans son domaine ne convient plus à la recherche d'unité générale dans l'action administrative que recherchent les schémas. On est donc dans une zone de brouillard normatif avec les schémas où les règles du droit administratif, élaborées à une époque marquée par le faible nombre d'autorités et de domaines d'intervention, ne conviennent plus tout à fait.

---

l'environnement et autres, BJCL 2004 p. 613, note M. GUYOMAR et note J.-C. BONICHOT : à propos de la portée contraignante des schémas directeurs d'aménagement et de gestion des eaux (SDAGE).

ILLUSTRATIONS

Planification territoriale et énergie

Laura DAYDIE
Docteur en droit public, Chercheure Pau Droit Public

La planification de l'énergie semble, à première vue, d'envergure nationale : la définition et l'élaboration de la politique énergétique française relèvent, avant tout, de l'État. Ainsi, c'est le législateur qui définit, à l'article L. 100-1 du code de l'énergie, les grands objectifs de la politique énergétique que sont l'émergence d'une économie compétitive et riche en emplois, la sécurité d'approvisionnement, la maîtrise des dépenses en énergie, la préservation de la santé humaine et de l'environnement, le droit d'accès à l'énergie, la lutte contre la précarité énergétique et la mise en place d'une Union européenne de l'énergie. Ce « primat étatique »[1] ne doit cependant pas occulter le rôle majeur qu'occupent les collectivités territoriales et leurs groupements dans le domaine de la planification énergétique. C'est à travers les documents de planification que les personnes publiques locales définissent les orientations, objectifs et actions à réaliser en matière énergétique sur leur territoire. Ces « instruments » concourent ainsi, plus ou moins directement, à la réalisation de la transition énergétique, c'est-à-dire au passage d'un système énergétique fortement consommateur d'énergies, reposant presque exclusivement sur des sources d'énergie fossile, vers un système sobre, centré sur les énergies renouvelables. Deux sortes de planification méritent, à cet égard, d'être distinguées.

---

[1] P. VILLENEUVE, « La planification territoriale de la transition énergétique », *AJCT*, 2016.

Certains documents de planification visent spécifiquement la satisfaction des exigences liées à la lutte contre le changement climatique. Ainsi, les schémas régionaux du climat, de l'air et de l'énergie (SRCAE) et leur volet éolien, désormais inclus dans les schémas régionaux d'aménagement, de développement durable et d'égalité des territoires (SRADDET)[1], doivent nécessairement contenir des orientations permettant de s'adapter au changement climatique ainsi que des objectifs tendant à promouvoir l'efficacité énergétique et le développement des énergies renouvelables. Les plans climat-air-énergie territoriaux (PCAET) dont l'élaboration appartient désormais au bloc intercommunal, constituent tout autant des outils essentiels au service de la transition énergétique, à travers les objectifs stratégiques et les programmes d'actions qu'ils définissent.

Aux côtés de cette planification directement dédiée à l'énergie et au climat, d'autres documents de planification sont susceptibles d'influer sur les questions énergétiques et climatiques. Les règles d'urbanismes prévues par les plans locaux d'urbanisme (PLU)[2], les schémas de cohérence territoriale (SCOT)[3] et les cartes communales[4] doivent permettre d'atteindre, parmi leurs objectifs, « la lutte contre le changement climatique et l'adaptation à ce changement, la réduction des émissions de gaz à effet de serre, l'économie des ressources fossiles, la maîtrise de l'énergie et la production énergétique à partir de sources renouvelables »[5]. C'est, plus particulièrement, au règlement du plan qu'il revient de concourir à la réalisation de ces exigences, soit de manière négative, en ce qu'il ne peut s'opposer aux constructions visant à limiter les émissions de gaz à effet de serre ou à

---

[1] V. en ce sens l'ordonnance n° 2016-1028 du 27 juillet 2016 relative aux mesures de coordination rendues nécessaires par l'intégration dans le schéma régional d'aménagement, de développement durable et d'égalité des territoires, des schémas régionaux sectoriels mentionnés à l'article 13 de la loi n° 2015-991 du 7 août 2015 portant nouvelle organisation territoriale de la République, publiée au *JORF* n° 0174 du 28 juillet 2016, et le décret n° 2016-1071 du 3 août 2016 relatif au schéma régional d'aménagement, de développement durable et d'égalité des territoires, publié au *JORF* n° 0181 du 5 août 2016.

[2] Art. L. 151-1 et suivants du code de l'urbanisme (anciens art. L. 123-1 et s.).

[3] Art. L. 141-1 et suivants du code de l'urbanisme (anciens art. L. 122-1-1 et s.).

[4] Articles L. 160-1 et suivants du code de l'urbanisme (anciens art. L. 124-1 et s.).

[5] Art. L. 101-2, code de l'urbanisme.

installer des dispositifs de production d'énergie renouvelable[6], soit de manière positive, en ce qu'il peut prévoir des dispositions destinées à atteindre ces objectifs[7]. La prise en compte des enjeux énergie-climat est d'autant plus efficace que le PLU et le SCoT bénéficient d'une portée particulièrement contraignante. Certaines dispositions du plan sont directement opposables aux demandes d'autorisation d'urbanisme[8], tandis que le schéma, placé au sommet de la hiérarchie des documents d'urbanisme, est devenu l'unique document intégrateur des dispositions prévues par les documents de rang supérieur[9].

L'articulation qui en résulte participe de l'efficacité de la planification. Celle-ci dépend effectivement de la portée juridique des documents et suppose, dès lors, la mise en place de rapports normatifs qui imposent le respect des normes hiérarchiquement supérieures par les dispositions de rang inférieur. L'efficacité de la planification implique tout autant la rationalisation des gouvernances, périmètres et procédures d'élaboration des documents spécialisés en urbanisme et en énergie-climat. Il est vrai qu'en pratique, la cohérence de l'élaboration des documents de planification apparaît comme l'un des vecteurs, quoique perfectible, de l'efficacité de la planification (I). Mais eu égard, notamment, aux difficultés auxquelles cette élaboration se heurte, c'est finalement la présence de rapports hiérarchiques entre les documents qui constitue le principal vecteur de cette efficacité (II).

I – La cohérence de l'élaboration des documents de planification, vecteur secondaire de l'efficacité de la planification énergétique

Si le législateur s'est efforcé d'améliorer la cohérence de l'élaboration des documents de planification d'urbanisme liés à la question énergétique (A), en revanche, l'élaboration des documents de planification dédiés aux enjeux énergie-climat révèle encore un déficit de cohérence (B).

---

[6] Art. L. 111-16, code de l'urbanisme (ancien art. L. 111-6-2).

[7] Art. L. 151-21, code de l'urbanisme (ancien article L. 123-1-5 du même code).

[8] Art. L. 152-1, code de l'urbanisme (ancien article L. 123-5 du même code).

[9] Art. L. 131-4 du code de l'urbanisme. Lorsque le SCOT existe, la compatibilité du PLU avec les seules dispositions du schéma suffit à le rendre compatible avec les autres normes de rang supérieur.

A – La cohérence accrue de l'élaboration des documents de planification d'urbanisme

Dès lors que les documents d'urbanisme intègrent des considérations énergétiques et climatiques et que l'intercommunalité est devenue l'échelon de référence de la planification de l'urbanisme (1), alors, les établissements publics de coopération intercommunale (EPCI) jouent un rôle majeur dans l'intégration des questions liées à l'énergie et au climat au sein des documents d'urbanisme, au profit de l'efficacité de la planification (2).

1° L'intercommunalité (voire la supra-intercommunalité), échelon de référence de la planification de l'urbanisme

La mise en place progressive de PLU intercommunaux (PLUi).

L'importance du rôle des EPCI dans la mise en œuvre et la coordination de la transition énergétique[10] s'inscrit dans le prolongement du mouvement par lequel le législateur a fait de l'intercommunalité l'échelon de référence pour la *gouvernance* des PLU. C'est la loi « Grenelle 2 » qui a posé le principe selon lequel le PLU est élaboré par l'EPCI lorsque celui-ci est compétent en matière de PLU, de document en tenant lieu ou de carte communale[11]. Certes, à défaut d'une telle compétence, le plan est élaboré à l'initiative et sous la responsabilité de la commune, le cas échéant en collaboration avec l'EPCI à fiscalité propre dont elle est membre. Mais l'ensemble des EPCI s'est progressivement vu attribuer la compétence en matière de document d'urbanisme, d'abord par la loi du 12 juillet 1999 pour les communautés urbaines[12], puis par la loi du 27 janvier 2014 pour les métropoles[13], enfin par la loi du 24 mars 2014 pour les communautés de communes et communautés d'agglomération[14]. Seul

---

[10] Art. L. 2224-34, CGCT, tel que modifié par l'article 188 de la loi n° 2015-992 du 17 août 2015 relative à la transition énergétique pour la croissance verte.

[11] Art. L. 153-1 et L. 153-8, code de l'urbanisme (anciens art. L. 123-1 et L. 123-6).

[12] Art. 5 de la loi n° 99-586 du 12 juillet 1999 relative au renforcement et à la simplification de la coopération intercommunale.

[13] Art. 43 de la loi n° 2014-58 du 27 janvier 2014 MAPTAM, modifiant l'article L. 5217-2 du CGCT.

[14] II de l'article 136 de la loi n° 2014-366 du 24 mars 2014 pour l'accès au logement et un urbanisme rénové : « la communauté de communes ou la communauté d'agglomération existant à la date de publication de la présente loi, ou celle créée ou

un refus exprimé par au moins 25% des communes représentant au moins 20% de la population pourrait remettre en cause le mouvement d'harmonisation de la planification de l'urbanisme au profit de l'échelon intercommunal[15]. Parce qu'une telle gouvernance supposait d'adapter le *périmètre* du plan local d'urbanisme, ce dernier couvre désormais l'intégralité du territoire « de l'établissement public de coopération intercommunale compétent » ou, éventuellement, « de la commune, lorsqu'il est élaboré par une commune non membre d'un tel établissement public »[16].

L'évolution de la gouvernance et du périmètre des PLU était indispensable pour pallier l'inadaptation de l'échelon communal aux nouvelles préoccupations énergétiques et environnementales qui viennent s'ajouter aux diverses problématiques relatives, notamment, à l'habitat et à la mobilité déjà prises en compte par les documents d'urbanisme. Les communes, en particulier celles de petite taille, ne disposent effectivement pas des moyens humains et financiers nécessaires à la mise en œuvre des exigences liées à la transition énergétique. En permettant la mutualisation des moyens et des compétences ainsi que la réalisation corrélative d'économies d'échelle, les intercommunalités semblent les plus à même de répondre aux objectifs de développement durable.

La mise en place corrélative de SCoT supra-intercommunaux.

La mise en place de PLUi aurait pu être problématique dans la mesure où le code de l'urbanisme prévoyait en parallèle que le périmètre du SCOT puisse être confondu avec celui d'un seul EPCI, sous réserve que ce périmètre permette « la mise en cohérence des questions d'urbanisme, d'habitat, de développement économique, de déplacements et d'environnement »[17]. Le transfert de la compétence

---

issue d'une fusion après la date de publication de cette même loi, et qui n'est pas compétente en matière de plan local d'urbanisme, le devient le lendemain de l'expiration d'un délai de trois ans à compter de la publication de ladite loi ».

[15] II de l'article 136 de la loi n° 2014-366 du 24 mars 2014, préc. : *« Si, dans les trois mois précédant le terme du délai de trois ans mentionné précédemment, au moins 25% des communes représentant au moins 20% de la population s'y opposent, ce transfert de compétences n'a pas lieu ».*

[16] Art. L. 153-1 du code de l'urbanisme (ancien art. L. 123-1).

[17] IV de l'article L. 122-4 du code de l'urbanisme.

« plan local d'urbanisme » à tous les EPCI aurait donc pu conduire à une superposition des périmètres des PLUi et des SCoT sur un même territoire.

Dans un souci de *cohérence*, la loi « ALUR » de 2014 a prévu de rationaliser la gouvernance et le périmètre de ces schémas. D'une part, cette loi a étendu la compétence d'élaboration du schéma de cohérence territoriale aux syndicats mixtes ouverts, alors qu'elle était initialement limitée aux EPCI et aux syndicats mixtes fermés[18]. D'autre part, le législateur a institué l'obligation d'élaborer un schéma de cohérence territoriale à l'échelle de plusieurs EPCI[19] tout en imposant l'intégration, lors de la détermination du périmètre, des enjeux énergétiques et climatiques à travers la prise en compte des « besoins de protection des espaces naturels et agricoles » ainsi que des « besoins et usages des habitants en matière d'équipements, de logements, d'espaces verts, de services et d'emplois »[20].

Ce faisant, le législateur a permis d'introduire une meilleure *lisibilité* : désormais, le citoyen devrait aisément différencier le rôle et le champ d'action du SCoT de ceux des PLUi. Les premiers ont vocation à prévoir les orientations générales des politiques territoriales, y compris énergétiques, sur un large bassin de vie, tandis que les seconds tendent à mettre en œuvre ces politiques sur un périmètre plus restreint.

2° L'intercommunalité, levier d'intégration des préoccupations énergétiques dans la planification de l'urbanisme

Parce que l'élaboration des documents d'urbanisme relève désormais de l'échelon intercommunal et parce que ces documents intègrent des considérations énergétiques, les EPCI constituent désormais un « levier précieux pour l'intégration des préoccupations liées à l'énergie et au climat au sein de la planification urbaine »[21]. Cette intégration se révèle comme un atout considérable pour l'efficacité de la planification énergétique.

---

[18] Art. L. 143-16 du code de l'urbanisme (ancien article L. 122-4 du même code).
[19] Art. L. 143-2 du code l'urbanisme (ancien article L. 122-3 du même code).
[20] Art. L. 143-3 du code de l'urbanisme (ancien article L. 122-3 du même code)
[21] F. EDDAZI, « L'articulation entre les planifications locales spécialisées en urbanisme et en énergie-climat », *Énergie Environnement Infrastructures*, n° 7, juillet 2017.

Tout d'abord, le portage simultané des documents de planification par un même EPCI permet d'articuler les considérations urbanistiques et énergétiques au profit d'un seul et même projet territorial. Ensuite, dès lors que l'élaboration des documents relève du même auteur, la nouvelle gouvernance devrait favoriser l'harmonisation des dispositions textuelles. Enfin, l'intercommunalité pourrait jouer un rôle d'interprète en cas de difficultés d'interprétation dans l'exécution des documents. Une telle mission s'inscrirait d'ailleurs en cohérence avec son rôle de coordinateur de la transition énergétique : les groupements de collectivités de taille intercommunale « animent et coordonnent, sur leur territoire, des actions dans le domaine de l'énergie »[22].

Cette cohérence devrait être d'autant plus forte que la loi sur la transition énergétique a attribué aux seuls EPCI à fiscalité propre la compétence « plan climat-air-énergie territorial »[23].

Pourtant, l'élaboration des documents de planification énergétique et climatique révèle, en parallèle, certains écueils susceptibles de nuire à la cohérence globale de la planification.

B – La cohérence insuffisante de l'élaboration des documents de planification énergie-climat

L'élaboration des documents de planification énergie-climat peut témoigner d'un manque de cohérence au regard, non seulement, de la définition de leurs gouvernances et de leurs périmètres (1), mais également, de la procédure d'élaboration dont ils font l'objet (2).

1° L'harmonisation inaboutie des gouvernances et périmètres

Gouvernances.

La nouvelle gouvernance des plans climat-air-énergie territoriaux (PCAET) confirme le mouvement de concentration de la planification autour de l'échelon intercommunal. Initialement, l'élaboration des plans-climat relevait de plusieurs échelons territoriaux : les régions et la collectivité territoriale de Corse, – si elles ne l'avaient pas intégré dans le schéma régional du climat de l'air et de l'énergie – les

[22] Art. L. 2224-34 du CGCT.
[23] Cf. *infra.*

départements, les métropoles, les communautés urbaines, les communautés d'agglomération ainsi que les communes et les communautés de communes de plus de 50 000 habitants[24]. Lorsqu'une même commune était comprise dans le périmètre de plusieurs niveaux de collectivités, celle-ci pouvait, dès lors, être couverte par plusieurs plans. Une telle superposition avait donc logiquement pour effet de complexifier l'articulation entre les documents de planification. C'est la raison pour laquelle la loi relative à la transition énergétique a confié cette compétence à la métropole de Lyon[25] et aux EPCI à fiscalité propre regroupant plus de 20 000 habitants, selon un calendrier prédéterminé[26].

La planification énergie-climat n'est toutefois pas l'apanage de l'échelon intercommunal. En effet, les schémas régionaux du climat de l'air et de l'énergie (SRCAE) et les schémas régionaux d'aménagement et d'égalité des territoires (SRADDET) échappent à l'intercommunalité. Le premier est élaboré conjointement par le président du conseil régional et le préfet de région[27] puis arrêté par ce dernier[28] ; le second est élaboré par la région[29] et approuvé par le représentant de l'État dans la région[30]. La gouvernance de ces schémas s'inscrit ainsi en cohérence avec l'attribution à la région du rôle de collectivité chef de file pour l'exercice des compétences

---

[24] Ancien I de l'article L. 229-26 du code de l'environnement.

[25] Les métropoles de droit commun se sont expressément vu attribuer la compétence « élaboration et adoption du plan climat-air-énergie territorial » (I de l'article L. 5217-2 du CGCT).

[26] Conformément au I de l'article L. 229-26 du code de l'environnement, modifié par l'article 188 de la loi n° 2015-992 du 17 août 2015, préc., « la métropole de Lyon et les établissements publics de coopération intercommunale à fiscalité propre existant au 1er janvier 2015 et regroupant plus de 50 000 habitants adoptent un plan climat-air-énergie territorial au plus tard le 31 décembre 2016. Les établissements publics de coopération intercommunale à fiscalité propre existant au 1er janvier 2017 et regroupant plus de 20 000 habitants adoptent un plan climat-air-énergie territorial au plus tard le 31 décembre 2018 ». Voir également le décret n° 2016-849 du 28 juin 2016 relatif au plan climat-air-énergie territorial.

[27] Article L. 222-1 du code de l'environnement.

[28] Article L. 222-2 du code de l'environnement.

[29] À l'exception de la région d'Île-de-France, des régions d'outre-mer et des collectivités territoriales à statut particulier exerçant les compétences d'une région.

[30] Article L. 4251-7 du CGCT.

relatives « à l'aménagement et au développement durable du territoire », « au climat, à la qualité de l'air et à l'énergie »[31].

Périmètres.

Si les considérations énergétiques et climatiques sont prises en compte pour la détermination du périmètre du SCOT[32], en revanche, les périmètres des documents de planification énergie-climat se désintéressent de ces questions. Seule prime la logique institutionnelle : le périmètre des schémas et des plans embrasse celui de l'autorité porteuse, sans que soient fixées des conditions relatives à l'énergie ou au climat[33]. Ainsi, les SRCAE et SRADDET ont pour périmètre le territoire de la collectivité régionale, tandis que le PCAET se déploie sur le périmètre de l'intercommunalité chargée de son élaboration. Pourtant, la délimitation d'un périmètre selon des enjeux énergétiques et climatiques s'inscrirait pleinement dans l'objectif d'efficacité de la planification.

2° L'amélioration inachevée de la procédure d'élaboration

Complexité procédurale.

Les schémas régionaux du climat, de l'air et de l'énergie sont issus d'un processus d'élaboration relativement complexe qui associe de multiples instances de concertation : préfet de région, président du conseil régional, comité de pilotage et comité technique[34]. L'élaboration de ces schémas constitue ainsi l'une des premières expériences de collaboration entre les services de l'État et les conseils régionaux depuis la réforme de l'administration territoriale de l'État de 2010. De manière générale, les conseils régionaux portent un regard positif sur leur collaboration avec les Directions régionales de l'environnement, de l'aménagement et du logement (DREAL) au regard, notamment, de la « complémentarité » qu'elle offre « sur l'approche liée des questions de climat/air/énergie », mais aussi, en raison de la « crédibilité » et de la « légitimité » qu'elle génère à

---

[31] II de l'article L. 1111-9 du CGCT.

[32] Cf. *supra*.

[33] F. EDDAZI, préc.

[34] Décret n° 2011-678 du 16 juin 2011 relatif aux schémas régionaux, du climat, de l'air et de l'énergie.

l'égard des autres acteurs associés à leur élaboration[35]. Néanmoins, cette coopération révèle parfois certaines tensions générées par des ambitions distinctes[36], elles-mêmes liées au caractère faiblement prescriptif des schémas[37]. D'un côté, la conception généralement volontariste des conseils régionaux vise au déploiement des énergies renouvelables. D'un autre côté, la vision réaliste des DREAL tend à freiner l'enthousiasme des élus locaux. Les agents de l'État optent le plus souvent pour des schémas aux objectifs peu ambitieux, non seulement, pour éviter de « décourager les collectivités locales qui, en période de restriction budgétaire, n'ont pas nécessairement tous les moyens disponibles pour relayer les ambitions régionales », mais également, pour réduire les risques de recours contentieux susceptibles d'émerger à l'encontre des projets d'implantation d'unités de production d'énergie renouvelable[38]. Ces différends aboutissent à des phases de négociation intenses et, de fait, à des processus d'élaboration relativement longs.

À ce co-pilotage parfois délicat entre l'État et les régions, s'ajoutent deux autres types de difficultés susceptibles de complexifier l'élaboration des schémas. En premier lieu, le processus d'élaboration des schémas régionaux témoigne de leur complexité thématique. Le comité technique, animé par la région et les services de l'État, est chargé de coordonner les travaux réalisés par divers ateliers thématiques, chacun étant spécialisé dans un domaine spécifique, tel que la promotion des énergies renouvelables ou la pollution de l'air. Or, les DREAL sont issues de la fusion de trois services dont les missions étaient davantage liées au développement industriel qu'à l'énergie[39]. Les agents auraient donc tendance à négliger certaines

---

[35] Ministère de l'Écologie, du Développement durable et de l'Énergie, ministère de l'Économie et des Finances, « Premier bilan de la mise en place des schémas régionaux Climat-Air-Énergie », mars 2013, p. 43, recommandation n° 17.

[36] AMORCE, Rapport d'enquête sur le schéma régional éolien, 27 juillet 2011.

[37] J.-M. POUPEAU, « Les schémas régionaux climat air énergie : la démarche vue par les conseils régionaux », in DGCT *Collectivités territoriales et énergie : ambitions et contradictions*, Le Moniteur, 2013, p. 190.

[38] *Ibid.*, p. 193.

[39] Directions régionales de l'équipement (DRE), Directions régionales de l'environnement (DIREN) et Directions régionales de l'industrie, de la recherche et de l'environnement (DRIRE).

thématiques liées au climat et à l'énergie, faute d'expertise sur ces points[40].

En second lieu, des difficultés matérielles sont susceptibles de heurter l'élaboration des schémas régionaux. *Primo*, les baisses d'effectifs auxquelles les DREAL font face dans le cadre de la révision générale des politiques publiques (RGPP) conduisent nécessairement à fragiliser leur expertise. *Secundo*, les moyens humains et financiers des conseils régionaux visent à satisfaire des préoccupations autres que celles liées à l'élaboration des documents de planification. Or, ni la loi « Grenelle 2 », ni la loi sur la transition énergétique n'ont institué de financement spécifique pour accompagner les collectivités dans l'élaboration et la mise en œuvre de leurs documents de planification[41].

Défaut de participation.

L'association du public et des collectivités au processus d'élaboration des documents de planification est censée participer à l'efficacité de la planification à deux égards. D'une part, l'implication de ces acteurs devrait favoriser l'acceptabilité sociale des documents consultés au profit d'une plus grande légitimité de ces derniers. D'autre part, cette participation devrait conduire, du moins en théorie, à l'amélioration de la qualité des documents en cause. En effet, la diversité des acteurs et la confrontation des idées devraient permettre une plus grande transversalité, tandis que l'implication du public devrait pallier la technicité des agents de l'État, à la faveur d'une meilleure intelligibilité des documents, cette lisibilité permettant, à son tour, d'inciter le public à consulter les textes.

Néanmoins, en pratique, les citoyens ne disposent pas toujours des outils nécessaires à la bonne compréhension des plans ou schémas, voire n'ont même pas connaissance du document en cours d'élaboration sur leur territoire. En tout état de cause, dans les rares cas où des observations sont formulées, les avis sollicités sont

---

[40] Assemblée générale du CLER 2011, Compte-rendu des ateliers de travail, p. 3, cité par J-M. POUPEAU, art. préc.

[41] La proposition, initiée dans le cadre de la loi de finances pour 2017, d'attribuer une dotation additionnelle « climat » aux collectivités qui mettent en place ces outils de planification avait finalement été abandonnée.

simplement consultatifs. Les schémas régionaux et les plans-climat sont adoptés après avoir été *éventuellement* modifiés pour tenir compte, respectivement, des avis des acteurs publics et des observations du public recueillis – pour les premiers –[42] et des seuls avis du préfet de région et du président du conseil régional – pour les seconds –[43]. Le législateur n'a effectivement imposé aucune consultation du public lors de l'élaboration des PCAET[44], de sorte que la participation des citoyens dépend, en pratique, du bon vouloir de l'établissement public compétent qui définit les modalités d'élaboration et de concertation[45]. De telles carences risquent nécessairement d'accroître le déficit de légitimité dont souffrent les documents de planification.

L'efficacité de la planification pourrait alors trouver davantage d'échos dans le système hiérarchique au sein duquel s'insèrent les documents de planification.

II – La présence de rapports hiérarchiques entre les documents de planification, vecteur essentiel de l'efficacité de la planification

Alors qu'ils sont censés concourir à la cohérence de la planification, les rapports hiérarchiques qui lient les outils de planification sont si variés qu'ils risquent de nuire à la performance de l'action locale (A). Néanmoins, en pratique, ces connexions se ressemblent : quelque soit le rapport imposé, la marge de manœuvre de l'autorité hiérarchiquement inférieure dépendra de la précision du document de rang supérieur (B).

---

[42] II de l'article L. 4251-6 du CGCT et I de l'article L. 141-1-1 du code de l'urbanisme.
[43] Article R. 229-54 du code de l'environnement.
[44] La mise à disposition du public n'est obligatoire qu'une fois le plan adopté (article R. 229-55 du code de l'environnement).
[45] Art. R. 229-53 du code de l'environnement.

A –La diversité apparente des rapports normatifs

Si l'obligation de conformité est rarissime[46], divers rapports de compatibilité (1) et de prise en compte (2) unissent les instruments de planification.

1° Des obligations de compatibilité

Les rapports de compatibilité qui lient les schémas régionaux aux autres documents de planification permettent de conférer à ces premiers une portée juridique non négligeable au point de faire des régions de véritables autorités organisatrices de la transition énergétique.

Sont effectivement soumis à une exigence de compatibilité avec les SRCAE : tant les PCAET[47] que les plans de protection de l'atmosphère (PPA) élaborés par le préfet dans les agglomérations de plus de 250 000 habitants[48] et les plans de déplacements urbains (PDU) élaborés par les autorités organisatrices de la mobilité dont font partie les collectivités territoriales[49]. Cette obligation de compatibilité n'a pas été remise en cause par la loi « NOTRe » du 7 août 2015 qui a prévu d'intégrer les SRCAE au sein des SRADDET : les documents d'urbanisme, les PDU, les PCAET et les chartes des parcs naturels régionaux « sont compatibles avec les règles générales du fascicule » du nouveau schéma régional[50].

Ce lien de compatibilité doit ainsi permettre de favoriser la cohérence des politiques publiques énergétiques tout en privilégiant l'influence de la région en matière de lutte contre le changement climatique.

2° Des obligations de prise en compte

Le législateur a institué divers rapports de prise en compte. Parmi eux, certains impliquent une prise en compte des documents

---

[46] Cf. *supra*.

[47] VI de l'article L. 229-26 du code de l'environnement (ancien V de l'article L. 229-26 du code de l'environnement).

[48] Alinéa 1 du I de l'article L. 222-4 du code de l'environnement.

[49] Article L. 222-4 du code de l'environnement et article L. 1214-7 du code des transports.

[50] Article L. 4251-3 du CGCT.

spécialisés en urbanisme par les documents spécialisés en énergie et témoignent ainsi de la portée limitée des plans-climat. La loi du 17 août 2015 a effectivement inversé le rapport de prise en compte qui liait les SCOT aux PCAET puisque ces derniers doivent désormais prendre en compte les schémas[51].

Réciproquement, les instruments de planification de l'urbanisme doivent prendre en compte les outils de planification de l'énergie et du climat. D'une part, les PLU sont tenus de prendre en compte les plans relatifs au climat, à l'air et à l'énergie[52]. D'autre part, les documents d'urbanisme, les plans de déplacements urbains, les chartes des parcs naturels régionaux – mais également les plans climat territoriaux – doivent prendre en compte les objectifs des SRADDET[53].

L'ensemble de ces rapports normatifs est censé favoriser la coordination et l'efficacité de la planification. Ainsi, les plans-climat, compatibles avec les schémas régionaux, sont pris en compte par les plans locaux d'urbanisme, lesquels sont eux-mêmes opposables aux demandes d'autorisation d'urbanisme, à la faveur d'une cohérence globale[54].

D'un autre côté, cette hétérogénéité pourrait, au contraire, constituer un écueil essentiel pour les personnes publiques locales du fait de rapports « variables » voire « contradictoires »[55]. Autrement dit, la diversité des rapports hiérarchiques pourrait aboutir à complexifier l'action locale et, à terme, nuire à son efficacité.

En réalité, il devait en aller différemment dans la mesure où quelque soit le rapport, seul compte le degré de précision des dispositions dont il faut assurer le respect.

B – L'homogénéité effective des rapports normatifs

Il arrive que les obligations de compatibilité auxquelles les documents sont soumis s'apparentent à de simples obligations de prise

---

51 VI de l'article L. 229-26 du code de l'environnement.
52 Article L. 123-1-9 du code de l'urbanisme.
53 Art. L. 4251-3, CGCT.
54 Art. L. 123-1-9, code de l'urbanisme.
55 P. VILLENEUVE, préc.

en compte et, réciproquement, les rapports de prise en compte correspondent parfois à de véritables rapports de compatibilité.

1° Un rapport de compatibilité proche du rapport de prise en compte

En théorie, le rapport de compatibilité semble constituer le rapport le plus pertinent qui puisse exister entre les instruments de planification. Il implique, non seulement, une obligation négative de non-contrariété selon laquelle les dispositions du document inférieur ne doivent pas faire obstacle à l'application des dispositions du document de rang supérieur[56], mais également, une obligation positive de mise en œuvre des objectifs supérieurs. D'un côté, la mise en œuvre des objectifs prévus par le document de rang supérieur est parfois telle qu'il est possible de rapprocher les notions de compatibilité et de conformité[57]. Ainsi, la compatibilité s'apprécie de façon particulièrement stricte lorsque la prescription supérieure est claire[58]. D'un autre côté, la compatibilité se distingue bien de la conformité en ce que cette première apparaît plus respectueuse de la libre administration des collectivités[59].

En pratique, l'imprécision des dispositions des SRCAE et des SRADDET devrait conduire à renforcer la marge de manœuvre de l'autorité compétente pour élaborer les plans climat-air-énergie

---

[56] Voir par exemple : CE, n°s 91848 93520, *Lebon* p. 175 : une différence entre un projet de construction et les dispositions d'un schéma directeur d'aménagement et d'urbanisme (ancien SCOT) qui ne remet pas en cause les options fondamentales dudit schéma n'est pas de nature à compromettre le rapport de compatibilité avec ce document. V. également, à propos de la mise en compatibilité avec un schéma directeur : CE, 2 juin 2010, *Société Foncière Europe Logistique*, n° 328916, mentionné aux tables.

[57] R. ALLEMAND, « Les effets juridiques du schéma régional climat-air-énergie », *in* DGCT, *Collectivités territoriales et énergie : ambitions et contradictions*, Le Moniteur, 2013, p. 175.

[58] Voir en ce sens : CE, 21 mai 2008, *Société du domaine de Sainte Marcelle*, n° 290241, mentionné aux tables. En l'espèce, en s'opposant à l'ouverture d'une carrière sur un site pourtant mentionné par un schéma directeur pour l'implantation d'une nouvelle carrière, le refus préfectoral de délivrer à la société requérante l'autorisation d'exploiter la carrière, fondé sur les dispositions du règlement du POS, doit être annulé sur le fondement du moyen tiré de l'incompatibilité de ce POS avec le schéma.

[59] Conseil constitutionnel, décision n° 2000-436 DC du 7 décembre 2000, *Loi relative à la solidarité et au renouvellement urbains*, considérants 12 et 13.

territoriaux, les plans de protection de l'atmosphère et les plans de déplacements urbains. En effet, si ces derniers prévoient des mesures d'actions concrètes en fonction d'objectifs chiffrés, en revanche, les schémas régionaux se bornent à fixer des orientations et des objectifs en termes d'efficacité énergétique et de développement des énergies renouvelables. Les objectifs chiffrés des plans doivent donc aller dans le sens des objectifs prévus par les schémas régionaux, peu importe si les actions pour y parvenir ont été prévues par ces schémas. La compatibilité favorise ainsi la cohérence entre les documents tout en préservant le pouvoir décisionnaire des personnes publiques locales subordonnées.

2° Un rapport de prise en compte proche du rapport de compatibilité

En théorie, le rapport de prise en compte est relativement souple en ce qu'il impose simplement au document inférieur de ne pas contrarier le document qu'il doit prendre en compte, à moins que la contradiction soit motivée par une exigence d'intérêt général. Ainsi, un plan local d'urbanisme peut méconnaître les orientations et moyens d'action définis par le plan-climat, sous réserve que cette dérogation soit justifiée par « un motif tiré de l'intérêt de l'opération envisagée »[60]. Le rapport de prise en compte est d'autant plus souple que son respect peut être assuré par le simple renvoi à l'acte qui doit être pris en compte afin de montrer que celui-ci a bien été lu et apprécié lors de la prise de décision[61]. Seule une contrariété flagrante pourrait donc conduire le juge à constater l'atteinte portée à l'exigence de prise en compte, nonobstant la référence au document supérieur, sauf à démontrer un intérêt général justifiant une telle contrariété.

En pratique, les possibilités de dérogations demeurent toutefois limitées. Il est difficile d'imaginer des dérogations possibles à des dispositions qui prévoient des mesures d'actions concrètes. Il en va ainsi des dispositions des plans-climat qui doivent être précises quant aux objectifs poursuivis et au programme d'actions à réaliser. Dans cette situation, il est difficile de concevoir « des dérogations qui

[60] CE, 28 juillet 2004, *Association de défense de l'environnement*, n° 256511, mentionné aux tables. V. également en ce sens : CE, 17 mars 2010, *Association FRAPNA Ardèche*, n° 311443, mentionné aux tables.
[61] G. KAFLECHE, Droit de l'urbanisme, Puf, 2012, p. 58.

pourraient trouver des justifications suffisantes aux yeux du juge administratif »[62]. Aussi, les auteurs du plan local d'urbanisme devraient se montrer particulièrement bienveillants lors de son élaboration afin que le rapport de présentation, le projet d'aménagement et de développement durables, les orientations d'aménagement et de programmation, le règlement ainsi que les annexes contribuent réellement à atteindre les objectifs du plan-climat. En somme, le rapport de prise en compte ne devrait pas être systématiquement vu « comme une contrainte de légalité interne plus légère que l'obligation de compatibilité »[63].

Dès lors, bien que certains outils de planification territoriale ne bénéficient encore que d'une portée limitée, l'ensemble des rapports normatifs entre les divers documents élaborés par les personnes publiques locales devrait conduire à une harmonisation des politiques publiques relatives au climat, à l'air et à l'énergie.

Toujours est-il que le constat selon lequel les personnes publiques locales seraient de simples *« relais locaux à mobiliser autour de la déclinaison d'objectifs nationaux »*[64] ne pourra être renversé qu'au prix de certains changements.

Primo, le législateur ou, du moins, les personnes publiques locales compétentes devraient s'efforcer de donner au principe de participation toute sa vigueur : seule la mise en place d'une véritable concertation permettra de faire du public un acteur de la transition énergétique à la faveur d'une plus grande légitimité des documents de planification[65].

---

[62] Ph. BAFFERT, O. BONNEAU, « La prise en compte par les SCOT et les PLU des documents de programmation indépendants du droit de l'urbanisme : de la nécessité de bien s'entendre sur les mots … », *Bull. jurisprudence de droit de l'urbanisme*, 4/2012, pp. 260-264.

[63] *Ibid.*

[64] J.-M. POUPEAU, « Les schémas régionaux climat air énergie : la démarche vue par les conseils régionaux », *in DGCT Collectivités territoriales et énergie : ambitions et contradictions*, Le Moniteur, 2013, p. 190.

[65] Des changements sont en cours mais ils restent très lents. Par exemple, l'ordonnance n° 2016-1060 du 3 août 2016 modifie les procédures destinées à assurer l'information et la participation du public à l'élaboration de certaines décisions susceptibles d'avoir une incidence sur l'environnement.

Secundo, même si les rapports normatifs semblent concourir à l'efficacité de la planification énergétique, l'apparente hétérogénéité de ces rapports supposerait d'harmoniser et de simplifier les articulations entre les documents pour donner à tous une vision cohérente des règles applicables sur un territoire[66].

---

[66] Les dernières réformes se sont engagées dans cette voie. Par exemple, l'ordonnance n° 2016-1028 du 27 juillet 2016 a prévu les modalités d'intégration au SRADDET des autres schémas régionaux.

Planification et urbanisme : le cas des plans locaux d'urbanisme

Du ménagement des susceptibilités à l'accoutumance à l'intercommunalité

Julien BETBEDER

Ingénieur à la direction générale adjointe Aménagement et Habitat Communauté d'agglomération Pays Basque

Philippe ZAVOLI

Maître de conférences en droit public, Université de Pau et des Pays de l'Adour, Centre de recherche Pau Droit Public

Dans le cadre de ces journées d'étude, on voudra mettre en lumière la manière dont le législateur, tout en orchestrant la montée en puissance des EPCI en matière d'aménagement de l'espace, a mis savamment en place des mécanismes visant à préserver les compétences des communes, et à travers elles, les élus locaux. Le parti a été pris d'évoquer cette question par le seul prisme de l'élaboration des documents d'urbanisme et en particulier du PLU, étant précisé que les propos qui seront tenus ici pourraient tout autant s'appliquer à d'autres instruments juridiques que sont les cartes communales, le DPU, les ZAD, les SPR, les PUP et même les RLP, ce que nous ne ferons heureusement pas.

Deuxième biais de cette communication, et qui justifie la présence de Julien Betbeder, ingénieur à la direction générale adjointe Aménagement et Habitat de la Communauté d'agglomération Pays Basque (CAPB), c'est d'évoquer, parmi les EPCI à fiscalité propre, le cas des communautés d'agglomération (CA) et notamment les EPCI de grande taille et toutes les conséquences en terme de gouvernance et de logistique qu'induisent ces bouleversements institutionnels à l'échelle d'un vaste territoire.

En effet, la CAPB a été créée le 1er janvier 2017. Elle est née de la fusion de 10 EPCI dont 2 compétents en matière de PLU antérieurement et regroupe 158 communes.

L'histoire des relations entre les communautés d'agglomération (CA) et les documents d'urbanisme est somme toute relativement récente. A l'origine, elle était très pacifique puisque lorsque les CA ont été instituées par la loi du 12 juillet 1999, parmi les compétences de plein droit qui leur étaient dévolues, il y avait l'aménagement. Or, compétence d'aménagement ne signifie pas compétence en matière de PLU[1].

Autrement dit, si une CA voulait se doter de la compétence PLU, ce n'était que par la seule volonté de ses communes membres et non contrainte par la loi. Ainsi, historiquement, le pole Côte Basque Adour de la CAPB était compétent en matière de PLU depuis la création de la communauté d'agglomération Bayonne-Anglet-Biarritz (CABAB) en décembre 1999. Elle a donc eu à traiter de tous ces sujets pour son propre compte s'agissant de ses compétences propres ou pour le compte de ses communes membres.

Pour l'organisation des PLU, la répartition des tâches était empirique mais clairement définie :

- la commune portait le projet (élaboration, révision, modification)
- la CA s'occupait de la procédure (délibérations de prescription, d'arrêt et d'approbation et gestion des éventuels recours contentieux),
- la CA finançait 50% des coûts des élaborations et des révisions. Les modifications étaient prises en charge à hauteur de 100 % par les communes.

Mais la donne change avec la loi ENE du 12 juillet 2010 qui fait du PLUi le droit commun des documents d'urbanisme reléguant ainsi les PLU communaux au rang d'exception. Sauf que la loi n'est pas allée au bout de cette logique dans la mesure où elle n'a pas, en parallèle, modifié les dispositions du code général des collectivités territoriales

[1] CE, 13 février 2013, *UPE*, *AJDA* 2013, p. 1349, note Ph. Zavoli.

pour généraliser aux communautés de communes et aux CA la compétence de plein droit en matière de PLU comme c'est le cas pour les autres EPCI à fiscalité propre (communautés urbaines et métropoles). Les PLU communaux ont pu continuer à vivre paisiblement leur vie.

Mais c'était sans compter sur la loi ALUR du 24 mars 2014 qui a transféré de plein droit aux communautés de communes et aux CA la compétence PLU au terme d'un délai de 3 ans à compter de sa publication, soit le 26 mars 2017. La fin des PLU communaux était-elle pour autant programmée ? Et bien non.

Le législateur a mis en place des mécanismes permettant de ménager les susceptibilités des élus communaux peu enclins « à se départir d'une compétence si récemment conquise (1983-1984)»[2] (I). Sauf que dans un contexte fortement marqué par l'intercommunalité, on ne peut se satisfaire de la pérennisation de logiques strictement communales, il a donc fallu progressivement accoutumer les élus à l'intercommunalité (II).

I – Des communes ménagées

Les communes sont ménagées en ce que malgré le transfert de la compétence PLU aux intercommunalités, leurs documents d'urbanisme sont pérennisés (A). En outre, des modalités de collaboration leur sont assurées (B).

A – La pérennité des documents communaux

L'élaboration et l'évolution des PLU communaux sont possibles non seulement avant le transfert de la compétence PLU à l'EPCI, mais également après.

1° Avant le transfert de compétence

Afin de tenir compte de la mutabilité d'un PLU et le couperet que constitue le transfert de cette compétence au profit d'un EPCI, la loi

[2] P. SOLER-COUTEAUX, « La loi ALUR et le PLU : la généralisation progressive de l'intercommunalité », *RDI* 2014, p. 314.

ALUR a dû organiser les conditions de ce transfert des unes vers l'autre en ménageant les susceptibilités communales.

Déjà, le fait de laisser un délai de 3 ans (arrivant à échéance le 26 mars dernier) avant que le transfert ne soit effectif laisse entendre que la commune membre d'un EPCI sans compétence PLU peut continuer à exercer sa compétence en propre.

En outre et surtout, si cette même commune prescrit l'élaboration, la modification ou la révision d'un PLU avant la date du transfert de compétence et que la procédure n'est pas arrivée à son terme à cette date, la procédure pourra être achevée à l'échelle communale par l'EPCI après accord de la commune[3].

Ainsi, la CAPB a pris le 8 avril 2017 la délibération actant la reprise des procédures engagées par les communes avant la fusion (soit environ 75 communes), faisant suite à des délibérations des conseils municipaux acceptant ce principe. Précisons toutefois que si un conseil municipal venait à refuser, cela aurait pour conséquence de mettre un terme à la procédure.

Le calendrier a donc été serré entre la prise de conscience par les communes et la CAPB du transfert de compétence soit fin janvier 2017 et le 8 avril 2017. Cela a ainsi constitué une phase de deuil pour certaines communes qui n'y étaient pas prêtes et une phase d'adaptation – toujours en cours – pour la CAPB qui récupère du jour au lendemain une compétence conséquente. Il a fallu en 3 mois :

- consolider la connaissance des stades d'avancement des procédures des documents d'urbanisme : récupération des données par envoi d'un questionnaire aux 158 communes membres ;
- organisation des délibérations d'accord des conseils municipaux. 90 % des communes concernées ont ainsi délibéré entre février et le 8 avril 2017 ;
- Délibération du 8 avril 2017 du conseil communautaire.

2° Après le transfert de compétence

Depuis le 1er janvier 2017, toute la compétence PLU (avec ses nombreuses ramifications) est donc transférée à la CAPB. L'ensemble

[3] Art. L. 153-9-II du code de l'urbanisme

des procédures en cours sont reprises par l'EPCI, qui finance toutes les études[4], étant précisé que 2 PLUi avaient par ailleurs été prescrits sur deux ex-EPCI compétents sur les 10 que comptait le territoire. D'autres exemples montrent la complexité des procédures au vu des bouleversements institutionnels.

Ainsi le cas de la commune d'Hasparren qui a connu 3 maîtres d'ouvrage en 4 ans. La commune a prescrit la révision de son PLU en 2014. Puis en 2015, du fait du transfert de compétence PLU à la communauté de communes dont elle était adhérente, laquelle a poursuivi la révision et prescrit en parallèle un PLUi à l'échelle de son territoire (11 communes). En 2016, la communauté de communes arrête la révision du PLU d'Hasparren et débat en parallèle sur le projet d'aménagement et de développement durables (PADD) du PLUi. En 2017, la révision du PLU de la commune est approuvée par la CAPB.

En principe, lorsque la révision d'un PLU est envisagée, cela emporte disparition du document communal, l'EPCI devant alors élaborer un PLUi sur l'intégralité de son territoire[5]. Dans une logique intercommunale, la solution s'explique, mais il peut y avoir là un élément de frustration spécifiquement pour les communes qui subissent un effet de ciseau né de la succession des dispositifs législatifs.

Quelques mots d'explication qui éclairent les dispositions introduites dans le code de l'urbanisme par la loi égalité et citoyenneté du 27 janvier 2017.

En parallèle du transfert de plein droit de la compétence PLU aux EPCI qui n'en disposaient pas, le gouvernement a concédé, lors de la discussion de la loi ALUR, un mécanisme de blocage permettant aux communes de s'opposer au transfert si dans les trois mois précédant le terme du délai de trois ans opérant le transfert de compétence, au moins 25 % des communes représentant au moins 20 % de la population s'y opposent[6].

---

4 Soit un budget pour 2017 d'1,7 M€, concernant environ 90 communes disposant d'un document d'urbanisme (PLU et carte communale)

5 Art. L. 153-2 du code de l'urbanisme

6 II de l'article 136 de la loi du 24 mars 2014

Vu la manière dont ce mécanisme a été âprement discuté devant la représentation nationale, son utilisation allait être certaine. Sauf que la loi Notre est passée par là. Dans le cadre des schémas départementaux de coopération intercommunale, un vaste chantier de fusion d'EPCI a été entrepris et est arrivé à son terme le 1er janvier 2017.

Certaines communes pensaient qu'il y aurait avec la loi du 27 janvier 2017, un dispositif à la carte pour maintenir la compétence communale. Or la loi ne l'a pas prévu. Pire encore, les dispositions du CGCT relatives aux fusions d'EPCI prévoient que les compétences transférées à titre optionnel ou supplémentaire par les communes aux EPCI existants avant la fusion sont exercées par le nouvel EPCI à fiscalité propre sur l'ensemble de son périmètre[7]. Par conséquent, si certaines communes étaient initialement membres d'un EPCI sans compétence PLU mais qui comptaient s'opposer au transfert dans les conditions indiquées plus haut, du fait de la fusion avec un autre EPCI qui lui avait une telle compétence, elles se retrouvent désormais dans un nouvel EPCI à compétence PLU sans pouvoir user du droit de blocage.

L'étude d'impact du projet de loi EC y a vu un risque de frein à la mise en œuvre des schémas, c'est pourquoi la loi a introduit dans le code de l'urbanisme une disposition spécifique à ce type d'EPCI lui permettant de prescrire, pendant une période de cinq ans à compter de sa création, la révision d'un PLU existant sans être obligée d'engager l'élaboration d'un PLUi couvrant l'intégralité de son périmètre[8].

C'est pourquoi, depuis la fusion, la CAPB, pour asseoir sa compétence, a réalisé des actions d'ordre réglementaires, en collaboration avec les communes. Outre la délibération de reprise des procédures, la CAPB a traité en 2017 les actes d'évolution des PLU. Elle a donc poursuivi les procédures engagées. Elle a débattu sur les PADD faisant suite aux débats en conseils municipaux. Elle a arrêté les projets, les a approuvés. Elle a même engagé de nouvelles procédures en 2017 visant à modifier ou à mettre en compatibilité les documents d'urbanisme. Elle a également prescrit et organisé les enquêtes publiques en se soumettant aux contraintes issues de

---

7 Art. L. 5211-41-3-III du CGCT.

8 Art. L. 153-3 du code de l'urbanisme.

l'ordonnance du 3 août 2016 en exigeant qu'un registre dématérialisé sur un site internet dédié soit mis à disposition du public.

D'autres actions d'ordre politique ont été menées. Il en va ainsi de la mise en place d'une charte de gouvernance de la compétence document d'urbanisme. Votée en septembre 2017, elle précède par exemple toute délibération du conseil communautaire d'un vote d'accord du conseil municipal et soumet tout engagement à la validation du Conseil exécutif.

B – La définition des modalités de collaboration, seulement pour les PLUi ?

Jusqu'à la loi ALUR, l'élaboration d'un PLUi se faisait en concertation avec les communes membres sans que celle-ci ne soit précisément définie. Avec la loi ALUR, cette concertation revêt désormais la forme d'une « collaboration » dont les modalités doivent être définies à l'occasion d'une conférence intercommunale composées des maires des communes membres et du président de l'EPCI et arrêtées par le conseil communautaire.

Ainsi, sur le territoire de la CAPB, les 2 PLUi en cours (5 et 11 communes) ont fait chacun l'objet de débats en conférence des maires pour fixer les modalités de gouvernance et de collaboration, lesquelles ont été reprises dans les deux délibérations de prescription.

Avec le changement d'entité juridique au 1er janvier 2017, la gouvernance a changé et la nouvelle organisation a dû être validée lors d'une nouvelle conférence des 158 maires à l'échelle de la CAPB.

Cette conférence intercommunale devra également être réunie à l'issue de l'enquête publique où lui sont présentés les avis qui ont été joints au dossier d'enquête, les observations du public et le rapport du commissaire enquêteur (ou de la commission d'enquête)[9].

Mais pourquoi en parler ici alors que cette disposition n'a pour seul objectif que de formaliser les relations que les communes vont pouvoir tisser à l'occasion de la co-construction d'un document d'urbanisme intercommunal ?

---

[9] Art. L. 153-21 du code de l'urbanisme

Tout simplement parce qu'avant l'approbation des documents communaux, elle est exigée, l'Etat n'ayant pas retenu le principe de sa réunion pour les seuls PLUi. C'est donc une phase très lourde à mettre en œuvre, et potentiellement dépourvue d'intérêt puisque le document n'intéresse que la commune concernée. Alors que pour un PLUi où tous les Maires sont concernés, cette phase est importante, elle permet de s'accorder, avant l'approbation, sur les modifications qui peuvent être réalisées à l'issue de la phase d'enquête publique et les avis des personnes publiques associées.

II – L'accoutumance des élus au PLUi

Une fois la première étape passée où les communes se sont progressivement faites à l'idée de perdre leur compétence PLU, reste à envisager la seconde étape autrement plus ambitieuse, celle de l'élaboration de documents intercommunaux. On se placera ici dans un contexte de fusion d'EPCI ce qui va nous perdre d'envisager la situation selon que l'on se situe avant (A) ou après celle-ci (B).

A – Avant la fusion

Avant la fusion, il n'y a rien d'original à ce que l'on a indiqué auparavant s'agissant des PLU. Si l'EPCI issu d'une fusion comprenait des EPCI dotés de la compétence PLU et qu'un ou plusieurs avaient engagé une procédure d'élaboration d'un PLUi avant la fusion, le nouvel EPCI peut achever toute procédure d'élaboration ou d'évolution du PLU engagée avant la date de sa création[10].

Pour les PLUi des 2 EPCI compétents en matière de PLU existant avant la fusion (Côte Basque Adour et Pays Hasparren) et qui continuent automatiquement, les PADD ont été débattus en conseils municipaux puis en conseil communautaire, ce qui demande des efforts d'organisation, de coordination et de logistique.

Et la démarche est identique pour un PLU communal : débat en conseil municipal suivi d'un débat communautaire à 332 conseillers et parmi eux potentiellement 1 seul élu municipal intéressé, en l'occurrence le maire.

---

[10] Art. L. 153-9 du code de l'urbanisme

On observera que la loi du 27 janvier 2017 a même introduit la possibilité qu'à cette occasion le nouvel EPCI en profite pour étendre à la totalité de son territoire une procédure d'élaboration ou de révision d'un PLUi engagé avant la date du transfert.

B – Après la fusion

C'est ici que les choses deviennent intéressantes spécialement lorsque l'EPCI compétent en matière de PLU est un EPCI de grande taille. En effet, c'est à l'échelle du territoire de l'EPCI qu'un PLUi doit être élaboré conformément au principe qui gouverne tous les PLU. Or, dès lors qu'un tel EPCI comprend plus de 100 communes, on peut douter de la pertinence de l'élaboration d'un document à une échelle si vaste et ce d'autant que toutes les communes le composant ne sont pas toutes dotées d'un document d'urbanisme. En outre, un PLUi n'est pas la juxtaposition des PLU communaux. Il faut trouver l'harmonisation de la règle et la mise en place d'un zonage cohérent. Là aussi, les communes doivent apprendre à faire le deuil de leur document, sachant que l'intercommunalité essaie de conserver ce qui fonctionne déjà dans les PLU existants.

C'est pourquoi la loi du 27 janvier 2017 a introduit des dispositions spécifiques aux EPCI XXL leur permettant d'élaborer soit de manière concomitante, soit de manière successive, des PLU infracommunautaires dont l'ensemble couvre l'intégralité de leur territoire[11]. Ces PLU devront nécessairement être composés de plusieurs communes ou d'une commune nouvelle. En somme des PLU de secteurs qui seront tout à la fois intercommunaux et infracommunautaires.

A l'échelle de la CAPB c'est le chantier politique d'ici 2019 : définir les périmètres pertinents pour les PLUi infracommunautaires, en lien avec le chantier d'élaboration du SCoT.

En effet, leur création, ainsi que leur pérennité sont subordonnées à des conditions strictes[12]. Leur institution n'est pas de droit, encore faut-il que le représentant de l'Etat dans le département les y autorise

---

[11] Art. L. 154-1 du code de l'urbanisme. Pour un commentaire, lire S. TRAORÉ, « Les PLU infracommunautaires », *AJDA* 2017, p. 937

[12] Art. L. 154-3 et L. 154-4 du code de l'urbanisme

au vu de la délibération de l'EPCI qui précise le périmètre et le calendrier prévisionnel d'élaboration de chaque PLU ainsi que le calendrier prévisionnel de l'élaboration du SCoT couvrant le territoire de l'EPCI si celui-ci n'est pas déjà couvert par un tel document.

Surtout, leur pérennité ne sera garantie que si l'EPCI est couvert par un SCoT approuvé dans les six ans de l'octroi par l'Etat de la dérogation.

On le voit, la réalisation des PLUi infracommunautaires est intimement liée à la réalisation du SCoT. A l'échelle de la CAPB, il n'est pas impossible que les 2 PLUi en cours soient, une fois approuvés, versés dans un nouveau chantier de document infracommunautaire à une échelle plus large du bassin de vie, sans aller malgré tout jusqu'à 1 seul document unique à l'échelle des 158 communes.

Ces étapes successives visant à assurer le maillage du territoire avec des documents d'urbanisme doit permettre à terme d'envisager un document d'urbanisme unique à l'échelle du territoire de l'EPCI. Cela peut paraître à première vue peu pertinent car tellement complexe à réaliser. Mais pourquoi pas ?

SYNTHÈSE et CONCLUSION

Jean-François BRISSON
Professeur de Droit public, Université de Bordeaux

D'emblée, l'objet des journées d'études de l'AFDCL organisées à Pau en novembre 2017 rebute. Une fois dépassée l'apparente technicité du sujet, le choix d'étudier l'exercice des compétences locales révèle toute sa pertinence, traduisant ce qui doit être vu comme une inflexion du droit (et de la recherche sur le droit) de la décentralisation.

La décentralisation, loin des promesses démocratiques de 1982[1], est aujourd'hui essentiellement conçue comme un problème à résoudre[2].

La faute à ses promoteurs qui ont choisi de décentraliser -mais avaient-ils d'autres alternatives politiques? - sans toucher à une organisation territoriale dont on pressentait déjà qu'elle était largement inadaptée aux enjeux contemporains de l'action publique. On connaît la suite : 36000 communes dans l'incapacité d'exercer vraiment leurs compétences, qu'il a fallu progressivement « *intercommunaliser* » puis « *métropoliser* » pour les plus urbaines ; quatre niveaux d'administration territoriale, cinq si l'on ajoute l'Etat incapable dans bien des domaines de se dessaisir totalement des compétences qu'il transfère.

S'est ainsi progressivement constituée une administration multi-niveaux qui a fini par épuiser le modèle jacobin sur lequel était assis notre droit public et plus spécialement administratif[3] :

---

[1] Voir en ce sens, M. GAUCHET, « La décentralisation n'est pas démocratique », *Gazette des communes*, entretien, 5 janv. 2015.

[2] Pour une illustration déjà ancienne de cette manière de voir l'organisation territoriale chez les économistes : J-C. DISCHAMPS, « Les problèmes de décentralisation de l'organisation administrative et la politique de régionalisation », *Revue économique* 1970, p. 177.

[3] J. CAILLOSSE, *De la décentralisation dans ses rapports avec le droit : la révision des dogmes*, Paris, La Découverte, Institut de la décentralisation, 1996, p. 317.

du fait de la multiplicité des centres de décision administrative, les autorités territoriales sont ainsi amenées à travailler en réseau, les logiques verticales cédant la place à une approche plus horizontale des rapports administratifs où la question de l'exercice en commun des compétences, suggérée dans les sciences sociales par le concept de gouvernance[1], devient la préoccupation majeure d'un droit de coordination.

Le débat sur la répartition des compétences entre l'Etat et les différentes catégories de collectivités territoriales, hier omniprésent, a été à raison ignoré par les organisateurs du colloque de Pau. C'est que cette question est désormais derrière nous. On sait que, faute de pouvoir trouver, au-delà de l'idée bien vague de subsidiarité déjà inscrite dans la Constitution, des clefs opérationnelles de répartition des compétences, les pouvoirs publics ont renoncé à adopter une grande loi de clarification, loi pourtant encore annoncée en 2013 dans le sillage des préconisations de la réforme de 2010. A la faveur de la loi du 7 août 2015 portant nouvelle organisation de la République (NOTRe), nos gouvernants paraissent ainsi s'être rangés à l'idée de la complexité irréductible de tout système d'exercice décentralisé des compétences. Dès lors, sauf à supprimer un niveau d'administration, ce à quoi le Gouvernement a finalement renoncé, il a fallu se résoudre à tenter d'en rationaliser l'exercice.

La rationalisation annoncée est passée par la spécialisation des compétences en misant à nouveau sur la suppression de la clause générale pour les départements et les régions. Mais, parce que la suppression de la clause s'avérait impuissante à éradiquer les zones de compétences partagées ainsi qu'à régler la question des politiques publiques mobilisant plusieurs titres de compétence, c'est aux modes d'exercice des compétences locales et plus particulièrement aux modalités de leur action commune que le législateur s'est attaché.

Avec sa panoplie de dispositifs (conférences, commissions, conventions, schémas, délégations, chef de filât), la loi NOTRe constitue le moment de cette bascule stratégique. Une chose est au

---

[1] F. Leloup, L. Moyart, B. Péqueur, « La gouvernance territoriale comme nouveau mode de coordination territoriale », *Géographie, économie et société*, 2005/4, p. 110.

moins claire : le législateur se refuse à régler par lui-même la question de l'exercice des compétences; il en renvoie le traitement aux acteurs locaux, procédant de la sorte à une forme de décentralisation de la complexité. Pour ce faire, la loi du 7 août 2015 conçoit toute une batterie d'instruments juridiques destinée à organiser sur le terrain l'exercice de leurs compétences par les collectivités territoriales elles-mêmes.

Une vision purement instrumentale ou managériale du droit des collectivités territoriales paraît ainsi avoir définitivement triompher, reléguant au second plan la question des enjeux démocratiques de la décentralisation et de ses valeurs. Bien sûr, déjà à l'œuvre dans les lois précédentes[2], cette approche managériale du droit n'est pas propre à la chose locale. Comme l'explique Arnaud Duranthon, elle irrigue l'ensemble des branches du droit : il n'est pas un domaine juridique où il ne soit pas question de complexité, d'inter-normativité, de droit souple, d'expérimentation ou de procéduralisation[3]. Si la régulation par le marché est son modèle, cette approche du droit par le prisme économique trouve avec la décentralisation un terrain d'élection en quelque sorte naturel dès lors que l'objectif des politiques néo-libérales consiste avant toute chose à comprimer la dépense publique. Or, comme nul ne l'ignore : l'Etat juge ses collectivités trop dépensières[4].

Voilà la règle de droit sollicitée pour résoudre des problèmes, lever des blocages, trouver des solutions présentées comme rationnelles. Avec cette particularité sans doute plus accusée en matière de décentralisation qu'ailleurs que ce sont les lois successives qui, de compromis politiques en artifices juridiques et arrangements locaux, ont en partie alimenté les dérèglements du système.

Vision d'ingénieur, la logique instrumentale produit partout les mêmes effets et l'on ne sera pas surpris de les retrouver dans notre

---

[2] LE LIDEC, P. 2005, « La relance de la décentralisation en France. De la rhétorique managériale aux réalités politiques de l'Acte II », *Politiques et management public*, vol. 23, n° 3, p. 101-125.

[3] En ce sens, Mathieu DOAT, Jacques LE GOFF, Philippe PÉDROT, *Droit et complexité, Pour une nouvelle intelligence du droit vivant*, P.U.R. 2007

[4] Voir à ce titre, l'Instruction interministérielle relative à la mise en œuvre des articles 13 et 29 de la loi n° 2018-32 du 22 janvier 2018 de programmation des finances publiques pour les années 2018 à 2022 et concernant 322 collectivités appelées à contractualiser avec l'Etat.

matière. Le droit de la décentralisation est ainsi frappé d'une forme de « syndrome de la boîte à outils » marqué par la surenchère des outils – jamais assez nombreux- leur constante sophistication, leur juxtaposition inévitable et la tentation des utilisateurs à en faire un usage propre quand il ne consistera pas à détourner l'outil de sa vocation initiale.

L'ensemble des travaux du colloque de Pau a ainsi insisté sur le processus de différenciation aujourd'hui à l'œuvre à l'intérieur même du système local justifiant de donner la priorité aux études de terrain afin de vérifier la diversité des approches locales de la décentralisation. Le tableau dressé justifie l'intitulé choisi par les organisateurs de cette journée d'études : s'il met en lumière la créativité des acteurs locaux dans l'utilisation des outils que la loi met à leur disposition, il interroge sur la rationalité juridique tant du système global que de chacun des outils conçus par la loi

I – Rationalisation

Bien qu'invoqués à longueur de discours ou de rapports, et même désormais parfois inscrits dans les textes de loi ou l'exposé de leurs motifs, le verbe « rationaliser » et son substantif « rationalisation » n'ont pas la faveur des juristes. Venus des sciences de gestion, ils se sont imposé en droit public par l'entremise des finances publiques et de la « rationalisation des choix budgétaires ». Leur contenu reste cependant suffisamment flou pour les vider de toute portée juridique.

Rationaliser, dira-ton c'est rendre conforme à la raison. Appliqué au système territorial, le terme joue ainsi généralement de manière négative pour évoquer la nécessité d'en réparer les dérèglements : enchevêtrement des compétences, superposition des échelons, financements croisés. La rationalisation y poursuit dès lors un objectif d'efficacité qui si elle peut passer pour une règle de bonne gouvernance trouvera plus difficilement une traduction juridique[5]. Appliqué à la répartition des compétences entre l'Etat et les collectivités territoriales, la rationalisation suggère notamment dans le

[5] Pour une approche systémique des dispositifs juridiques à l'œuvre dans le cadre de la réforme territoriale, voir M. BAUBONNE, *Les instruments juridiques de rationalisation de l'organisation territoriale décentralisée*, Thèse de doctorat, Université de Bordeaux, PUAM 2018.

discours politique l'idée assez simpliste de simplification. Il n'est pas besoin de pousser l'analyse trop loin pour constater que l'objectif n'a pas été atteint. La lecture de la loi du 7 août 2015 donne même parfois le sentiment contraire d'une complexité renouvelée. D'abord, parce que la loi NOTRe est à l'image de ces devancières un texte de compromis et que le compromis politique s'accommode souvent mal des solutions juridiques chimiquement pures. Ensuite, parce que l'instrumenta-lisation du droit qui en découle alimente un processus de différenciation des modes d'exercice locaux des compétences qui nuit à la lisibilité démocratique du système.

En tout état de cause, la rationalité managériale qui accompagne depuis de nombreuses années la réforme territoriale n'a guère le souci de la précision juridique. Elle a distillé dans le droit des collectivités territoriales nombre de notions dont le contenu ne se laisse que difficilement appréhender. Il n'est pas nécessaire ici de revenir sur l'incertitude qui entoure l'idée de subsidiarité transcrite à l'article 72 de la constitution, ni même sur l'institution du chef de filât dont le Conseil constitutionnel nous a surtout dit ce qu'elle n'était pas[6], ni encore sur la notion de compétence qui prend dans le droit de la décentralisation un sens matériel (largement indéfinissable) qu'elle n'a pas en droit administratif général où elle désigne l'aptitude juridique d'une autorité à agir et plus précisément à prendre une décision. On relèvera encore, s'agissant de la méthode largement controuvée de la répartition par blocs de compétences, que la loi du 27 janvier 2014 de modernisation de l'action publique territoriale et d'affirmation des métropoles a réédité la démarche à l'égard des périmètres des chefs de filât dont le nombre et le découpage ont varié tout au long des débats parlementaires.

La loi NOTRe s'inscrit dans la veine des textes qui la précèdent.

Certes, un certain nombre de progrès ont été souligné par les intervenants du colloque de Pau. Ils sont susceptibles d'accroître la robustesse du système.

Le rôle de la collectivité chef de file est ainsi désormais mieux étayé juridiquement avec la mise en place à l'article L. 1111-9 -1-IV du Code général des collectivités territoriales des conventions

[6] G. LE CHATELIER, « La Constitution et les relations entre les collectivités », *Nouveaux Cahiers du Conseil constitutionnel* n° 42, janv. 2014.

territoriales d'exercice concerté des compétences qui permettent, a observé François Sempé, de donner du sens et un contenu au chef de filât, soulignant l'intérêt du recours à la contractualisation qui permet de s'adapter aux réalités locales tout en restant dans le cadre minimal défini par la loi. La couverture de la plupart des « affaires locales » par des schémas régionaux offre également au pouvoir régional un rôle de coordination et d'orientation de l'action des collectivités territoriales sur le territoire régional. Le choix du droit souple permet, relève Bertrand Faure, de concilier habilement les nécessités de l'action commune et les interdits constitutionnels qui, à travers l'interdiction de la tutelle entre collectivités territoriales, prohibe toute logique fédérative dans l'ordre juridique local. L'institution des conférences territoriales de l'action publique est également susceptible de jouer un rôle structurant au sein du système d'administration territoriale. Présidée par le Président du conseil régional, et non par le préfet, chaque conférence s'affirme comme un lieu d'expression et d'animation du leadership régional dès lors que la loi prévoit que c'est dans le cadre de ces instances que sont discutées et approuvées les conventions territoriales d'exercice concerté des compétences (CTECC). Inévitable, la superposition des dispositifs normatifs a encore donné lieu à d'ultimes réglages. Ainsi dans les domaines où la Région est désignée comme chef de file, le schéma tiendra lieu de CTECC ; en conséquence, la loi NOTRe sort le « développement économique » de la liste des matières où exerçant le chef de filât la Région peut initier des CTECC.

Pour le reste, les différentes communications du colloque de Pau accréditent l'idée que la nécessaire remise en ordre de la matière est loin d'être achevée tant les dispositifs prévus par la loi sont divers, multiples et superposables.

Martine Long a souligné la multiplication d'instances de concertation aux périmètres variables dont la CTAP n'est qu'une déclinaison. Françoise Sempé a déploré la multiplicité des instruments conventionnels qui, indépendamment des CTECC, sont ouverts aux autorités locales pour organiser les modalités de leur action commune (contrat de plan Etat-région, conventions de mise en œuvre des SRDEII); relevant à son tour la grande latitude laissée aux collectivités quant aux choix des instances de concertation, ainsi que le rôle ambigu des CTAP quant aux choix des compétences susceptibles de relever des CTECC. Éric Gintrand et Julien Martin ont opposé les délégations entre collectivités territoriales et les délégations de l'Etat aux collectivités territoriales. Rappelant leur caractère facultatif, ils ont distingué les textes fondant les délégations générales de compétences et les dispositions portant sur les délégations spéciales, soulignant fortement qu'une telle concomitance n'est pas sans susciter un certain trouble sur l'exigence ou non dans tous les cas d'une habilitation expresse de la loi pour pouvoir mettre en œuvre une délégation de compétences.

Toujours à propos des délégations de compétence, Laetitia Janicot et Jérôme Briend ont relevé le flou juridique qui entoure un concept nouveau encore mal identifié, que l'on a parfois du mal à distinguer du mandat ou du contrat de prestations de service entre collectivités et dont la pratique témoigne notamment dans le domaine des transports d'une compréhension variable par les acteurs locaux.

La délégation de compétences a ainsi concentré l'essentiel des interrogations. Équation juridique à plusieurs inconnues, objet juridique mal identifié, sa généralisation comme mode d'exercice des compétences a suscité un certain scepticisme. Technique présente depuis 1982 et depuis régulièrement réactivée par le législateur, sa pratique par les collectivités est restée en effet jusqu'à présent décevante. La lourdeur des procédures - qui peuvent requérir jusqu'à l'adoption d'un décret- n'explique pas tout. La délégation présente un intérêt limité : elle est au mieux, souligne Julien Martin, un instrument de plus, une alternative au transfert de compétence ou à l'expérimentation, donc une solution transitoire sinon provisoire. La délégation de l'aide à la pierre fait ici figure d'exception. Antoine Bourrel a tenté d'en expliquer le succès tenant selon lui : à l'existence incontestable d'un échelon pertinent pour conduire la politique de l'habitat, à la souplesse de la procédure prévue, à l'élargissement progressif des compétences déléguées et à l'adoption de conventions permettant de formaliser les objectifs politiques poursuivis. Surtout le législateur paraît, note Matthieu Houser, s'être désintéressé de ses conséquences notamment financières ; et ce, à la différence des transferts de compétences où la loi a multiplié les garanties. Or la délégation comme le transfert soulève la question des compensations financières. Le délégataire s'expose à des surcoûts financiers sans de surcroît pouvoir espérer maximiser sa situation sur le long terme en raison du caractère précaire des délégations. Annie Fitte-Duval fait un constat analogue : la circulation des compétences induit la mobilité des personnes. Or, en dehors des transferts de compétences, elle n'est pas organisée par la loi. Certes, la mise à disposition des personnels est la solution généralement privilégiée dans les conventions de délégation. Mais en raison de son caractère lacunaire, du risque de conflit potentiel entre collectivités, son régime reste finalement dissuasif.

L'impression générale n'a pas été démentie par Bertrand Faure qui a tenté de saisir la nature juridique des différents schémas pour renoncer au final à y voir une authentique catégorie normative tant l'équation juridique diffère d'un schéma à l'autre y compris jusque dans les possibilités de recours devant le juge. Certes, le législateur a cherché à limiter le nombre des schémas. SRDEII et SRADETT sont - comme l'indique leurs intitulés à rallonge- des instruments globaux à vocation générale qui devront cependant s'articuler avec des dispositifs de planification sectoriels tels que le PCAET, PLUI, SCOT, PDV ou encore les documents d'orientation métropolitains. Comme le souligne Laura Daydie, l'efficacité de la planification régionale reste largement conditionnée aux rapports juridiques qu'elle entretient avec ces autres documents. Or, Bertrand Faure a justement souligné que ce cadre normatif est lui-même largement indéterminé : qu'il s'agisse du rapport de compatibilité d'un document à l'autre généralement exigé par la loi ou de l'exigence plus mystérieuse encore de « prendre en compte » les actes élaborés par les autres autorités (ainsi des documents d'orientation élaborés par la Métropole à l'égard du SRDEII).

Dans sa version « post-moderne », la décentralisation à la française donne ainsi à voir le spectacle saisissant d'un empilement de dispositifs destiné à corriger un enchevêtrement de compétences lui-même né de la superposition de multiples niveaux d'administration.

II – Créativité

L'ingénierie juridique est au cœur des dispositifs déployés par la loi NOTRe qui, ce faisant, renvoie aux acteurs locaux le soin de concevoir à l'échelle du territoire notamment régional les modalités de leur action commune. Les communications que l'on vient de lire montre que de ce point de vue « l'intelligence des territoires » trouve en pratique à s'exprimer de manière différenciée.

Trop souvent encore, la créativité locale est empêchée, limitée, engluée par un cadre légal qui reste contraignant notamment parce que l'Etat n'a pas perdu ses vieilles habitudes et qu'il tend à retenir d'une main ce qu'il délègue de l'autre ; soucieux qu'il est de conserver un droit de regard sur certaines politiques territoriales structurantes. La délégation aux régions de la coordination du service de l'emploi en a offert, immédiatement après l'adoption de la loi NOTRe, un exemple saisissant de cette culture de l'Etat décentralisateur. L'instruction du Ministre du Travail du 14 octobre 2016 prise pour la mise en œuvre des articles 6 et 7 de la loi du 7 août 2015 recommandait ainsi de limiter le champ de la délégation à seulement quelques domaines mais aussi de limier sa durée (à trois ans au lieu de six comme inscrit dans la loi) et soumettait les politiques régionales de l'emploi à l'élaboration d'une stratégie Etat-régions réalisée par les services de l'Etat. Ce texte a ainsi été reçu par les intéressés comme un outil de recentralisation voire d'instrumentalisation des actions régionales notamment parce que l'instruction ministérielle ne précisait pas les compensations financières susceptibles d'abonder l'exercice des compétences déléguées. Ailleurs, c'est la lourdeur des procédures imaginées par les services de l'Etat qui peut jouer un effet dissuasif à l'égard des acteurs locaux. La délégation de la politique culturelle en Bretagne a ainsi donné lieu à un processus de préfiguration d'une rare complexité. Dès avant l'adoption du décret du 30 décembre 2015 autorisant spécialement cette délégation, l'Etat a signé avec la région Bretagne un protocole prévoyant la création d'une instance dédiée destinée à élaborer un document cadre soumis à la CTAP en cours de constitution ainsi que la conclusion de conventions de pilotage des actions culturelles dans chaque domaine relevant d'interventions croisées de l'Etat et des collectivités.

A ces exemples, il convient d'ajouter un contexte budgétaire très contraint qui fait que les délégations de crédits n'accompagneront pas nécessairement les délégations de compétences[7]. On peut donc imaginer que risque de se répéter, à l'heure du bilan de la loi NOTRe, le constat d'une pratique décevante des délégations de compétences.

Toutefois, ce n'est pas aux administrations d'Etat que l'on devra nécessairement imputer l'incapacité à faire évoluer le système

---

[7] R. LE SAOUT, « La construction politique du cadre budgétaire contraint des collectivités territoriales », *RFAP* 2018, p. 747.

local. La créativité des acteurs locaux peut en effet jouer à rebours. Il arrive que les collectivités territoriales mobilisent les marges que leur laisse la loi pour revenir à une sorte de statu quo que les lois MAPTAM et NOTRe ont tenté de renverser. Ainsi l'étude réalisée par Laetitia Janicot et Jérôme Briend montre que la mise en œuvre du transfert aux régions de la compétence « transports » s'est accompagnée de nouvelles délégations de compétence permettant d'en rétrocéder l'exercice aux départements. Plus largement, c'est le maintien de la place des départements dans notre système territorial qui amène les autorités locales à limiter en pratique la portée de la Réforme territoriale. Cette créativité-réaction trouve d'ailleurs dans l'ambiguïté des textes adoptés les ressources juridiques dont elle a besoin. Ainsi la suppression de la clause générale de compétence pour les départements est-elle compensée par la possibilité pour les départements d'agir au titre de la solidarité territoriale, notion large qui permet de mobiliser les compétences du département dans toutes sortes de domaines (voir l'Instruction aux préfets du Gouvernement du 22 décembre 2015 disponible sur Legifrance). Dans le même sens, le régime des CTECC permet de contourner deux règles attachées à la suppression de la clause et donc de renouer avec les financements croisés. On sait en effet que les actions inscrites dans une CTECC ne sont assujetties ni à l'obligation de participation financière minimale du maître d'ouvrage, ni à l'interdiction du cumul des subventions d'investissement et de fonctionnement (article L. 1111-10 CGCT). Les CTECC font ainsi figure de formule de rattrapage pour les crédits, qui faute de fondements juridiques suffisants, n'ont pu être inscrits au CPER.

En tout état de cause, les outils mis à la disposition des acteurs locaux par la loi NOTRe sont de puissants facteurs de différenciation territoriale. Leur utilisation donne lieu à une grande variété de situations qui s'explique tout à la fois par les différences culturelles entre territoires qui n'ont pas tous la même approche de la décentralisation et de leur rapport à l'Etat central, par la diversité des arrangements politiques locaux, par la nature des relations politiques qu'entretient la région avec ses départements, par la présence ou non d'une ou plusieurs métropoles sur le territoire régional. A ce sujet encore, l'observation des conventions passées entre les régions et les départements en matière de transport donne la mesure de la diversité des situations locales. Tous les cas de figure sont envisageables au gré des montages contractuels réalisés. La délégation peut valoir transfert:

l'autorité régionale délégante se dessaisit de sa compétence au profit de la collectivité départementale qui retrouve l'exercice d'une compétence que la loi lui avait retiré... Ailleurs, la convention organise une forme de codécision, prévoyant des procédures de concertation où autorité délégante et autorité délégataire décident de concert. Enfin, on trouvera des cas où la lettre de la loi est respectée et l'esprit de la délégation bien compris : dans cette hypothèse, la convention prévoit que l'autorité délégataire en charge de l'activité de transport fait des propositions mais que les choix sont arrêtés par l'autorité délégante qui décide des orientations à prendre.

La rupture avec l'uniformité de notre vieux modèle jacobin paraît ainsi consommée. Cependant, la différenciation territoriale n'est pas toujours un gage de rationalisation de l'organisation territoriale. Elle appelle des mesures d'accompagnement.

La différenciation territoriale doit d'abord se garder d'aboutir à une forme d'atomisation des compétences. Elle suppose ainsi de poursuivre le renouvellement des territoires pertinents, lieux d'exercice des compétences. A ce titre, la réforme territoriale, même si elle a renoncé à supprimer l'échelon départemental, a conforté quelques évolutions lourdes. Le rôle de la Région, animateur du développement territorial a été renforcé au moyen de la CTAP et de la planification régionale. La généralisation des PLUI, a montré Philippe Zavoli, contribue à la cohérence du bloc communal ; même si la fusion des EPCI décidée par la même loi NOTRe soulève souvent des difficultés d'organisation qui reportent d'autant la mise en œuvre des nouvelles compétences intercommunales.

Surtout, la différenciation territoriale n'apporte aucune réponse à la démocratie locale. Bien sûr, elle permet par endroits que des innovations soient tentées, que des expériences citoyennes soient menées. Mais l'exemple de l'adoption des plans climat-énergie, étudié par Laura Daydie, montre que l'association des citoyens à la décision politique est trop souvent laissée à la discrétion des autorités locales. Or, c'est à l'Etat et en particulier à la loi de veiller à la vigueur des processus démocratiques locaux. On sait que de ce point de vue la réforme territoriale et la pensée managériale qui l'accompagne, sans doute par trop éprises d'efficacité immédiate, ont reporté le traitement de la question démocratique à d'autres réformes[8].

L'ambition du colloque de Pau était de faire un premier bilan de l'acte III de la décentralisation. La lecture des pages qui précèdent permet de mesurer la portée des transformations initiées.

Bilan provisoire, bilan transitoire, car la Réforme territoriale est un monstre qui dévore ses enfants. A peine les instruments d'une meilleure coordination entre collectivités territoriales posés, voilà que surgit la question de la différenciation (non plus des conditions d'exercice des compétences) mais des normes applicables par et aux collectivités territoriales (Conseil d'Etat, Avis, 1er mars 2018, n° 393651). Problème vertigineux si on l'aborde dans une perspective décentralisatrice, du point de vue des territoires décentralisés, dont les autorités réclament des possibilités de déroger à la loi et aux règlements. Faux problème sans doute si l'on renverse la perspective et considère le rôle de l'Etat. Et si l'Etat jurislateur consentait dans l'exercice de ses fonctions législative et réglementaire à ne pas vouloir tout régler dans le détail. En d'autres termes, si la pression législative et réglementaire pouvait diminuer, la décision des autorités locales retrouverait à n'en pas douter des marges d'initiative et d'appréciation salutaires. Mais l'Etat peut-il se retenir de légiférer ? Sans doute pas… On pressent la suite : une batterie de dispositifs normatifs dérogatoires et d'autres colloques interrogeant la rationalité du système et la créativité des acteurs locaux.

---

[8] Les tensions entre le droit contemporain et la démocratie dépasse d'ailleurs la question locale, en ce sens B. MATHIEU, « Le droit et la démocratie : des rapports ambigus », *JCP éd. G*, 2018, p. 1073.

ANNEXES

Annexe n°1 :
Convention Bretagne – Côtes d'Armor

Convention de délégation de compétences de la région Bretagne au département des Côtes d'Armor relative aux transports non urbains réguliers et à la demande

CONVENTION DE DELEGATION DE COMPETENCES DE LA REGION BRETAGNE AU DEPARTEMENT DES CÔTES D'ARMOR RELATIVE AUX TRANSPORTS NON URBAINS REGULIERS ET A LA DEMANDE

Vu le code général des collectivités territoriales, notamment ses articles L. 1111-8 et R. 1111-1 ;

Vu la loi n° 2015-991 du 7 août 2015 portant nouvelle organisation territoriale de la République, notamment son article 15 ;

Vu la délibération du Conseil régional n° 16_DGS_05 en date des 15 et 16 décembre 2016 portant approbation de la présente convention et autorisant Monsieur le Président à la signer ;

Vu la délibération de la Commission permanente du Conseil départemental des Côtes d'Armor en date du _____portant approbation de la présente convention et autorisant Monsieur le Président à la signer ;

Vu la convention relative aux transferts de compétences entre la Région Bretagne et le Département des Côtes d'Armor ;

ENTRE :

La Région Bretagne, représentée par M. Jean-Yves LE DRIAN, son Président, siégeant 283 avenue du Général Patton – CS 21101, 35711 RENNES CEDEX 7,

Ci-dessous désignée « la Région » ou « le Conseil régional»,

ET :

Le Département des Côtes d'Armor, représenté par M. Alain CADEC, son Président, siégeant 9 place du général de Gaulle, 22 000 SAINT BRIEUC,

Ci-dessous désigné « le Département » ou « le Conseil départemental »,

Il est convenu ce qui suit :

PREAMBULE

La loi portant nouvelle organisation territoriale de la République du 7 août 2015 dans son article 15 confère aux Régions la responsabilité d'organiser le service de transports non-urbains réguliers ou à la demande, ainsi que la construction, l'aménagement et l'exploitation des gares routières publiques de voyageurs relevant du Département à partir du 1er janvier 2017.

Dans ce même article, elle confère aux Régions la responsabilité d'organiser les services de transport scolaire, à l'exception des services de transport spécial des élèves en situation de handicap, à partir du 1er septembre 2017.

L'organisation des services de transports non urbains et des services de transports scolaires est fortement imbriquée dans le département des Côtes d'Armor.

Ce constat a amené les deux collectivités à conclure qu'une dissociation des dates d'exercice des compétences nouvellement conférées à la Région était susceptible d'affecter la continuité du service public pour les usagers, et notamment les usagers scolaires.

L'article L. 1111-8 du code général des collectivités territoriales confère la possibilité à une collectivité territoriale de déléguer par convention à une autre collectivité territoriale l'exercice d'une compétence dont elle est attributaire en son nom et pour son compte.

Afin de coordonner la prise de compétence régionale à une date unique, celle du 1er septembre 2017, date à laquelle les régions seront compétentes en matière d'organisation des services de transport scolaire, la Région souhaite par la présente déléguer la compétence transports non urbains au Département qui l'accepte, à compter du 1er janvier 2017 et pour une durée de 8 mois.

Article 1er : Objet de la convention

La présente convention a pour objet de définir le périmètre, l'organisation et la durée de la délégation par la Région Bretagne au Département des Côtes d'Armor des compétences ainsi transférées par la loi, selon les modalités fixées par l'article R. 1111-1 du code général des collectivités territoriales.

Article 2 :Champ des compétences déléguées

2.1. Périmètre du service délégué

La Région Bretagne délègue, à titre exclusif, au Département des Côtes d'Armor :

L'organisation des services de transports non urbains réguliers ou à la demande et plus globalement l'ensemble des compétences relatives au transport terrestre de voyageurs dont la loi NOTRe a prévu le transfert au Conseil régional au 1er janvier 2017.

Cette délégation ne porte pas sur l'organisation du service de transport express régional (TER) par voie ferroviaire et voie routière, soit l'ensemble du service ferroviaire opéré par la SNCF dont la Région Bretagne est autorité organisatrice des transports (AOT) et des lignes routières régionales opérées par DSP (Rennes – Le Mont Saint-Michel, Rennes – Pontivy et Saint-Brieuc – Lorient/Vannes) ou par convention avec la SNCF (Fougères – Laval, Morlaix – Roscoff et Carhaix – Rosporden).

2.2. Périmètre géographique

Cette délégation porte sur le territoire des Côtes d'Armor et des départements limitrophes s'agissant des lignes ou circuits qui desservent ces territoires voisins, à destination ou au départ des Côtes d'Armor.

Article 3 : Engagements des parties

3.1. La Région Bretagne

La Région est responsable de la politique générale des services de transports non urbains réguliers ou à la demande à compter du 1er janvier 2017.

A ce titre, pour la période de la présente délégation :

- elle conserve un rôle de coordination stratégique entre les quatre départements (Côtes d'Armor, Finistère, Ille-et-Vilaine et Morbihan), dans une vision de cohérence à moyen terme à l'échelon régional ;
- elle s'engage à financer les services de transports non urbains réguliers ou à la demande dans les conditions prévues par la convention cadre, pendant la durée de la délégation précisée à l'article 4.

3.2. Le Département des Côtes d'Armor

Le Département des Côtes d'Armor est responsable de l'exercice des compétences décrites à l'article 2 de la présente convention et s'assure de la bonne organisation du service.

A ce titre, pour la période de la présente délégation, il continuera à assumer l'ensemble des missions qui incombent à l'Autorité Organisatrice des transports non urbains dont, notamment :

- exploiter les services de transport selon les principes de fonctionnement du service public (continuité, égalité, accessibilité ...) et définir le règlement applicable aux usagers,
- définir le niveau de service et la politique tarifaire pour l'année 2017 sur le territoire départemental, après en avoir préalablement informé la Région ; aussi, pour le réseau Tibus, toute modification de la tarification commerciale devra faire l'objet d'une validation en amont de la Région (échange de mails),
- définir tout ajustement du plan de transports dans le département pendant la durée de la convention ; si l'ajustement représente une charge pour le Département de plus de 50 K€/an, l'avis de la Région sera sollicité au préalable par échange de mails,
- instruire les inscriptions et abonnements, délivrer et contrôler les titres de transports sur son territoire de compétence déléguée,

- assurer le rôle de gestion de proximité / relais auprès des instances locales et collecter dans ce cadre les requêtes des usagers et examiner les conditions de leur satisfaction,
- s'assurer de la bonne exécution des services et des prescriptions contractuelles sur le terrain ; le Département a également un rôle de signalement, de mise en œuvre de mesures d'urgence (intempéries par exemple), ou d'actions de sensibilisation, et ce, tel qu'il l'aurait fait avant la mise en œuvre de la présente,
- assurer le paiement des dépenses et l'encaissement des recettes correspondant à cette compétence, ainsi que les éventuelles déclarations de TVA liées aux opérations de gestion effectuées pendant la durée de la délégation,
- signer les conventions, les marchés et tout acte d'exécution des marchés ; toutefois, certaines conventions, de par leur sensibilité politique, financière ou juridique, devront faire l'objet d'échanges en amont avec les services de la Région, pour information ou approbation préalable ; ainsi, les conventions avec les agglomérations existantes ou en émergence seront signées de façon tripartite.

Article 4 : Durée de la délégation

La délégation visée à l'article 2 est établie à compter du 1er janvier et jusqu'au 31 août 2017, soit pour une durée de huit mois.

Article 5 : Moyens de fonctionnement

5.1. Le personnel

Le personnel du Département des Côtes d'Armor poursuivra l'exploitation des services délégués à l'article 2, sous l'autorité hiérarchique et fonctionnelle du Département pendant la durée de la délégation de compétence.

L'ensemble des autres dispositions concernant le personnel relèvent de la convention sur les transferts de compétence conclue par ailleurs par les parties.

5.2 Les biens

L'ensemble des biens concernés par l'exercice de la compétence déléguée reste propriété du Département le temps de la délégation de compétence.

5.3 - Les outils mis à disposition (logiciel, autres)

Le Département s'engage à mettre à disposition des agents mobilisés les outils et moyens nécessaires permettant d'assurer la continuité du service public, conformément aux dispositions de la convention cadre.

Des conventions et accords particuliers interviendront entre les parties afin d'organiser l'utilisation des moyens informatiques, immobiliers, mobiliers, véhicules, et plus généralement tous les moyens nécessaires au bon fonctionnement des services.

5.4 - Les contrats et conventions (annexe 1)

Les services publics des transports non urbains sont exploités dans le cadre de marchés publics ou délégation de service public dans le département, dont la liste est fixée en annexe 1.

La Région et le Département conviennent que la non concordance des dates de transfert entre le transport non urbain et le transport scolaire ne peut pas avoir pour conséquence de procéder à la scission des contrats d'exploitation du service public susmentionnés.

Aussi, la Région et le Département poursuivront l'exécution des contrats en cours jusqu'à leurs échéances dans les conditions suivantes.

A compter du 1er janvier 2017, en application de l'article 133 XII de la loi 11°2015-991 du 7 août 2015, la Région se substitue de plein droit au Département dans les contrats en cours pour ce qui concerne la compétence du transport non urbain et notamment la délégation de service public Tibus.

Afin de formaliser la substitution de personnes morales, un avenant de transfert interviendra au plus tard au 1er janvier 2017 aux contrats visés à l'annexe 1, mentionnant que pour la période jusqu'au 31 août 2017, le Département agit au nom et pour le compte de la Région dans le cadre de la convention de délégation de compétence.

Aussi, le Département se substitue à la Région dans tous les droits et obligations relatifs à l'objet de la délégation pendant la durée de celle-ci.

A compter du 1er septembre 2017, la Région et le Département conviennent d'appliquer et de mettre en œuvre par convention les dispositions de l'article 133 XII sur la substitution de plein droit de la Région dans l'ensemble des droits et obligations détenus par le Département.

Article 6 : Relations aux usagers, communication et gouvernance

6.1. Les relations aux usagers

Le Département est chargé de la gestion de proximité et des relations avec les usagers, leurs associations représentatives.

A ce titre, il collecte les requêtes des usagers et examine les conditions de leur satisfaction.

Il prend les décisions dont l'effet est immédiat et qui n'emportent pas d'incidences sur l'exploitation du service à partir de l'année 2018.

Il instruit les requêtes et en fait part à la Région lorsque leurs effets se poursuivront au-delà de la période de délégation de compétences.

6.2. La communication institutionnelle

Durant la période au cours de laquelle le Département exercera cette compétence par délégation de la Région Bretagne, le Département, en lien avec la Région, adaptera les contenus de ses outils pour exposer le cadre de gestion de la compétence. Notamment, il apposera le logo de la Région Bretagne aux côtés du sien dans la signature institutionnelle des supports de communication (digitaux, papier) les plus significatifs. A cette fin, la Région autorise le Département à utiliser son logo et ses marques nécessaires à la mise en œuvre des compétences déléguées sur les matériels et supports de communication servant à l'exploitation des services publics de transport.

Article 7 : Relations entre les parties /gouvernance

La Région et le Département se rencontreront autant que nécessaire afin de suivre l'évolution de la délégation de compétence visée à l'article 2 et de l'exploitation des services publics subséquents au sein d'un groupe de travail technique en bilatéral.

Outre le suivi de la présente convention, ces rencontres permettront aux parties de se concerter sur les projets stratégiques ayant un impact financier important pour les collectivités. De même, la Région associera le Département.aux négociations à venir avec les Autorités Organisatrices de la Mobilité et/ou les Communautés de communes jusqu'au 31/08/2017.

Article 8 : Modalités de contrôle

La Région Bretagne pourra assurer un contrôle de la présente convention en accédant à tout document produit par le Département qui permettait de contrôler l'état de consommation des crédits et les actions menées au regard des objectifs définis pour chaque compétence.

Plus particulièrement, le Département fournira à la Région Bretagne à sa demande le compte administratif de l'année 2017 ainsi que le Rapport d'Activité de la même année.

A cet égard, le Département tiendra tous les documents comptables afférents à la délégation de compétences à la disposition des agents mandatés par la Région. Il en sera de même pour toutes les notes, tous les courriers, les comptes rendus et tous les autres documents qui concernent l'exercice des compétences visées à l'article 2.

Article 9 : Cadre financier de la délégation

Les conditions du financement par la Région de la délégation de compétence sont précisées par la convention de transfert de compétences susvisée

Article 10 : Durée de la convention

Sans préjudice des dispositions de l'article 4, la présente convention débute le 1er janvier 2017 jusqu'au 31 décembre 2018.

Article 11 : Responsabilité des parties

Pendant toute la durée de la délégation, le Département exerce les compétences visées à l'article 2 au nom et pour le compte de la Région. L'action du Département engagera juridiquement la Région, à compter du 1er janvier 2017, et la responsabilité de cette dernière pourra être recherchée.

Cependant, la responsabilité du Département des Côtes d'Armor pourra être directement recherchée dans les cas suivants :

- dans l'hypothèse où le Département se serait rendu coupable d'une faute (de type délit ou d'un quasi-délit, c'est-à-dire faute d'imprudence ou de négligence) ;
- dans l'hypothèse où il aurait agi en dépassement des limites de la convention.

Article 12 : La capacité d'ester en justice

Le Département devra sans délai informer la Région de toute difficulté ou litige susceptible de donner lieu à une action contentieuse, tant en demande qu'en défense.

Il représente la Région en justice tant vis-à-vis des tiers que des cocontractants pour tout litige lié à la délégation visée à l'article 2.

Le Département informera la Région de toute négociation ou transaction engagée par lui. Il la tiendra étroitement informée de l'évolution des discussions. Il lui soumettra impérativement le projet de protocole pour validation avant envoi à la partie adverse..

En cas de représentation en justice de la Région par le Département des Côtes d'Armor, les frais engagés directement à cette fin par ce dernier, notamment pour recourir aux services de tiers (avocats, huissiers, experts, avoués notamment) lui seront remboursés en totalité sur présentation d'une facture assortie des justificatifs correspondants, excepté si la défense du Département contrevient aux intérêts de la Région.

Article 13 : Assurances

La Région déclare avoir régulièrement informé son assureur responsabilité civile et dommages aux biens de l'existence du transfert de compétences au 1er janvier 2017 et de l'existence de la présente convention entre la Région et le Département.

Le Département devra être titulaire d'une police d'assurance couvrant sa responsabilité civile et professionnelle découlant des articles 1382 à 1384 du code civil ainsi qu'au titre des responsabilités découlant des principes dont s'inspirent les articles 1792 et suivants du code civil.

Ces assurances devront couvrir les conséquences pécuniaires des responsabilités contractuelles, délictuelles et quasi délictuelles pouvant incomber au mandataire à la suite des dommages corporels, matériels et immatériels, consécutifs ou non, causés à leurs cocontractants et aux tiers, du fait de leurs activités et des biens des personnes nécessaires à l'exercice de ces activités.

Article 14 : Modification et résiliation

14.1. Modification

Toute modification de la présente convention devra faire l'objet d'un avenant entre les parties.

14.2. Résiliation

Les parties peuvent, d'un commun accord, mettre fin à la présente convention avant son terme normal pour des motifs d'intérêt général.

La décision ne peut prendre effet qu'après un délai minimum de 1 mois à compter de la date de notification, adressée par lettre recommandée avec accusé de réception au siège.

La partie qui s'estime lésée par la résiliation anticipée présentera un mémoire récapitulatif des frais engagés et non couverts, dans un délai de 15 jours suivant la notification de la décision.

Article 15 : Règlement des litiges

La Région et le Département conviennent que les litiges qui résulteraient de l'application ou de l'expiration de cette délégation de compétences font l'objet de tentatives de conciliation, si besoin est, par un expert désigné par le président du Tribunal Administratif de Rennes.

A défaut de conciliation, les litiges seront soumis au Tribunal Administratif de Rennes.

Fait en deux exemplaires, à Rennes le 15 DEC. 2016

Le Président du Conseil régional	Le Président du Département des Côtes d'Armor

Annexe n°2 :
Convention Région Grand Est – Département Aube en Champagne

Convention de délégation provisoire de la compétence de transports scolaires et d'organisation du transfert légal des compétences de transports interurbains et scolaires

Grand Est
ALSACE CHAMPAGNE-ARDENNE LORRAINE

Aube en Champagne
LE DÉPARTEMENT

Convention de délégation provisoire de la compétence de transports scolaires et d'organisation du transfert légal des compétences de transports interurbains et scolaires

ENTRE

La Région Grand Est, ci —après dénommée « **la REGION** » ;

Représentée par son Président, Monsieur Philippe RICHERT, dûment habilité à l'effet de signer la présente par délibération du Conseil Régional n° 16SP- 3213 en date des 15 et 16 décembre 2016,

Sise 1 Place Adrien Zeller - BP 91006 - 67 070 STRASBOURG Cedex

D'UNE PART,

ET

Le Département de l'Aube, ci-après dénommé « **le DEPARTEMENT** » ;

Représenté par son Président, Monsieur Philippe ADNOT, dûment habilite à signer la présente par délibération de l'Assemblée départementale n° 2016-R07-II-3 en date du 5 décembre 2016,

Sis Hôtel du Département — 2 rue Pierre-Labonde — BP 394 — 10026 Troyes Cedex

D'AUTRE PART,

Ci-après dénommés « les Parties »

VU la loi n ° 2015-991 du 7 août 2015 *portant nouvelle organisation territoriale de la République*, dite « loi NOTRe », et notamment son article 15 portant transfert à la Région par le Département de ses compétences d'Autorité Organisatrice des Transports Interurbains et des Transports Scolaires ;

VU le Code Général des Collectivités Territoriales et notamment ses articles L. 1111-8 ;

VU la délibération de la Commission Permanente du Conseil Régional n° 16CP-2568 en date du 23 septembre 2016 portant désignation des représentants de la Région au sein de la Commission Locale pour l'Evaluation des Charges et des Ressources Transférées prévue à l'article 133-V de la loi « NOTre » ;

VU la délibération de la Commission Permanente du Conseil Départemental n ° 072016/242 en date du 4 juillet 2016 portant désignation des représentants du Département au sein de la Commission Locale pour l'Evaluation des Charges et des Ressources Transférées prévue à l'article 133-V de la loi « NOTRe » ;

VU la délibération du Conseil Régional n° 16SP- 3213 en date des 15 et 16 décembre 2016 approuvant le montant de l'attribution de la compensation financière et la convention de délégation provisoire de transports scolaires et d'organisation du transfert légal des compétences de transports interurbains et scolaires entre la Région Grand Est et le Département de l'Aube ;

VU la délibération du Conseil Départemental n° 2016-R07-II-3 en date du 5 décembre 2016 arrêtant le montant de l'attribution de la compensation financière et la convention de délégation provisoire de transports scolaires et d'organisation du transfert légal des compétences de transports interurbains et scolaires entre la Région Grand Est et le Département de l'Aube ;

VU la décision de la Commission Locale pour l'Evaluation des Charges et des Ressources Transférées en date du 5 octobre 2016 arrêtant son règlement intérieur et déterminant les périodes de référence et les modalités d'évaluation des dépenses du Département avant transfert à la Région de ses compétences ;

VU la décision de la Commission Locale pour l'Evaluation des Charges et des Ressources Transférées en date du 14 novembre 2016 portant évaluation définitive des charges transférées ;

VU l'arrêté préfectoral n° DCDL-BCLI n° 2016 355-0001 en date du 20 décembre 2016 du Préfet de Département constatant le montant annuel des dépenses résultant des accroissements et diminutions de charges ;

VU les avis des comités techniques du Département et de la Région respectivement en date du 22 novembre 2016 et du 1er décembre 2016.

PREAMBULE

Depuis les lois de décentralisation de 1982/1983, le lien fort existant entre le Département et ses territoires a permis de développer un service de proximité répondant aux besoins de déplacements des usagers tant en zone rurale qu'urbaine.

La loi NOTRe prévoit le transfert de l'ensemble de la compétence transport collectif routier de voyageurs vers la Région, à l'exclusion du transport des élèves et étudiants handicapés.

Forts de ce socle, la Région et le Département souhaitent conjointement s'inscrire dans un objectif de qualité du service de transport, de complémentarité des offres et d'intermodalité des réseaux de transport.

Ainsi, la Région, en sa qualité d'autorité organisatrice des transports et le Département, garant des solidarités territoriales partagent la nécessité d'une intégration forte de la mobilité au niveau du Schéma Régional d'Aménagement, de Développement Durable et d'Egalité des Territoires (SRADDET) et du Schéma Départemental de l'Accessibilité des Services Publics et s'engagent, au-delà du strict objet de la présente convention, à une coopération technique étroite sur tous les champs de compétences transversaux le nécessitant, afin de garantir l'exécution d'un service public de qualité pour les usagers.

Plus particulièrement, la Région et le Département demeurent attachés à une information réciproque ainsi qu'à une collaboration opérationnelle entre les services de transport régionaux et les services départementaux en charge des politiques définies ci-dessous :

- consistance de l'offre et des services en matière de transport routier de voyageur décidée par la Région ;

- niveau de service sur le réseau routier et en matière de viabilité hivernale décidée par le Département;
- définition de la carte des collèges décidée par le Département

1/. CONSIDERANT D'UNE PART,

a/. que l'article 15 de la loi n° 2015-991 du 7 août 2015 portant nouvelle organisation territoriale de la République, dite « loi NOTRe », a entériné le transfert des départements aux régions :

– au 1 er janvier 2017 : des services routiers non urbains, réguliers et à la demande, à l'exclusion des services de transport spécial des élèves handicapés vers les établissements scolaires ;
– au 1 er septembre 2017 : des services de transports scolaires.

b/. que toutefois, les dispositions de la loi NOTRe n'organisent ce transfert que dans certains de ces aspects (dont au principal : art.15-VI : succession automatique de la région au département dans l'ensemble de ses droits et obligations à l'égard des tiers ; art.114-III : placement des services du département chargés des compétences transférées sous le pouvoir d'instruction de la région, dans l'attente de leur transfert définitif à la région après conventionnement spécifique ; art.133-V : fixation du montant de l'attribution de compensation financière du transfert de compétences par délibérations concordantes du conseil régional et du conseil départemental, après consultation d'une commission paritaire sur l'évaluation préalable des charges transférées et sur les modalités de leur compensation) ;

c/. qu'au regard des enjeux de service public attachés à l'organisation de ces services de transports, et les parties cocontractantes partageant les mêmes préoccupations tenant à garantir leur continuité, il leur apparaît nécessaire de s'entendre et définir conventionnellement, au-delà des conventions dont la conclusion est expressément prévue par la loi NOTRe, les modalités, notamment financières, de ce transfert de compétences.

2/. CONSIDERANT D'AUTRE PART, **s'agissant spécifiquement des services de transports scolaires**

a/. que, bien que la loi « NOTRe » fixe une échéance légale de transfert distincte pour chacun des deux services précités, il s'avère :

- *s'agissant de l'organisation des réseaux de transport :* que les services de transports routiers interurbains et scolaires sont étroitement imbriqués et qu'ainsi :

- au plan des ressources humaines : les personnels des départements sont affectés de manière non nécessairement différenciés à ces services ;

- au plan de l'exploitation des réseaux : les lignes sont souvent mutualisées et ne sont pas réservées à un type d'usager (scolaire/non scolaire) ;

- au plan juridique : les contrats conclus par le Département relativement à l'organisation, le financement et l'exécution des services publics de transport dont il a la charge (notamment marchés publics et conventions de délégation de service public) sont fréquemment mixtes dans leur objet et peuvent concerner ainsi tant les transports interurbains que scolaires ;

- *s'agissant du financement des services de transport :* que le transfert d'imposition prévu par la loi NOTRe et la loi n° 2015-1785 du 29 décembre 2015 de finances pour 2016, et ainsi la réduction de plus de la moitié de la part de la contribution sur la valeur ajoutée des entreprises (CVAE) perçue par les départements, est mis en œuvre dès 2017, alors que les départements auront encore, pendant huit mois, la qualité d'Autorité Organisatrice des Transports Scolaires ;

b/. qu'il apparaît en conséquence opportun et même nécessaire pour les Parties contractantes, que le Département délègue à la Région, pendant la période courant du 1er janvier au 31 août 2017, l'exercice de sa compétence d'autorité organisatrice des transports scolaires ;

IL EST CONVENU CE QUI SUIT :

TITRE I – Objet

ARTICLE 1 : OBJET

La présente Convention :

1. définit les modalités du transfert légal à la REGION, *respectivement à la date du 1 er janvier 2017 et du 1 er septembre 2017,* des compétences :

- d'organisation des services de transport non urbains, réguliers ou à la demande (compétence désignée ci-après « compétence Transports Interurbains ») ;

- d'organisation des services de transports scolaires, (compétence désignée ci-après « compétence Transports Scolaires »).

2. définit, *pour la période courant du 1er janvier au 31 août 2017,* les conditions dans lesquelles le DEPARTEMENT délègue à la REGION l'exercice de la compétence Transports Scolaires.

ARTICLE 2 : Pièces constitutives et règles de prévalence

La présente Convention comporte 6 annexes, numérotées I à VI.

Les contradictions éventuelles entre les stipulations des différentes pièces constitutives de la Convention, ou entre celles d'une même pièce constitutive, seront réglées selon les règles de prévalence suivantes, sans que soit requis la conclusion d'un avenant rectificatif :

- Les stipulations figurant sur le corps principal de la Convention prévalent sur celles de ses annexes ;
- Les mentions apposées en toutes lettres prévalent sur les mentions chiffrées ;
- Les montants globaux prévalent sur leurs éléments de décomposition pris en compte pour leur calcul.

TITRE II - Organisation du transfert à la Région de la compétence Transports Interurbains et de la compétence Transports Scolaires

Article 3 : Champ du transfert

1/. Sont transférées, de par la loi, du DEPARTEMENT à la REGION:

- au 1er janvier 2017 : la compétence d'organisation des services de transport non urbains, réguliers ou à la demande (*article L. 3111-1 du Code des Transports)* ;
- au 1er septembre 2017 : la compétence d'organisation des services de transports scolaires (*article L. 3111-7 du Code des Transports*).

Le réseau de transport ainsi transféré est décrit en annexe I et comprend notamment les services de transports non urbains (lignes régulières ouvertes à l'ensemble des administrés) et les services de transports scolaires (lignes spécifiques).

2/. Outre les services de transport spécial des élèves handicapés vers les établissements scolaires, expressément visés par la loi NOTRe comme maintenus dans le périmètre de compétence du DEPARTEMENT, sont réputés exclus du périmètre de compétence transféré par le DEPARTEMENT à la REGION les services et activités suivants :

- l'aide apportée par le Département au titre des temps de surveillance des élèves avant ou après les cours et durant la pause méridienne dans les restaurations scolaires ;
- l'aide apportée par le Département aux élèves fréquentant des établissements situés en dehors de l'Aube ;
- l'organisation et le financement du transport des collégiens dans le cadre des activités sportives de l'Union nationale du sport scolaire (UNSS) ;
- l'organisation et le financement des transports exceptionnels d'élèves (Nuits de Champagne, expositions...).

Article 4 : Moyens

Article 4-1 : Moyens humains

Le transfert à la REGION des compétences départementales donnera lieu au transfert des services (ou partie de services) du DEPARTEMENT participant à l'exercice des compétences transférées et ce, dans les conditions définies à l'article 114-111 de la loi NOTRe tel que complété par l'article 89-IV de la loi n ^{0} 2015-1785 du 29 décembre 2015 de finances pour 2016.

La date et les modalités du transfert des personnels concernés donneront ainsi lieu à l'établissement entre les Parties contractantes, après avis de leurs Comités Techniques et délibérations de leurs Assemblées, de la convention spécifique visée audit article 114-111 Loi NOTRe.

Les Parties contractantes conviennent dès à présent de retenir comme échéance limite, pour les deux compétences transférées :

- la date du 30 juin 2017 pour la présentation de ladite convention à leur organe délibérant ;
- la date du 1er septembre 2017 pour le transfert définitif (transfert « statutaire ») des personnels ;
- la date du 31 décembre 2017 pour le transfert physique des personnels dans les locaux des Agences Territoriales de la Région. Il est entendu que le choix de la date effective sera arrêté conjointement par les Parties en fonction du calendrier d'ouverture par la Région de ses différentes Agences Territoriales et de la charge d'activité des personnels à transférer (un transfert physique étant ainsi a priori exclu sur la période courant d'août à septembre 2017, période de forte sollicitation pour la délivrance aux usagers de leurs titres de transport scolaire).

A compter de la date du transfert de compétences, la REGION dispose, conformément à l'article 114-III de la loi NOTRe, du pouvoir d'instruction, en tant qu'il participe à l'exercice des compétences qui lui sont transférées, sur le service départemental dont l'organigramme figure en annexe II.

Article 4-2 : Moyens techniques (locaux, mobiliers, matériels, informatique)

1/. La REGION fait son affaire des biens mobiliers et équipements nécessaires à l'exploitation des deux réseaux de transports (scolaires, interurbains) visés à l'article 3 (1/.) de la présente Convention à compter du transfert des compétences, dans la mesure où ils font l'objet d'une compensation fixée à l'article 6 « Financement - Compensation financière des charges transférées ».

2/. A titre temporaire, le DEPARTEMENT s'engage à mettre à la disposition de la REGION les locaux et autres moyens généraux nécessaires à l'hébergement et à l'activité professionnelle des services (ou parties de service) à transférer et ce, du 1er janvier 2017 jusqu'à la date de leur transfert physique dans les locaux de la / des agence(s) territoriale(s) de la REGION destinée(s) à les accueillir *(v. art.4.-1 ci-avant).*

Ces moyens sont décrits en annexe III à la présente Convention.

En contrepartie, la REGION verse au DEPARTEMENT la « majoration temporaire pour frais généraux » fixée à l'article 6 « Financement - Compensation financière des charges transférées ».

Article 4-3 : Moyens financiers

Conformément à l'article 133-V de la loi NOTRe, les transferts à la REGION des compétences Transports Interurbains et Transports Scolaires sont accompagnés du transfert concomitant par l'ETAT de ressources du DEPARTEMENT à la REGION nécessaires à l'exercice normal de ces compétences

Ainsi, à compter du 1er janvier 2017, la REGION :

- bénéficie du transfert par l'Etat d'une fraction supplémentaire du produit de la cotisation sur la valeur ajoutée des entreprises (CVAE) auparavant allouée au DEPARTEMENT ;

- verse au DEPARTEMENT une attribution annuelle de compensation financière positive calculée notamment en fonction du coût des charges transférées.

Le montant annuel de l'attribution de compensation financière, arrêté après évaluation préalable des charges, ainsi que ses modalités de versement sont précisés sous l'article 6 « Financement - Compensation financière des charges transférées » de la présente Convention.
S'agissant de l'année 2017, cette attribution est complétée des majorations temporaires pour frais généraux et pour charges de personnels, prévues à l'article 4-2 et à l'article 6.

Article 4-4 : Transfert du patrimoine juridique - Responsabilités à l'égard des tiers

En application de l'article 15-VI de la loi NOTRe, la REGION bénéficiaire du transfert de compétences succède au DEPARTEMENT dans l'ensemble de ses droits et obligations à l'égard des tiers.

A la date légale du transfert de compétences, la REGION est ainsi substituée de plein droit au DEPARTEMENT dans l'ensemble de ses droits et obligations, dans tous ses actes, qu'ils présentent un caractère unilatéral ou contractuel, ce sans qu'aucun acte modificatif (telle qu'une délibération modificative du DEPARTEMENT, une nouvelle délibération de la REGION, un avenant au Contrat,...) ne soit requis.

Le patrimoine juridique ainsi automatiquement transféré de par la loi est constitué :

a) d'une part, des engagements juridiques souscrits par le DEPARTEMENT dans l'exercice de ses compétences Transports Scolaires et Transports Interurbains, tels qu'énumérés en annexe IV à la présente Convention, sous réserve des dispositions ci-après ;

Afin de garantir la lisibilité du patrimoine juridique objet du transfert et en particulier celle des créances et des dettes acquises par le DEPARTEMENT et transférées à la Région, le DEPARTEMENT :

- dresse et tient à jour un inventaire des engagements qu'il a souscrits, dont la version au 01/11/2016 est annexée à la présente Convention (annexe IV) ;

- s'interdit, à compter de la signature de la présente, de souscrire tout nouvel engagement juridique, à caractère unilatéral ou contractuel, sauf avis conforme de la REGION ;

- notifie à la REGION, pour avis conforme, toute modification de l'inventaire, dont fera foi la dernière version en date signée des deux Parties sans que soit requis un avenant à la présente.

A cette même fin, leur issue étant susceptible de modifier le patrimoine juridique transféré, le DEPARTEMENT :

- dresse et tient à jour un inventaire exhaustif des litiges en cours, dont la version à jour au 01/11/2016 est annexée à la présente Convention (annexe V) ;

- s'interdit, à compter de la signature de la présente, d'engager toute action (pré)contentieuse en qualité de demandeur ;

- informe la REGION de tout nouveau litige et lui notifie dans les meilleurs délais l'état actualisé des litiges en cours.

Toujours à cette même fin, ainsi que dans un souci partagé de responsabilité et de lisibilité, les Parties conviennent expressément d'exclure du patrimoine juridique transféré à la REGION :

- les droits et obligations résultant d'engagements non répertoriés dans l'inventaire visé ci-dessus ;

- les droits et obligations dont le fait générateur est antérieur au 01/01/2017, date de transfert légal à la REGION de sa compétence Transports Interurbains et date de délégation conventionnelle à la REGION par le DEPARTEMENT de l'ensemble de sa compétence Transports Scolaires ;

A ce titre, le DEPARTEMENT conserve en particulier à sa charge les obligations :

- de paiement des Transporteurs résultant des prestations réalisées avant le 01/01/2017 ;
- De recouvrement auprès des usagers et des partenaires des recettes dont le fait générateur est antérieur à cette date.

- les droits et obligations afférents aux litiges en cours, non encore réglés définitivement, tels que décrits en annexe V à la présente convention, ainsi qu'à tout éventuel litige à venir, ce dès lors que leur fait générateur est antérieur à la date du 01/01/2017.

b) d'autre part, des engagements juridiques souscrits au nom et pour le compte du DEPARTEMENT par la REGION en sa qualité de délégataire du DEPARTEMENT pour l'exercice de sa compétence Transports Scolaires du 1er janvier au 31 août 2017 (v. Titre 3 Convention ci-après).

Afin tout à la fois de garantir la lisibilité du patrimoine juridique objet du transfert, et de permettre au DEPARTEMENT d'exercer le contrôle de l'exercice par la REGION de sa délégation, la REGION :

- dresse et tient à jour un inventaire exhaustif des engagements qu'elle souscrit, en sa qualité de délégataire, au nom et pour le compte du DEPARTEMENT ;

- notifie périodiquement au DEPARTEMENT l'inventaire actualisé *(v. art.11 Convention*).

<u>Article 5 : Information des tiers</u>

Le DEPARTEMENT informe par écrit, avec copie à la REGION, ses cocontractants de la substitution du DEPARTEMENT, dans tous ses droits et obligations, par la REGION. Les informations à délivrer sont précisées en annexe VI.

Par ailleurs, le DEPARTEMENT se concertera avec la REGION pour mettre en œuvre la communication adaptée relative au transfert de ces compétences, vis-à-vis des usagers des services de transport non urbains, réguliers ou à la demande et des services de transports scolaires.

Article 6 : Financement - Compensation financière des charges transférées

1/. Le montant de l'attribution de compensation financière à verser par la REGION au DEPARTEMENT en application de l'article 89-111-A de la loi n° 2015-1785 du 29 décembre 2015 de finances pour 2016 a été arrêté par les Parties contractantes, par délibération concordante de leur Assemblée prise après évaluation préalable des charges dans tes conditions prévues par l'article 133-V de la loi NOTRe.

2/. A titre de rappel indicatif, les mentions des délibérations susvisées prévalant en cas de contradiction avec les dispositions du présent paragraphe, le montant, à caractère forfaitaire, ferme et non indexable, de l'attribution de compensation financière à verser par la REGION au DEPARTEMENT est établi à :

2 080176,13 € (deux millions quatre-vingt mille cent soixante-seize euros et treize centimes) par an,

Ce montant équivaut au différentiel entre :

- le produit de CVAE supplémentaire dont bénéficie annuellement la REGION à compter du 1 er janvier 2017, évalué à 15 944 631 € ;
- et la charge annuelle nette relative aux compétences Transports Interurbains et Transports Scolaires, estimée d'un commun accord à 13 864 454,87 €, soit un montant d'attribution de compensation arrêté à la somme de 2 080 176,13 € à verser par la REGION au DEPARTEMENT.

Le montant de la charge annuelle nette transférée, qui est forfaitaire, ferme et non indexable, est décomposé comme suit :

Postes	Montants
A. Charges d'investissement :	
Sous-Total (A) :	**205,00 €**
B. Charges de fonctionnement :	
B.1 Charges d'exploitation	14 332 354,00 €
B.2 Moyens généraux : frais de personnels	260 016,87 €
B.3 Moyens généraux : autres frais	23 776,00 €
Sous-Total (B) :	**14 616 146,87 €**

Soit : Charges brutes (A+B) = **14 616 351,87 €**

Postes	Montants
C. Recettes d'exploitation :	
Sous-Total (C) :	**751 897,00 €**

Soit : Charges nettes (A+B-C) = **13 864 454,87 €**

Postes	Montants
D. CVAE transférée	
Sous-Total (D) :	**15 944 631,00 €**

Soit : attribution nette (D-(A+B-C)) = 2 080 176,13 €

3/. A compter du 1er janvier 2017, le DEPARTEMENT supporte temporairement sur son budget :

- *jusqu'à la date du transfert définitif à la REGION des personnels départementaux (transfert « statutaire » des personnels) :* les frais de rémunération des personnels affectés aux services (ou parties de service) participant à l'exercice par la REGION des compétences transférées ;
- *jusqu'à la date du transfert physique des personnel (transfert « physique » des personnels) :* les frais généraux (mobiliers et fournitures de bureau, électricité, chauffage, téléphonie, véhicules de service,...) liés à l'hébergement des personnels et à leur activité.

En conséquence, l'attribution annuelle à verser au DEPARTEMENT par la REGION à compter de l'exercice 2017 sera majorée :

a/. jusqu'à la date du transfert définitif à la REGION des personnels départementaux (voir art. 4.1 « Moyens Humains ») :

d'une somme compensatoire des charges de personnels encore temporairement supportés par le DEPARTEMENT, dite *« majoration temporaire pour charges de personnels ».*

Cette somme est arrêtée à :

173 344,58 € (en toutes lettres : cent soixante-treize mille trois cent quarante-quatre euros et cinquante-huit centimes) soit 8/12e de la valeur absolue du poste « B.2 Moyens généraux : frais de personnels » de l'attribution annuelle de compensation financière (*v. supra*) ;

Cette somme a un caractère ferme et non indexable. Elle est forfaitaire et est réputée compenser les charges de personnel supportées par le DEPARTEMENT à compter du 1er janvier 2017, ce quel que soit le montant réel des dépenses de personnel effectivement réalisées par le DEPARTEMENT et le service public de transport (interurbain ou scolaire) auquel sont affectés les personnels rémunérés.

b/. jusqu'à la date de fin de mise à la disposition de la REGION des locaux départementaux d'hébergement des services (ou parties de services) transférés (voir art. 4.2 « Moyens techniques ») :

d'une somme compensatoire des frais généraux encore temporairement supportés par le DEPARTEMENT, dite *« majoration temporaire pour frais généraux ».*

Cette somme est arrêtée à :

23 776,00 € (en toutes lettres : vingt-trois mille sept cent soixante-seize euros) net par an, correspondant à la valeur absolue du poste « B.3 Moyens généraux : autres frais » de l'attribution annuelle de compensation financière (*v. supra*).

Cette somme a un caractère ferme et non indexable. Elle est réputée compenser forfaitairement les charges de frais généraux supportées par le Département à compter du 1er janvier 2017, ce quels que soient le montant réel des dépenses de frais généraux effectivement réalisées par le Département et le service public de transports (interurbains ou scolaires) induisant ces dépenses.

Etant donné que la mise à la disposition de la REGION des locaux départementaux d'hébergement des services transférés interviendra en cours d'exercice budgétaire, la majoration temporaire pour frais généraux à verser par la REGION sera calculée au prorata temporis (nombre de jours de mise à disposition par le DEPARTEMENT des moyens généraux nécessaires / nombre de jours de l'année).

4/. Le versement de l'attribution de compensation financière et des majorations temporaires de la REGION au DEPARTEMENT intervient par douzième avant le 20 de chaque mois sans que soit requise la production à la Partie débitrice d'une demande de paiement.

TITRE III— Organisation de la compétence Transports Scolaires en phase transitoire (du 1 er janvier au 31 août 2017 minuit, échéance légale du transfert de compétence)

Article 7 : Compétence déléguée à la REGION

1/. A compter du 1er janvier 2017 et jusqu'au 1er septembre 2017 (0h00), date de transfert légal de la compétence à la REGION, le DEPARTEMENT délègue à la REGION l'ensemble de sa compétence Transports Scolaires, telle que visée à l'article 1.

Sauf faute grave de la REGION délégataire, le DEPARTEMENT s'interdit en conséquence d'intervenir dans le champ de la compétence déléguée.

Le transport des élèves et étudiants handicapés demeure de la compétence exclusive du DEPARTEMENT.

2/. En sa qualité d'Autorité Organisatrice Déléguée, la REGION organise et met en œuvre le service public du transport scolaire.

A cette fin, elle assume l'ensemble des missions et attributions légalement dévolues au DEPARTEMENT en qualité d'Autorité Organisatrice du Transport Scolaire, et notamment les missions et attributions suivantes :

- Définition de l'offre de transport en concertation avec les autres AOT, dont l'organisation et la mise en œuvre des transferts de compétences induits par la modification du périmètre de compétence des intercommunalités telle que prévue par l'article 18 de la Loi NOTRe
- Règlementation du service de transport, contrôle d'application, et mise en œuvre des sanctions prévues
- Exploitation du réseau ou mise à disposition du réseau à des tiers exploitants
- Délivrance des titres de transports aux usagers et recouvrement des recettes correspondantes
- Information des usagers
- Promotion du service
- Financement du développement du réseau o Gestion des litiges
- Concertation et relations quotidiennes avec les différents acteurs du service public du transport scolaire :
  - associations représentatives des usagers,
  - communauté éducative, - sociétés de transport et fédérations représentatives,
  - autorités organisatrices de la mobilité durable,
  - etc

3/. Pour l'exercice de ces missions et attributions, il appartient à la REGION délégataire, notamment :

- de poursuivre l'exécution des actes pris par le DEPARTEMENT en vue de l'organisation, l'exploitation (ou la mise à disposition à un tiers exploitant) du réseau départemental de transport scolaire, et notamment :

  - règlements du service public de transports scolaires ;
  - conventions de prise en charge des abonnements SNCF et leurs éventuels avenants ;
  - délibérations fixant les régimes d'aides individuelles aux transports ;

- contrats de la commande publique (marchés publics, conventions de délégation de service public,...) et leurs éventuels avenants ;
- arrêtés et/ou conventions d'occupation du domaine appartenant à d'autres collectivités ou groupements de collectivités qui contribuent à l'exécution du service délégué, et leurs éventuels avenants ;
- conventions de délégation de compétences conclues avec les Autorités Organisatrices de Second Rang et leurs éventuels avenants ;
- conventions tarifaires conclues avec des Exploitants de Réseaux de Transport ou d'autres Autorités Organisatrices des Transports ou de la Mobilité Durable et leurs éventuels avenants ;
- conventions de partenariat et/ou de complémentarité des services de transport avec les Autorités Organisatrices de la Mobilité Durable, les Etablissements Publics Locaux d'Enseignement,... et leurs éventuels avenants ;
- etc, ...

Ces actes, dont la liste exhaustive figure en Annexe IV, auront, dans leur intégralité, été soit remis en copie à la REGION par le DEPARTEMENT, soit mis à disposition des services départementaux sur lesquels la REGION est appelée à exercer un pouvoir d'instruction, préalablement à l'entrée en vigueur de la présente convention.

o de prendre, dès lors que l'intérêt du service public le justifie, toute décision initiale ou modificative relative à l'organisation, à l'exploitation (ou à la mise à disposition à un tiers exploitant) dudit réseau, et de souscrire les engagements correspondants, afférentes notamment aux actes visés ci-dessus.

o d'effectuer toutes les opérations de gestion administrative et financière liées à l'exécution des actes susvisés et de prendre les décisions y afférentes, telles que notamment :

- vérification et certification du service fait
- détermination du montant et paiement des dépenses

- o détermination et recouvrement des recettes, quelle qu'en soit la nature (recettes perçues auprès des usagers du service, à caractère commercial ; recettes de TVA, à caractère fiscal)
- o imputation et remise de pénalités o abandon de créances
- o sanctions et infractions au règlement du service public de transports scolaires
- o etc, ...

o d'engager toute action contentieuse, en défense comme en demande, propre à préserver les intérêts du DEPARTEMENT.

4/. Les conditions et modalités d'exécution de la compétence ainsi déléguée à la REGION sont spécifiées dans les dispositions qui suivent.

Article 8 : Moyens nécessaires à l'exercice de la compétence déléguée

Pour l'exercice de la compétence déléguée définie ci-avant, la REGION et le DEPARTEMENT conviennent de la mise en œuvre des moyens suivants :

Article 8-1 : Moyens humains

Pour l'exercice des attributions qui lui sont déléguées, la REGION s'appuie sur les services compétents du DEPARTEMENT.

A ce titre, le DEPARTEMENT confère à la REGION pouvoir d'instruction sur son service des transports visé à l'article 4-1 de présente et dont l'organigramme figure en ANNEXE II. Le personnel sera placé sous l'autorité fonctionnelle du Président du Conseil régional. Pour autant, ces agents demeurent employés par le Conseil départemental qui continuera d'en assurer la gestion administrative.

Article 8-2 : Moyens techniques (locaux, mobiliers, matériels informatique)

Le DEPARTEMENT met à la disposition de la REGION les locaux et autres moyens généraux nécessaires à l'hébergement du service visé sous l'article 8.1 « Moyens Humains » et à l'exécution de la compétence déléguée à la REGION.

Les moyens techniques ainsi mis à disposition sont listés en annexe III.

En contrepartie, la REGION verse au DEPARTEMENT la « majoration temporaire pour frais généraux » fixée à l'article 6 « Financement - Compensation financière des charges transférées ».

Article 8-3 : Moyens financiers

Aucun moyen financier spécifique, autre que ceux prévus pour l'exercice par la REGION des compétences Transports Interurbains et Transports Scolaires transférées (*v. supra, Titre II, art.4.3 « moyens financiers »)* ne sera alloué à la REGION pour l'exercice de la compétence déléguée par le DEPARTEMENT.

Réciproquement, la REGION conserve l'intégralité des recettes dont les titres sont émis par elle à compter de l'exercice de la compétence déléguée (recettes perçues sur les usagers, participations financières diverses).

Article 9 : Informations et pièces requises pour l'exercice de la délégation

1/. Le DEPARTEMENT met en œuvre auprès des tiers, notamment de ses cocontractants et des usagers du service, toutes les mesures utiles et prend tous les actes nécessaires à l'exercice effectif par la REGION de la délégation. Il en informe la REGION.

Les informations utiles relatives à la REGION sont précisées en annexe VI.

2/. Le DEPARTEMENT fournit à la REGION les bases de données, issues des systèmes d'information, nécessaires à l'exercice de la compétence déléguée.

3/. Le DEPARTEMENT tient à la disposition de la REGION, sur simple demande, copie de tout acte ou information relatifs à l'organisation, l'exploitation (ou la mise à la disposition de tiers exploitants) du réseau départemental de transports scolaires.

Les dessertes et tarifs d'utilisation du réseau départemental de transports scolaires sont décrits en annexe I de la présente Convention.

4/. Documents et données produits et conservés dans l'exercice des compétences transférées :

Parallèlement au transfert de compétences (ou à l'issue des huit mois de délégation de la compétence du DEPARTEMENT à la REGION pour les transports scolaires), les archives relatives à ces compétences (documents et données électroniques) dont la durée d'utilité administrative est échue et qui relèvent de la conservation définitive (application de la réglementation et des tableaux de tri), seront versées aux archives départementales de l'Aube. Celles dont la durée d'utilité administrative est échue et qui peuvent être éliminées le seront par le Département selon la procédure réglementaire.

Celles dont la durée d'utilité administrative n'est pas échue seront transférées selon la procédure réglementaire. Une convention de transfert comprenant un bordereau de transfert détaillé sera visée par la Région, le département de l'Aube et le Directeur des archives départementales de l'Aube. Le transfert matériel sera à la charge de la Région.

A l'issue de leur durée d'utilité administrative, les archives transférées à la Région Grand-Est qui doivent être conservées à titre définitif seront prises en charge par le service d'archives de la Région.

A l'issue de leur durée d'utilité administrative, les archives publiques transférées à la Région Grand-Est qui doivent être éliminées feront l'objet d'un bordereau d'élimination soumis au visa préalable du directeur des Archives départementales chargées du contrôle scientifique et technique de l'État sur les archives publiques de la Région, après avis du département de l'Aube.

Article 10 : Protection des données nominatives — Formalités auprès de la CNIL

La REGION prend toutes les mesures nécessaires pour garantir la sécurité et la confidentialité des données qu'elle collecte et / ou exploite. Elle est responsable du traitement des données au sens de la loi n ° 78-17 du 6 janvier 1978 *relative à l'informatique, aux fichiers et aux libertés dite « loi informatique et libertés ».*

Elle effectue toutes démarches propres à assurer le respect de ladite loi.

Article 11 : Objectifs, indicateurs de suivi et contrôle de la délégation confiée

1/. La REGION s'oblige, en sa qualité de délégataire du DEPARTEMENT, à poursuivre les objectifs suivants :

- assurer la continuité du service aux usagers,
- assurer la continuité du paiement des sociétés de transport dans le respect des échéances contractualisées.

2/. Elle consulte le DEPARTEMENT préalablement à toute modification substantielle de l'organisation du service public à exécuter sur l'année scolaire 2016-2017.

Les adaptations courantes du service (modifications de points d'arrêts, rectifications d'horaires de passage des cars...) font, elles, l'objet d'une simple information au DEPARTEMENT par la REGION.

La REGION et le DEPARTEMENT s'informent mutuellement, dès qu'ils en ont connaissance, de toute réclamation ou procédure diligentée à leur encontre en lien avec l'exécution de cette convention de nature à porter préjudice à l'une des parties. Ils s'accordent raisonnablement assistance dans leur défense contre de telles réclamations ou procédures.

La REGION signale au DEPARTEMENT sans délai tout accident corporel d'une particulière gravité.

3/. La REGION adresse mensuellement au DEPARTEMENT, entre le 1er et le 10 de chaque mois un bilan d'exercice de sa délégation contenant :

- un état des dépenses et des recettes réalisées le mois précédent,
- un inventaire des engagements juridiques souscrits par la Région délégataire,
- un relevé des incidents d'exploitation ayant engendré des dommages matériels, immatériels ou corporels d'une particulière gravité,
- un relevé des infractions au règlement départemental de discipline et des sanctions prononcées,

4/. La REGION fournit au DEPARTEMENT, sur simple demande, toute information ou pièce justificatives relative à l'exercice des attributions confiées. Elle se soumet à tout contrôle réalisé sur pièces ou sur place par toute personne habilitée par le DEPARTEMENT.

Article 12 : Responsabilité Assurance

Article 12-1 : Responsabilité à l'égard des tiers

1/. La REGION est tenue envers le DEPARTEMENT de la bonne exécution de la compétence qui lui est déléguée.

2/. Le DEPARTEMENT conserve sa qualité d'Autorité Organisatrice des Transports Scolaires vis-à-vis des tiers. Dans le cas où sa responsabilité serait engagée à ce titre, la REGION garantit le DEPARTEMENT qui l'appellera à la cause, pour les missions et attributions qui lui sont dévolues dans le cadre de la compétence déléguée par la présente convention.

Article 12-2 : Mandat de la REGION d'agir à l'égard des tiers

Conformément aux dispositions de l'article L. 1111-8 de CGCT, la REGION exerce la compétence déléguée au nom et pour le compte du DEPARTEMENT.

Pour l'application desdites dispositions, la présente Convention emporte pouvoir de la REGION d'agir au nom et pour le compte du DEPARTEMENT pour l'exécution de la compétence qui lui est déléguée.

Article 12-3 : Assurance

Chacune des PARTIES contracte les assurances propres à garantir les risques afférents à sa responsabilité.

Le DEPARTEMENT contracte une assurance « responsabilité civile » afin de garantir les risques afférents à sa propre responsabilité d'Autorité Organisatrice Délégante.

La REGION souscrit une assurance « responsabilité civile » afin de garantir les risques afférents à sa propre responsabilité d'Autorité Organisatrice Déléguée.

TITRE IV — Dispositions finales

Article 13 : Entrée en vigueur - Durée

La présente convention entre en vigueur à compter du 1er janvier 2017, sous réserve de la remise à la REGION par le DEPARTEMENT ou de leur mise à disposition aux services départementaux sur lesquels la REGION est appelée à exercer un pouvoir d'instruction, de l'ensemble des pièces nécessaires à l'exercice des missions qui lui sont déléguées et ou transférées, prévues notamment aux articles 4-4 et 7 de la présente.

Elle s'achève à la réalisation complète de son objet.

Article 14 : Résiliation

En cas d'inexécution de ses obligations par l'une ou l'autre des PARTIES, la présente Convention peut faire l'objet, à l'initiative de la PARTIE lésée, d'une résiliation partielle portant uniquement sur les dispositions de son Titre III régissant l'organisation de la compétence Transports Scolaires pendant la période transitoire courant du 01/01 au 31/08/2017.

La résiliation est prononcée sous réserve du respect d'un préavis d'un mois adressé par lettre recommandée avec accusé de réception. La subrogation de la REGION dans les droits et obligations du DEPARTEMENT prend fin dès l'issue de la période de préavis précitée.

Aucune indemnité de résiliation n'est due.

Article 15 : Litige

En cas de litige résultant de l'interprétation ou de l'application de la présente Convention, les PARTIES s'engagent à tout mettre en œuvre pour parvenir à un règlement amiable.

En cas d'échec de la conciliation, le différend sera porté devant le Tribunal Administratif de Strasbourg.

Fait en deux exemplaires originaux,

A Troyes, le 21 DEC. 2016 A Strasbourg, le 19 DEC. 2016

Le Département, **La Région,**

Annexe I

Annexe descriptive du réseau de transport du DEPARTEMENT (état au 01/11/2016)

Services de transports non urbains :

- lignes régulières :
  - nombre de lignes : 21
  - nombre de communes desservies : près de 230
  - nombre de kilomètres annuels parcourus : environ 1 100 000
  - nombre de voyages annuels effectués (compris scolaires) : environ 270 000
  - nombre de prestataires : 4

- transport à la demande :
  - nombre de communautés de communes organisatrices : 3

Services de transports scolaires (lignes spécifiques) :

- nombre de cars mobilisés au quotidien : 174
- nombre de services au quotidien : environ 800
- nombre de prestataires : 11 dont 2 collectivités

Annexe II

Annexe descriptive du(des) service(s) placé(s) sous le pouvoir d'instruction de la REGION

Nom des agents	Fonctions exercées
Sylvie TRZASKA	Assistante du service
PÔLE ADMINISTRATIF	
Véronique BOYER	Référente du pôle administratif - Chargée de secteur
Sandrine SEVERINO VIEIRA ROBALO	Chargée de secteur
Geneviève SIWEK	Chargée de secteur
PÔLE TECHNIQUE	
Gérald NIE	Référent du pôle technique - Chargé de l'organisation et du contrôle des transports
Isabelle JOLLIOT	Agent qualité / sécurité

Annexe III

Annexe descriptive des moyens techniques mis à disposition par le

DEPARTEMENT

III-A — Moyens techniques mis *définitivement* à la disposition de la REGION à l'échéance légale du transfert de compétences à la REGION

Sans objet

III-B — Moyens techniques mis *temporairement* à la disposition de la REGION à l'échéance légale du transfert de compétences et jusqu'au transfert physique des services dans les locaux régionaux

1/. Locaux, équipements et autres moyens généraux :

Locaux de l'Hôtel du Département avec mobilier, compris tous fluides (eau, électricité, assainissement...) et nettoyage

Equipements nécessaires en matière de téléphonie et d'informatique (ordinateurs, téléphones, connexion à internet, logiciels de bureautique...) hors logiciels spécifiques mis en oeuvre par la Région

Equipements de reprographie

Fournitures de bureau, consommables

Affranchissement

Utilisation des véhicules du pool de l'Hôtel du Département

2/. Moyens d'exploitation du réseau :

Sans objet

III-C — Moyens techniques mis temporairement à la disposition de la

---

REGION pendant la durée de validité de la délégation de compétences confiée par le DEPARTEMENT à la REGION en matière de transports scolaires (01/01/17 au 31/08/17) :

1/. Locaux, équipements et autres moyens généraux :

Locaux de l'Hôtel du Département avec mobilier, compris tous fluides (eau, électricité, assainissement...) et nettoyage

Equipements nécessaires en matière de téléphonie et d'informatique (ordinateurs, téléphones, connexion à internet, logiciels de bureautique...) hors logiciels spécifiques mis en œuvre par la Région

Equipements de reprographie

Fournitures de bureau, consommables

Affranchissement

Utilisation des véhicules du pool de l'Hôtel du Département

2/. Moyens d'exploitation du réseau :

Sans objet

Annexe IV

Annexe descriptive du patrimoine juridique transféré — état au 01/11/2016 des engagements juridiques souscrits par le DEPARTEMENT et

---

non encore honorés (soldés)

1/. Règlements de Service Public (règlements « usagers »)

Objet	Service de rattachement (TI/TS/Mixte)	Références de la délibération
Charte départementale des transports scolaires	TS	15 février 1989 - Dernière mise à jour le 18 avril 2016 (délibération de la commission permanente n ° 042016/149 du 18 avril 2016)
Règlement départemental de transport scolaire	TS	

2/. Conventions de délégations de compétences conclues avec les Autorités Organisatrices de Second Rang

Objet sommaire — Libellé	Service de rattachement (TI/TS/Mixte)	Tiers cocontractant	Date de fin de validité*
Convention relative à l'organisation des transports scolaires	TS	Syndicat intercommunal de gestion et de construction de transport scolaire d'Aix-en-Othe	31/08/2019
Convention relative à l'organisation des transports scolaires	TS	Syndicat intercommunal de transport scolaire d'Arcis-sur-Aube	31/08/2019
Convention relative à l'organisation des transports scolaires	TS	Syndicat de regroupement scolaire de Bagneux-la-Fosse, Bragelogne Beauvoir, Avirey-Lingey, Channes, et Arrelles	31/08/2019
Convention relative à l'organisation des transports scolaires	TS	Syndicat intercommunal de transport scolaire de Bar-sur-Seine	31/08/2019
Convention relative à l'organisation des	TS	Syndicat intercommunal de transport scolaire de	31/08/2019

transports scolaires		Chaource	
Convention relative à l'organisation des transports scolaires	TS	Syndicat intercommunal de regroupement scolaire de Saint-Loup-de-Buffigny, Saint-Martin-de-Bossenav et La Fosse-Corduan	31/08/2019
Convention relative à l'organisation des transports scolaires	TS	Syndicat intercommunal de transport scolaire de La Chapelle-Saint-Luc	31/08/2019
Convention relative à l'organisation des transports scolaires	TS	Syndicat intercommunal à vocation multiple de Marolles-les-Bailly	31/08/2019
Convention relative à l'organisation des transports scolaires	TS	Syndicat intercommunal de transport scolaire de Méry-sur-Seine	31/08/2019
Convention relative à l'organisation des transports scolaires	TS	Organisme de gestion de l'enseignement catholique école et collège Saint-Loup	31/08/2019
Convention relative à l'organisation des transports scolaires	TS	Commune de Mussy-sur-Seine	31/08/2019
Convention relative à l'organisation des transports scolaires	TS	Syndicat intercommunal de transport scolaire de Nogent-Sur-Seine (Région Nord)	31/08/2019
Convention relative à l'organisation des transports scolaires	TS	Syndicat intercommunal de transport scolaire de Nogent-sur-Seine (Région Sud)	31/08/2019
Convention relative à l'organisation des transports scolaires	TS	Syndicat intercommunal à vocation scolaire de la région de Piney	31/08/2019
Convention relative à l'organisation des transports scolaires	TS	Syndicat intercommunal de transport scolaire de Romilly-sur-Seine	31/08/2019
Convention relative à l'organisation des transports scolaires	TS	Communauté de communes Seine-Barse	31/08/2019
Convention relative à l'organisation des transports scolaires	TS	Commune de Saint-Lyé	31/08/2019
Convention relative à l'organisation des transports scolaires	TS	Syndicat intercommunal de transport scolaire de Vendeuvre-sur-Barse	31/08/2019
Convention relative à l'organisation des transports scolaires	TS	Communauté de communes de la région de Bar-sur-Aube	31/08/2019

Convention relative à l'organisation des transports scolaires	TS	Syndicat intercommunal de regroupement pédagogique de Jessains, Trannes, Bossancourt, Amance	31/08/2019

* Toutes périodes de reconduction éventuelle (cas de conventions reconductibles) ou de prolongation contractuelle (cas de conventions prolongées par voie d'avenant) incluses.

3/. Autres conventions

Objet sommaire — Libellé	**Service de rattachement (TI/TS/Mixte)**	**Tiers cocontractant**	**Date de fin de validité***
Convention relative au transfert des dessertes scolaires départementales incluses dans le périmètre des transports urbains	TS	Communauté d'agglomération du Grand Troyes	Pas de limitation de durée
Autorisation d'occupation d'un immeuble bâti dépendant du domaine public du chemin de fer	Mixte	SNCF	Pas de limitation de durée
Convention entre le Département de l'Aube et la SNCF pour la création d'une tarification spécifique interne scolaire	TS	SNCF	Pas de limitation de durée
Convention entre le Département de l'Aube et la SNCF relative aux abonnements scolaires subventionnés	TS	SNCF	Pas de limitation de durée
Autorisation de règlement différé des prestations voyageurs	TS	SNCF	Pas de limitation de durée
Convention pour la gestion de la gare routière publique de	Mixte	Les Courriers de l'Aube	21/08/2017

voyageurs de Troyes			
Convention pour le transport interdépartemental des élèves sur les services scolaires et réguliers publics	Mixte	Département de la Côte d'Or	31/08/2023
Convention entre le Département de la Haute-Marne et le Département de l'Aube relative au transport interdépartemental d'élèves sur les services scolaires et réguliers publics	Mixte	Département de la Haute-Marne	31/08/2024
Convention pour le transport interdépartemental des élèves sur les services scolaires et réguliers publics	Mixte	Département de la Marne	31/08/2024
Convention pour le transport interdépartemental des élèves sur les services scolaires et réguliers publics	Mixte	Département de l'Yonne	31/08/2024
Convention de délégation de compétences pour l'organisation et		Communauté de communes des Lacs de Champagne	15/02/2019
la mise en œuvre d'un transport à la demande par la Communauté de communes des Lacs de Champagne			
Convention de délégation de compétences pour l' organisation et la mise en œuvre d'un transport à la demande par la Communauté de communes du Val d'Armance		Communauté de communes du Val d'Armance	11/03/2018

Convention de délégation de compétences pour l'organisation et la mise en œuvre de transport à la demande		Communauté de communes « Forêts, Lacs, Terres en Champagne »	20/09/2015 (convention ayant expiré mais dans les faits toujours active)
Convention relative au service de transport routier non urbain de personnes TransChampagneArdenne « Reims/Châlons-en-Champagne/Troyes »		Région Champagne-Ardenne / Département de la Marne / Communauté d'agglomération Reims-Métropole / Communauté d'agglomération du Grand Troyes / Communauté d'agglomération de Châlons-en-Champagne / Ville de Reims / Ville de Châlons-en-Champagne / Ville de Troyes	30/06/2021

* Toutes périodes de reconduction éventuelle (cas de conventions reconductibles) ou de prolongation contractuelle (cas de conventions prolongées par voie d'avenant) incluses.

4/. Contrats de la commande publique (marchés publics, conventions de délégation de service public,...)

N° du marché/DSF	Lot	Titulaire(s)	CP	Ville	Date de début d'exécution du marché/DSP	Date de fin d'exécution du marché/DSP
EXÉCUTION DE SERVICES RÉGULIERS ROUTIERS DESTINÉS À TITRE PRINCIPAL AUX USAGERS SCOLAIRES À COMPTER DE LA RENTRÉE SCOLAIRE 2012/2013						
122696	Lot n° 01 : Aix-en-Othe (6 véhicules)	PROCARS CHAMPAGNE	10700	TORCY-LE-GRAND	01/09/2012	31/08/2019
122949	Lot n° 02 : Aix-en-Othe (3 véhicules)	LES COURRIERS DE L'AUBE	10000	TROYES	01/09/2012	31/08/2019
122950	Lot n° 03 : Arcis-sur-Aube (10 véhicules)	PROCARS CHAMPAGNE	10700	TORCY-LE-GRAND	01/09/2012	31/08/2019
122697	Lot n° 04 : Arcis-sur-Aube (2 véhicules)	CARS COLLARD	10380	PLANCY L'ABBAYE	01/09/2012	31/08/2019
122698	Lot n° 05 : Bagneux-la-Fosse (1 véhicule)	PRET A PARTIR TOURING CARS	10130	MAROLLES-SOUS-LIGNIERES	01/09/2012	31/08/2019
122699	Lot n° 06 : Bar-sur-Aube (12 véhicules)	COMMUNAUTE DE COMMUNES DE LA REGION DE BAR-SUR-AUBE	10200	BAR-SUR-AUBE	01/09/2012	31/08/2019
122704	Lot n° 07 : Vallly (2 véhicules)	ADRIA CARS	10410	SAINT-PARRES-AUX-TERTRES	01/09/2012	31/08/2019
122952	Lot n° 08 : Bar-sur-Seine (11 véhicules)	LES COURRIERS DE L'AUBE	10000	TROYES	01/09/2012	31/08/2019
122951	Lot n° 09 : Bar-sur-Seine (10 véhicules)	AUTOCARS DE PERETTI	10110	BAR-SUR-SEINE	01/09/2012	31/08/2019
122710	Lot n° 10 : Bouilly (6 véhicules)	PRET A PARTIR TOURING CARS	10130	MAROLLES-SOUS-LIGNIERES	01/09/2012	31/08/2019
122711	Lot n° 11 : Bouilly (7 véhicules)	LES COURRIERS DE L'AUBE	10000	TROYES	01/09/2012	31/08/2019
122712	Lot n° 12 : Brienne-le-Château (8 véhicules)	KEOLIS SUD LORRAINE	54136	BOUXIERES-AUX-DAMES	01/09/2012	31/08/2019
122713	Lot n° 13 : Brienne-le-Château (4 véhicules)	LES COURRIERS DE L'AUBE	10000	TROYES	01/09/2012	31/08/2019
122714	Lot n° 14 : Chaource (7 véhicules)	PRET A PARTIR TOURING CARS	10130	MAROLLES-SOUS-LIGNIERES	01/09/2012	31/08/2019
122953	Lot n° 15 : Ervy-le-Châtel (7 véhicules)	PRET A PARTIR TOURING CARS	10130	MAROLLES-SOUS-LIGNIERES	01/09/2012	31/08/2019
123418	Lot n° 16 : Ervy-le-Châtel (1 véhicule)	GARAGE MOCQUERY	10130	SAINT-PHAL	01/09/2012	31/08/2019
122716	Lot n° 17 : La Chapelle-Saint-Luc/Montgueux/Saint-Lyé (10 véhicules)	LES COURRIERS DE L'AUBE	10000	TROYES	01/09/2012	31/08/2019
122717	Lot n° 18 : Communauté de communes Seine-Barse/Piney (7 véhicules)	LES COURRIERS DE L'AUBE	10000	TROYES	01/09/2012	31/08/2019
122954	Lot n° 19 : Communauté de communes Seine-Barse/Piney (5 véhicules)	AUTOCARS DE PERETTI	10110	BAR-SUR-SEINE	01/09/2012	31/08/2019
122718	Lot n° 20 : Communauté de communes Seine-Barse/Piney (2 véhicules)	ADRIA CARS	10410	SAINT-PARRES-AUX-TERTRES	01/09/2012	31/08/2019
122719	Lot n° 21 : Jessains (1 véhicule)	REGIE DE TRANSPORTS DU SYNDICAT INTERCOMMUNAL DE REGROUPEMENT PEDAGOGIQUE DE JESSAINS-TRANNES-BOSSAN	10140	JESSAINS	01/09/2012	31/08/2019
122720	Lot n° 22 : Marolles-les-Bailly (1 véhicule)	LES COURRIERS DE L'AUBE	10000	TROYES	01/09/2012	31/08/2019
122721	Lot n° 23 : Mesnil-Saint-Loup (2 véhicules)	LES COURRIERS DE L'AUBE	10000	TROYES	01/09/2012	31/08/2019
122722	Lot n° 24 : Mussy-sur-Seine (1 véhicule)	LES COURRIERS DE L'AUBE	10000	TROYES	01/09/2012	31/08/2019
122970	Lot n° 25 : Méry-sur-Seine (10 véhicules)	CARS COLLARD	10380	PLANCY L'ABBAYE	01/09/2012	31/08/2019
122723	Lot n° 26 : Nogent-sur-Seine Nord (2 véhicules)	CARS COLLARD	10380	PLANCY L'ABBAYE	01/09/2012	31/08/2019
122724	Lot n° 27 : Nogent-sur-Seine Sud (6 véhicules)	CARS MOREAU	77480	FONTAINE FOURCHES	01/09/2012	31/08/2019
122725	Lot n° 28 : Romilly-sur-Seine (19 véhicules)	LES COURRIERS DE L'AUBE	10000	TROYES	01/09/2012	31/08/2019
122726	Lot n° 29 : Romilly-sur-Seine (3 véhicules)	CARS COLLARD	10380	PLANCY L'ABBAYE	01/09/2012	31/08/2019
122727	Lot n° 30 : Romilly-sur-Seine (3 véhicules)	Groupement LES CARS MOREAU/LES COURRIERS DE L'AUBE	77480	FONTAINES-FOURCHES	01/09/2012	31/08/2019
122729	Lot n° 31 : Vendeuvre-sur-Barse (4 véhicules)	KEOLIS SUD LORRAINE	54136	BOUXIERES-AUX-DAMES	01/09/2012	31/08/2019
122955	Lot n° 32 : Vendeuvre-sur-Barse (1 véhicule)	KEOLIS SUD LORRAINE	54136	BOUXIERES-AUX-DAMES	01/09/2012	31/08/2019
EXÉCUTION DE SERVICES RÉGULIERS ROUTIERS DESTINÉS À TITRE PRINCIPAL AUX USAGERS SCOLAIRES À COMPTER DE LA RENTRÉE SCOLAIRE [illegible] Lots n° 33 et 34						
144362	Lot n° 33 : Crogny (1 véhicule)	LES COURRIERS DE L'AUBE	10000	TROYES	1er/09/2014 (1 an renouvelable 4 fois de manière expresse)	31/08/2019
144382	Lot n°34 : Creney (1 véhicule en tranche ferme et 1 véhicule en tranche conditionnelle) *(TC non retenue)*	LES COURRIERS DE L'AUBE	10000	TROYES	1er/09/2014 (1 an renouvelable 4 fois de manière expresse)	31/08/2019
DÉLÉGATION DE SERVICE PUBLIC POUR L'EXPLOITATION DES SERVICES DE TRANSPORT PUBLIC ROUTIER NON URBAIN DE VOYAGEURS POUR LE DÉPARTEMENT DE L'AUBE						
11DSP1	Lot n° 01 : Secteur de Romilly-sur-Seine	PROCARS	77484	PROVINS	1er/09/2011	31/08/2019
11DSP2	Lot n° 02 : Secteur d'Arcis-sur-Aube	BARDY	51300	LUXEMONT-VILLOTTE	1er/09/2011	31/08/2019
11DSP3	Lot n° 03 : Secteur de Brienne-le-Château	LES COURRIERS DE L'AUBE	10000	TROYES	1er/09/2011	31/08/2019
11DSP4	Lot n° 04 : Secteur de Bar-sur-Aube	KEOLIS SUD LORRAINE	54136	BOUXIERES-AUX-DAMES	1er/09/2011	31/08/2019
11DSP5	Lot n°05 : Secteur de Bar-sur-Seine	LES COURRIERS DE L'AUBE	10000	TROYES	1er/09/2011	31/08/2019
11DSP6	Lot n° 06 : Aix-en-Othe	LES COURRIERS DE L'AUBE	10000	TROYES	1er/09/2011	31/08/2019
EXÉCUTION DE SERVICES DE TRANSPORTS DANS LE CADRE DE L'EPS AU COLLÈGE DES JACOBINS À TROYES						
143832	Lot unique	Groupement CARS COLLARD/ADRIA CARS	10380	PLANCY-L'ABBAYE	1er/09/2014 (1 an renouvelable tacitement 3	31/08/2018
EXÉCUTION DE SERVICES DE TRANSPORTS DES ÉLÈVES INTERNES VERS [illegible]						
143858	Lot unique	CARS COLLARD	10380	PLANCY-L'ABBAYE	01/09/2014 (marché reconductible tacitement 3 fois)	31/08/2018

Annexe V

Annexe descriptive des litiges en cours - état au 01/11/2016

Sans objet

Annexe VI

Informations relatives à la REGION à diffuser aux Tiers

Immatriculation :

Raison	Région Grand Est
Siége :	1 Place Adrien Zeller BP 91006 67000 STRASBOURG
Identifiant SIREN :	200 052 264
Identifiant SIRET :	200 052 264 00013
Code service :	10034
N ° TVA intracommunautaire :	FR 53 200 052 264
IBAN :	FR35 3000 1008 06C6 7400 0000 085
BIC :	BDFEFRPPCCT
Comptable Assignataire :	Monsieur le Payeur Régional 1 Place Adrien Zeller 67070 STRASBOURG Cedex

Annexe n°3 :
Convention Région Hauts-de-France – Département de l'Aisne

Convention de délégation de la compétence « Transports routiers non urbains » de la Région au Département de janvier à août 2017

Région
Hauts-de-France

L'AISNE
CONSEIL DÉPARTEMENTAL

Convention de délégation de la compétence « transports routiers non urbains » de la Région au Département de janvier à août 2017

Entre

La Région Hauts-de-France, sise 151 avenue du Président Hoover à 59555 Lille cedex, représentée par Monsieur Xavier BERTRAND, Président du Conseil Régional, dûment habilité par la délibération n° 20161803 du 13 décembre 2016,

Ci-après désignée : *« la Région »,* d'une part,

Et

Le Département de l'Aisne, dont le siège social est sis hôtel du département rue Paul Doumer 02000 Laon, représenté par M. Nicolas FRICOTEAUX, en sa qualité de Président du Conseil départemental, dûment autorisé par délibération du Conseil départemental en date du 12 décembre 2016

Ci-après désigné : *« le Département »,* d'autre part,

Vu la loi n°2015-991 du 7 août 2015 portant nouvelle organisation territoriale de la République, notamment son article 15 ;

Vu le Code général des collectivités territoriales, notamment ses articles L.1111-8 et R.1111-1 ;

Vu le Code des transports ;

Vu la délibération n°20161803 de la séance plénière du Conseil régional des 13 et 14 décembre 2016 relative à la délégation de compétence « transports routiers non urbains » au Département de l'Aisne pour la période du 1 er janvier au 31 août 2017 ;

Vu la délibération n°450 de la séance plénière du Conseil départemental du 12 décembre 2016 relative à la délégation de compétence « transports routiers non urbains » au Département de l'Aisne pour la période du 1er janvier au 31 août 2017 ;

Préambule

En application de l'article 15 de la loi portant nouvelle organisation territoriale de la République susvisée, la Région est chargée, à compter du 1er janvier 2017, de l'organisation des transports routiers non urbains, réguliers ou à la demande, à l'exclusion du transport spécial des élèves handicapés vers les établissements scolaires.

Le même article de loi prévoit que la Région sera chargée, à compter du 1er septembre 2017, de l'organisation des transports scolaires.

Les transports routiers non urbains et les transports scolaires relèvent de la compétence du Département jusqu'aux dates de transfert à la Région fixées par ladite loi.

Il s'avère que les transports non urbains et les transports scolaires organisés par le Département sont fortement imbriqués et qu'il n'est pas possible de dissocier leurs transferts dans des conditions satisfaisantes.

Dans l'attente de la prise de compétence « transports scolaires » par la Région, il est donc décidé, d'un commun accord entre la Région et le Département, de déléguer au Département, au nom et pour le compte de la Région, la compétence « transports routiers non urbains » du 1er Janvier au 31 août 2017.

Il a été convenu ce qui suit :

Article 1er : Objet

En application de l'article L. 1111-8 du Code général des collectivités territoriales, la Région délègue au Département, qui l'accepte, sa compétence relative à l'organisation des services publics de transports routiers réguliers non urbains ou à la demande.

La présente convention définit les modalités de cette délégation de compétence, conformément à l'article R. 1111-1 du Code général des collectivités territoriales.

Article 2 : Durée

La délégation de compétence est fixée pour la période du 1er janvier 2017 au 31 août 2017.

La présente convention entre en vigueur le 1er janvier 2017 et se terminera à la fin de son exécution administrative.

Compte tenu de la durée relativement courte de la présente convention, il est convenu de ne pas prévoir de clause de résiliation anticipée.

Article 3 : Contenu et objectifs de la délégation

La délégation de compétence, objet de la présente convention, comprend l'ensemble des prérogatives et responsabilités prévues par le Code général des collectivités territoriales, le Code des transports et toute autre loi ou tout autre règlement concernant les transports routiers réguliers non urbains.

Le Département a en charge principalement :

- la définition du service public, en particulier la détermination des dessertes, arrêts et horaires ;
- l'exploitation du service public : il choisit librement le mode d'exploitation (régie, marchés ou délégations de service public) et attribue les contrats d'exploitation aux opérateurs économiques publics ou privés qu'il choisit. Il peut aussi à ce titre établir des partenariats avec les communes et les Autorités Organisatrices de la Mobilité (AOM) ;
- le contrôle des exploitants (technique, financier, qualité, régularité, etc.) ;
- l'implantation et l'aménagement des points d'arrêt ;
- les relations avec les usagers, notamment l'information des voyageurs et le traitement des réclamations en application du règlement des lignes interurbaines ;
- le paiement du service public : il détermine les conditions tarifaires et fixe les tarifs, perçoit, indirectement les recettes des usagers, verse aux exploitants les sommes prévues par les contrats ;
- l'ensemble des actes de gestion liés à l'exercice de la délégation de compétence et à sa mise en œuvre.

L'objectif de la délégation est d'assurer le service public selon les mêmes principes et dans les mêmes conditions qu'au cours de l'année 2016.

Article 4 : Contrats et conventions en cours

Les contrats et conventions en cours continuent leurs effets, y compris en ce qui concerne leurs flux financiers, pendant la période d'application de la présente convention, qu'il s'agisse, notamment, des marchés ou délégations de service public, des conventions avec des collectivités territoriales ou leurs groupements, ou de tout autre contrat en relation avec la compétence déléguée. Ces éléments sont précisés en annexe 1 .

Les conventions dont l'objet est une délégation de compétence déléguées par le Département à une commune ou à un Etablissement Public de Coopération Intercommunale (EPCI) ne peuvent pas être déléguées par la Région au Département. Elles sont donc gérées par la Région à compter du 1er janvier 2017.

Article 5 : Contrats et conventions à renouveler / à modifier

Durant la délégation, le Département pourra assurer le renouvellement du marché de contrôle et des conventions d'ouverture des portes avec les AOM liées à l'extension des périmètres au 1er janvier 2017. Il est prévu à l'article L. 3111-5 du Code des transports que dans le cas d'une création ou de l'extension d'une AOM conduisant à l'intégration complète d'une ligne interurbaine dans le nouveau ressort territorial, l'AOM se substitue à l'autorité interurbaine dans un délai d'un an à compter de la création ou de la modification.

Durant la délégation de la Région, le Département pourra préparer les éléments techniques et financiers qui seraient repris dans la convention entre autorités organisatrices et dans les avenants de transfert des délégations de service public.

Pour tout nouveau marché ou convention, ou avenants aux contrats et conventions existants, les éléments seront transmis pour accord à la Région au moins 6 semaines avant qu'ils soient soumis à la validation des élus du Département. A défaut de réponse de la Région dans un délai de deux semaines, l'avis de la Région est réputé favorable.

Article 6 : Agents départementaux affectés à la compétence déléguée.

Durant la délégation, le Département reste l'autorité hiérarchique et fonctionnelle des agents affectés aux missions déléguées. A ce titre, il demeure leur employeur et leur fournit les moyens nécessaires à l'exercice des missions. Pendant toute la durée de la délégation prévue par la présente convention, les personnels départementaux restent affectés au Département de l'Aisne.

La dotation versée par la Région au Département lui permettant de couvrir les dépenses liées à la délégation de compétence devra notamment prendre en compte la masse salariale des agents départementaux affectés à ces missions.

Le Département pourra produire un certificat administratif reprenant l'ensemble des éléments de rémunérations des agents et produira le cas échéant les fiches de paie afférentes.

Cette charge financière (salaires + moyens généraux) est évaluée suivant les mêmes modalités et éléments que ceux retenus pour la CLECRT (Commission Locale d'Evaluation des Charges et Ressources Transférées) selon le calcul suivant : 8/12ème (durée de la délégation) de 1 % (part du non urbain hors scolaire) des salaires et charges supports transférés soit : 513.839 € x 8/12 x 1% = 3.426€ .

Article 7 : Modalités financières et modalités de versement

La Région finance la compétence déléguée en remboursant le Département des dépenses assumées pour la compétence déléguée.

Les dépenses prises en compte sont les suivantes :

<u>En fonctionnement, les dépenses et recettes rattachées à la période de délégation sont</u>

Les dépenses de personnel et de moyens généraux forfaitisées à l'article 6 ;

La production des supports d'information horaires inscrits en dépense à la fonction 8 ;

Les dépenses liées aux transports non urbains, soit 1% des lignes régulières reprises à la fonction 8 et 100% des dépenses spécifiques au non urbain inscrites à la fonction 8.

Au regard des données de la CLECRT, le montant des dépenses engagées par le Département pour 8112ème d'une année sur les compétences objet de la présente délégation est estimé à 203 711€, y compris les 53 333,33 € pris en charge par la Région au bénéfice du Syndicat mixte « Pôle d'Equilibre Territorial et Rural de Thiérache pour le fonctionnement de son service de transport à la demande (8/12èmes de 80 000 €). La délégation sera in fine rémunérée au réel constaté.

La Région versera au Département deux acomptes trimestriels de 60.000€ chacun.

Le Département établira un titre de recette à la fin du trimestre échu correspondant à cette somme.

Un solde sera versé après le 31 août 2017. La demande de solde présentée par le Département avant le 31 octobre 2017, comprendra un état récapitulatif des dépenses qui reprendra les dépenses et recettes listées ci-dessus avec la liste des liquidations traitées sur ces lignes à l'exception des dépenses salariales et moyens généraux forfaitisés à l'article 6. Les 2 acomptes trimestriels seront déduits de ce solde qui fera l'objet d'un titre de recette du Département. La Région règlera le solde correspondant à l'écart entre le montant des acomptes déjà versés et les dépenses réelles payées par le Département, avant le 31 décembre 2017.

Article 8 : Modalités de contrôle

Le Département tiendra à la disposition de la Région toutes les pièces justificatives et toutes les informations nécessaires à son contrôle. La Région, ou toute personne mandatée par elle, pourra effectuer tout contrôle sur pièces et/ou sur place.

Après le 31 août 2017, et au plus tard le 31 octobre 2017, le Département remettra à la Région un rapport d'exécution de la présente délégation présentant notamment le niveau de réalisation des services de transports.

Article 9 : Modifications de la convention.

Toute modification des caractéristiques de la présente convention donnera lieu à la conclusion d'un avenant.

Article 10 : Responsabilités et litiges

Le Département est responsable, selon les principes du droit commun de la responsabilité, des dommages causés aux usagers ou aux tiers du fait de l'exploitation des services. Il fait son affaire personnelle de tous les risques et litiges et supporte les conséquences financières de tout recours contentieux pouvant résulter de cette exploitation. Il ne pourra en aucun cas se retourner contre la Région en raison de ces risques et litiges, exception faite des cas où, conformément à la procédure décrite à l'article 5, la Région sera intervenue directement dans l'organisation du service.

En cas de litige relatif à l'exécution de la présente convention, les parties contractantes tenteront de trouver une solution amiable.

En cas d'échec, la partie la plus diligente pourra saisir la juridiction compétente.

Fait à Lille, le ...

En deux exemplaires originaux

Pour la Région,	Pour le Département,
Le Président du Conseil Régional,	Le Président du Conseil Départemental,
Xavier BERTRAND	Nicolas FRICOTEAUX

Annexe n°4 :
Convention Région Nouvelle-Aquitaine – Département des Deux-Sèvres

Convention relative à la délégation de compétence en matière de transports non urbains réguliers, de cosntruction, amnégament et exploitation de gares publiques routières de voyageurs poru al période du 1er janvier 2017 au 31 août 2017

RÉGION
Nouvelle-
Aquitaine

DEUX-SÈVRES
LE DÉPARTEMENT

Convention relative à la délégation de compétence en matière de transports non urbains réguliers, de construction, aménagement et exploitation de gares publiques routières de voyageurs pour la période du 1er janvier 2017 au 31 août 2017

CHAPITRE 1 SOMMAIRE

Convention

Entre :

La Région Nouvelle Aquitaine, sise 14, rue François de Sourdis 33 077 Bordeaux cedex, représentée par son Président, M. Alain Rousset, agissant en application de la délibération n°2016-3165 SP en date du ____________, étant désignée dans les articles suivants sous l'intitulé « La Région»,

D'une part

ET

Le Département des Deux-Sèvres, sis mail Lucie Aubrac CS 58880 79028 Niort cedex, représenté par son Président M. Gilbert FAVREAU, agissant en application la délibération n° 22C en date du 16 décembre 2016, étant désigné dans les articles suivants sous l'intitulé « Le Département »

D'autre part

Vu le Code Général des Collectivités Territoriales, notamment ses articles L. 1111-8 et R. 1111-1

Vu le Code des Transports, notamment ses articles L. 31 1 1-1 et L. 31 14-1 et suivants

Vu la loi n 2015-991 portant nouvelle organisation territoriale de la République, notamment ses articles 15 et 114 – III

Il a été convenu ce qui suit

CHAPITRE 2 PREAMBULE

La loi n° 2015-991 du 7 août 2015 portant nouvelle organisation territoriale de la République prévoit le transfert des Départements aux Régions :

- Du transport routier non urbain régulier et à la demande au 1er janvier 2017, à l'exclusion des services de transport spécial des élèves handicapés vers les établissements scolaires,
- De la construction, l'aménagement et l'exploitation des gares publiques routières de voyageurs relevant du Département,
- Du transport scolaire au 1er septembre 2017.

Le décalage entre les dates du transfert du transport non urbain régulier et à la demande et du transport scolaire soulève la question de la coordination des moyens logistiques pendant une période transitoire de huit (8) mois dans la mesure où certains de ces moyens, aussi bien humains que matériels ainsi que certains des contrats conclus avec des tiers publics ou privés sont communs aux deux activités.

Cette dissociation des dates d'exercice des compétences nouvellement conférées à la Région risque d'affecter la continuité du service public pour les usagers, notamment les usagers scolaires.

C'est dans ce contexte que la Région et le Département sont convenus de conclure une convention de délégation et de gestion provisoire des compétences à transférer à compter du 1 er janvier 201 7 jusqu'au 31 août 2017 permettant au Département de continuer à gérer les services non urbains réguliers pour le compte de la Région et d'organiser le transfert de la compétence transport scolaire jusqu'à la date du transfert effectif des compétences à la Région au 1er septembre 2017.

Cette convention intervient en application de l'article L. 1111-8 du code général des collectivités territoriales selon lequel une collectivité territoriale peut déléguer par convention à une autre collectivité territoriale d'un autre rang ou un établissement public à fiscalité propre l'exercice d'une compétence dont elle est attributaire en son nom et pour son compte.

ARTICLE 1 OBJET

En application de l'article R. 1111-1 du code général des collectivités territoriales, la présente convention a pour objet de :

- Déterminer les compétences déléguées ;
- Fixer la durée de la délégation de compétence ;
- Fixer les modalités de son renouvellement ;
- Définir les objectifs à atteindre et les modalités de contrôle de t'autorité délégante sur l'autorité délégataire ;
- Fixer les indicateurs de suivi correspondant aux objectifs à atteindre ;
- Déterminer le cadre financier dans lequel s'exerce la délégation ;
- Déterminer les conditions dans lesquelles des personnels de l'autorité délégante peuvent être mis à disposition l'autorité délégataire ou détachées auprès d'elle ;
- Prévoir les conditions de sa résiliation anticipée.

Parallèlement, la présente convention a pour objet de définir les modalités de coopération de la Région et du Département en matière de transports scolaire dans la perspective de la mise en œuvre du transfert au 1er septembre 2017.

ARTICLE 2 DUREE

La présente convention prend effet à compter du 1er janvier 2017 pour prendre fin au 31 août 2017.

ARTICLE 3 PERIMETRE DE LA DELEGATION DE COMPETENCE

La présente convention définit le périmètre des compétences déléguées par la Région au Département en matière :

- De transport routier non urbain régulier au sens de l'article L 31 1 1-1 du code des transports ;

- D'aménagement et d'exploitation des gares publiques routières de voyageurs relevant du Département au sens de l'article L. 31 14-1 du code des transports ;

Article 3.1. Périmètre des compétences déléguées

Le Département exerce au nom et pour le compte de la Région, les missions suivantes dans les conditions prévues dans la présente convention :

- Organiser les services non urbains réguliers ;
- Gérer les biens meubles et immeubles concourant à l'exercice de la compétence déléguée et dont la liste figure en annexe à la présente convention;
- Gérer gares publiques routières et tout autre aménagement destinés à faciliter la prise en charge ou la dépose des passagers de services réguliers de transports routiers notamment dans le cadre des conventions existantes ;
- Organiser les relations vis-à-vis des Autorités Organisatrices de Mobilité existantes, naissantes ou en extension territoriale.
- Assurer la proximité de terrain avec les usagers et les citoyens et le rôle de représentation dans les territoires ;
- Assurer la relation commerciale vis-à-vis des usagers ;
- Assurer la communication institutionnelle et la promotion des services déléguées ;
- Assurer la gestion contractuelle et financière.

Article 3.2. Périmètre géographique

La délégation de compétence en matière de transport non urbain régulier prévue par la présente convention porte sur l'ensemble du territoire du département des Deux-Sèvres à l'exception des services relevant d'une Autorité Organisatrice de la Mobilité (AOM) dans le cadre du ressort territorial existant à la date de prise d'effet de la convention. Toutes les conventions d'affrètement passées entre ces AOM et le Département pour exécuter les missions figurant au 3.1 font partie du périmètre visé par la présente convention.

3.3. Limites de la délégation de compétence

Le département demande l'accord de la région, s'agissant des points suivants :

⇨ Evolution tarifaire du service de transport non-urbain ;

⇨ Modification de l'offre de transport non urbain susceptible de représenter une évolution financière à la hausse ou à la baisse sur une ligne d'autocar donnée de plus de 5 000 € sur base annuelle ;

⇨ Passation d'un avenant à un contrat signé avec un tiers public ou privé dans le cadre des compétences déléguées ;

⇨ Réalisation d'un investissement non-budgété ;

⇨ Renouvellement d'un marché public d'un montant de plus de 50 000 € figurant à l'annexe 3 ou conclusion d'un nouveau marché public supérieur à ce même montant annuel ;

⇨Engagement de procédures amiables ou contentieuses pour régler un litige portant sur un montant supérieur ou égal à 20 000 €.

Pour ce faire, tout projet de modification envisagé par le département sur l'un des points énoncés au présent article est préalablement soumis à la région, par mail au directeur des transports routiers de la Région Nouvelle Aquitaine, pour toute modification ayant une implication financière de moins de 10 000€ et par mail et courrier recommandé AR pour toute modification ayant une implication financière supérieure à 10 000€.

La Région dispose pour communiquer son avis d'une période de 5 jours ouvrés pour toute modification ayant une implication financière de moins de 10 000€, de 10 jours ouvrés pour toute modification ayant une implication financière de 10 000 à 50 000€ et de 15 jours pour toute modification ayant une implication financière supérieure à 50 000€.

Toute absence de réponse de la région au terme de ces délais vaut accord.

ARTICLE 4 DROITS ET OBLIGATIONS DE LA REGION

La Région :

- Est responsable du financement des compétences déléguées ;
- Est responsable de la mise en accessibilité des services délégués ;

- Assure la coordination stratégique des politiques de transports de l'ensemble des AOT / AOM internes à son périmètre et limitrophes ;
- se voit soumettre pour approbation toute proposition faisant l'objet de délibérations, ou de lancement de consultations entrant dans le champ de la présente convention ;
- approuve dans le cadre de la présente convention le budget prévisionnel couvrant la période de délégation et toute dépense supplémentaire non prévue dans te cadre de ce budget ;

Pour ce faire, tout projet de modification envisagé par département sur l'un des points énoncés au présent article est préalablement soumis à la région pour avis selon les modalités de l'article 3.3.

ARTICLE 5 DROITS ET OBLIGATIONS DU DEPARTEMENT

Le Département est responsable de l'organisation et du fonctionnement des services non urbains réguliers au sens de l'article 31 1 1 -1 du code des transports, au nom et pour le compte de la Région.

A ce titre, le Département :

- instruit et propose tout ajustement des services non urbains réguliers dans le périmètre géographique visé à l'Article 3.2 ;
- Propose les évolutions du niveau de service. Les modifications pérennes ayant un impact significatif sur le coût du service déléguée font l'objet d'un accord préalable de la région ;
- Propose les évolutions tarifaires ;
- Instruit les inscriptions, délivre et contrôle les titres de transports ;
- Est en charge de l'ensemble des équipements associés au fonctionnement des services délégués (poteaux) assure la continuité du service public ;
- Assure le rôle de gestion de proximité / relais auprès des instances locales, collecte dans ce cadre les requêtes des usagers et examine les conditions de leur satisfaction ;
- S'assure de la bonne exécution des services et des prescriptions contractuelles sur le terrain ;

- Gère les signalements de défaut de fonctionnement du service délégué, prend les mesures d'urgence, et organise des actions de sensibilisation ;
- Est l'Autorité compétente en matière de gestion administrative, financière, opérationnelle et juridique des contrats et conventions conclus ou à conclure dans le cadre des compétences déléguées ;
- Est en charge de la gestion financière des services délégués et en rend compte à la Région ;
- Instruit et fait approuver par la Région les accords de mutualisation et de coopération opérationnelle et/ou intermodale avec les AOM.

ARTICLE 6 GESTION DE LA COMPETENCE TRANSPORTS SCOLAIRES

Il est rappelé que le département gère de plein droit la compétence transport scolaire jusqu'au 31 août 2017.

A ce titre il assure hors délégation et comme les années précédentes à même époque la gestion de l'entièreté du service, les dépenses y afférent et perçoit les recettes de ce service jusqu'à la date du transfert. Dans ce cadre il est également chargé de la préparation de la rentrée 2017/2018, et met en œuvre l'ensemble des différentes actions nécessaires, notamment :

- Instruit et valide les demandes d'inscriptions au service au regard des dispositions du Règlement des Transports scolaires défini par le Département pour l'année scolaire 201 7/201 8 qui sera soumis à la région pour validation ;
- Définit les adaptations de services à mettre en œuvre pour la rentrée 2017/2018 ;
- Engage les procédures de mise en concurrence nécessaires ;
- Assure l'application et le suivi des procédures contractuelles;
- Assure la relation avec les tiers et notamment les A02, le rectorat, les établissements scolaires et les parents d'élèves ;
- Assure la relation avec les usagers ;

- Encaisse pour le compte de la Région tout ou partie des recettes qui seront comptablement à rattacher à l'année scolaire 2017-2018.

Dans le cadre de la préparation de la rentrée scolaire 2017-2018, le Département sera amené à adapter les services de transports scolaires à l'évolution des effectifs et à prendre en compte les évolutions du Syndicat intercommunal de transports scolaires du Saint-Maixentais (SITS) programmées pour la fin de l'année scolaire 2016/2017. Les décisions relatives à ces adaptations doivent être prises avant le 1er septembre 2017, date à laquelle la Région devient compétente pour les transports scolaires. Le Département souhaite associer la Région au processus de décision concernant ces adaptations.

Le Département soumettra pour avis à la Région les adaptations de services envisagées. La Région dispose d'un délai de 5 jours ouvrés pour communiquer son avis au Département pour les adaptations inférieures à 10 000 €, de 15 jours ouvrés pour toute adaptation supérieure à ce même seuil. Toute absence de réponse de la Région au terne de ces délais vaut avis favorable, En cas d'avis défavorable, les services du Département et de la Région se rapprocheront pour rechercher un consensus. En l'absence de consensus, les décisions relatives à l'adaptation du service de transport scolaire relèvent de la seule compétence du Département.

ARTICLE 7 MODALITES DE CONTROLE PAR LA REGION

Le Département met tout en œuvre pour permettre à la Région d'exercer les contrôles requis pour évaluer la réalisation correcte de la délégation de compétences mentionnées à l'Article 3

A cet égard, le Département tient à la disposition des agents ou de toute personne dûment mandatés par la Région tous les éléments afférents à la délégation de compétences nécessaires à l'exercice de sa mission de contrôle.

Plus particulièrement, le Département fournit à échéance du 30 août 2018 à la Région le compte administratif de l'année 201 7 ainsi que le(s) rapport(s) d'activité de la même année.

La Région se réserve la possibilité de contrôler l'exécution de la présente convention par des agents ou de toute personne dûment mandatés à cet effet, notamment par le biais :

- De visites sur le terrain et dans les locaux où s'exerce l'activité de transport non urbain régulier et à la demande ;
- De visites des gares routières ;
- De l'examen des cahiers de réclamations et autres documents commerciaux des gestions en régie ou des gestions externalisées dont les contrats antérieurement passés avec le Département imposent la production au titulaire ;
- De l'examen des documents comptables et analytiques de l'activité déléguée et en particulier de la répartition entre clientèle commerciale et élèves pour les moyens communs ;
- De tous documents et éléments permettant les contrôles requis.

Dans ce cadre, la Région respecte un délai minimum de prévenance de 5 jours ouvrés.

ARTICLE 8 MODALITES D'EXECUTION DE LA DELEGATION DE COMPETENCE PAR L'AUTORITE DELEGATAIRE

Article 8.1. Organisation interne

Autonomie d'exécution

Les circuits d'information et de traitement propres au Département sont maintenus.

Par délégation de la Région Nouvelle Aquitaine, l'instance décisionnelle de validation est la Commission Permanente départementale et le cas échéant l'Assemblée Plénière départementale.

Autonomie de gestion

Au nom et pour le compte de la Région, le Département assure la gestion des compétences déléguées dans la continuité de la gestion départementale existant avant te 1 er janvier 201 7. Cependant, avant toute modification ayant une implication financière des dispositifs existants, le Département sollicite l'aval de la Région.

Les sujets d'organisation et de fonctionnement visant à la bonne exécution des compétences déléguées relèvent du Département.

Validation préalable

Toute proposition faisant l'objet de délibérations, ou de lancement de consultations et toute évolution significative des coûts de la délégation est soumise à la validation préalable de la Région selon l'Article 4.

Article 8.2. Fonctions support

Les moyens humains et matériels relatifs aux fonctions support nécessaires à la bonne exécution des compétences déléguées sont ceux du Département.

Les moyens humains et matériels relatifs aux fonctions support comprennent notamment :

- Le système d'information métier (exploitation du réseau) ;
- Les locaux ;
- Les postes de travail ;
- L'appui technique DSI, juridiques, financier, communication, routes, etc.

Les coûts relatifs à la mise à disposition de ces moyens correspondant aux fonctions support sont pris en charge par la Région dans les conditions prévues à l'Article 11.

Dans le cas d'investissements nouveaux dans les fonctions support, la Région et le Département se concertent afin de déterminer qui porte le financement et la maîtrise d'ouvrage des investissements notamment au regard :

- De leur nature ;
- De leur date de mise en œuvre.

Article 8.3. Moyens humains et ressources humaines

Les agents départementaux nécessaires à l'exercice des compétences déléguées dépendent de l'autorité fonctionne le et hiérarchique départementale.

Dans ce cadre, l'ensemble des coûts et la gestion de ces agents publics départementaux sont supportés par le Département notamment en ce qui concerne :

- Les salaires et primes
- Le temps de travail

- Le frais de déplacement
- Les promotions internes et avancements de grade
- Les recrutements dans le cadre d'un remplacement
- Les dispositifs d'actions sociales
- L'Accès à la restauration départementale

Les coûts relatifs aux agents départementaux affectés à l'exercice des compétences déléguées sont pris en charge par la Région dans les conditions prévues à l'Article 11.

ARTICLE 9 RELATIONS AVEC LES AUTORITES ORGANISATRICES DE LA MOBILITE

Sur les dispositifs de coopérations intermodales

La coopération intermodale est assurée par le Syndicat Mixte de Transports des Deux-Sèvres (SMTDS) qui est notamment compétent pour favoriser la cohérence, la complémentarité et l'intermodalité des services de transports sur le territoire des Deux-Sèvres:

- Coordination des services de transports ;
- Gestion du système multimodal d'information des usagers (centrale de mobilité "Mobilité 79") ;
- Recherche de la création d'une tarification coordonnée et de titres de transports uniques ou unifiés. Toute nouvelle tarification sera préalablement soumise à la région.

Au titre de sa compétence en matière de transports scolaires, le Département reste membre du Syndicat jusqu'au 31 août 2017.

Au titre de la délégation de compétence, le Département représente la Région dans te cadre des actions menées par le Syndicat. Le Département informe la Région préalablement à toutes décisions du Syndicat nécessitant la validation de la Région au titre de sa compétence en matière de transport routier non urbain régulier et de transport à la demande.

Sur l'évolution des périmètres des AOM ou A02

En cas de création ou d'évolution du périmètre d'une AOM ou A02, le Département assure un rôle de conseiller technique, conduit une évaluation des impacts et en réfère à la Région. Celle-ci assure l'approbation formelle des conventions dans ses propres instances.

ARTICLE 10 COMMUNICATION ET INFORMATION VOYAGEURS

Article 10.1. Communication

La communication institutionnelle et la valorisation des services déléguées sont mises en œuvre par le Département, en coordination avec la Région, sur tous les types de support :

- Promotion
- Commercialisation,
- Information.

Article 10.2. Information voyageurs

Le Système d'Information Voyageurs est géré par le Département notamment dans le cadre du SMT DS. Les données du réseau RDS alimentent le site régional.

ARTICLE 11 REGIME FINANCIER

Article 1 1.1. Dotation financière

La Région verse une dotation financière au Département correspondant à l'ensemble des coûts effectivement engagés par le Département au titre des compétences déléguées.

Les coûts engagés par le Département au titre des compétences déléguées comprennent notamment :

- Les dépenses associées à l'exécution des contrats relatifs aux compétences déléguées ;
- Les dépenses relatives à l'exécution directe des services déléguées ;
- Les charges de personnel relative à la gestion de la compétence déléguées ;
- Les charges relatives aux fonctions support mobilisés par le Département ;

- Les charges résultant des conventions conclues par Département au titre des compétences déléguées ;
- Les charges d'investissement relevant de la responsabilité du Département au titre des compétences transférées ;
- Les recettes tarifaires perçues par le Département :
- Les autres recettes associées à l'exercice des compétences déléguées.

Cette dotation est indépendante de la compensation financière des transferts de compétences résultant de la Loi NOTRe.

Article 11.2. L'évaluation budgétaire

Le Département établit un budget prévisionnel en dépenses et en recettes sur la période de délégation, qui prend en compte la réactualisation des coûts en fonction des formules d'indexation des différents contrats en 2017, et les ajustements nécessaires à la modification des services déléguées, ainsi que les dépenses liées à la masse salariale et aux fonctions support.

Ce montant prévisionnel de 3 051 290 € est validé par la Région, soit :

Budget RTDS :

Fonctionnement : Dépenses 3 675 000 € - Recettes 815 000 € - Solde 2 860 000 €

Budget principal (section de fonctionnement – Dépenses :

- Frais de personnel (hors RTDS) : 95 000 €
- Contribution au SMTDS : 70 000 €
- Coût des fonctions support : 26 290 €
- Dans l'hypothèse où des dépenses complémentaires non prévues dans le cadre de l'évaluation budgétaire pourraient intervenir, ces dépenses seront traitées dans le cadre des dispositions des articles 4 et 8.1 de la présente convention

Article 11.3. Les modalités de versement

La Région procède à huit (8) versements d'acomptes au 15 de chaque mois, entre janvier et août 2017 correspondant à un huitième des montants en fonctionnement et en investissement figurant à l'Article 11.2.

Article 11.4. Solde de la dotation financière

Dans les trois (3) mois suivant le terme de la présente convention, le Département fournit un état des dépenses et des recettes réelles au titre des compétences déléguées.

Le solde de la dotation financière correspond à la différence entre tes dépenses nettes des recettes effectivement supportées par le Département au titre des compétences déléguées et rattachées à la période et le total des huit (8) acomptes mensuels versés par la Région.

En cas de solde positif, le montant est dû par la Région au Département.

En cas de solde négatif, le montant est dû par le Département à la Région.

Article 11.5. Compétence du payeur départemental

Afin d'assurer la continuité financière du service, il est stipulé que :

* les régies de recettes et de dépenses nécessaires au fonctionnement de la régie autonome RTDS (transport routier non urbain, à la demande et scolaire) sont prolongées jusqu'au 31 août 2017,

* le Comptable Public, assignataire des paiements et de l'encaissement des recettes demeure celui du Département jusqu'au terme de la présente convention.

ARTICLE 12 INTERLOCUTEURS EN CHARGE DE LA MISE EN ŒUVRE DE LA CONVENTION

Pendant la durée de la convention, les personnes à contacter pour son exécution sont :

Pour la région,

- M. le vice-président en charge des infrastructures, des transports et des mobilités,
- M. le Directeur général des services,
- Mme la Directrice générale adjointe chargé des transports,
- M. le Directeur des transports routiers de voyageurs,

Pour le département,

- Mme Maryline GELEE, Conseillère départementale en charge des transports,
- M. Franck PAULHE, Directeur général des services,
- M. Jean-François COLLIER, Directeur chargé du Pôle de l'écogestion, de la mobilité et de l'environnement,
- M. Thierry CHOUETTE, Directeur des routes et des transports,
- M. Patrick REVEILLERE, Chef du service des transports.

Néanmoins, les parties sont libres de désigner des interlocuteurs différents au regard des disponibilités des principaux interlocuteurs et des thématiques particulières.

ARTICLE 13 ASSURANCES

Le Département souscrit toutes les polices d'assurance nécessaires à la couverture des risques, pour l'exécution de la présente convention.

ARTICLE 14 RESILIATION

La présente convention peut être résiliée avant son terme par un commun accord entre les deux parties moyennant un délai de trois (3) mois. Cette résiliation donne lieu à la conclusion d'un protocole spécifique réglant les conditions de résiliation.

La partie qui s'estime lésée par la résiliation anticipée présentera un mémoire récapitulatif des frais engagés et non couverts, dans un délai de 15 jours suivant la notification de la décision.

La convention peut être modifiée par avenant après délibération de chaque partie.

ARTICLE 15 LITIGES

En cas de litige survenant dans le cadre de l'application de la présente convention, les parties s'engagent à rechercher ensemble une solution amiable au différend. A défaut, le contentieux est du ressort du Tribunal administratif territorialement compétent au regard du lieu de l'exercice de la compétence déléguée.

ARTICLE 16 DOCUMENTS ANNEXES

Les documents contractuels comprennent le présent contrat et les pièces suivantes.

- Désignation des services délégués ;
- Liste des biens dont la gestion est assurée par le Département ;
- Liste des conventions pour lesquelles la Région succède de plein droit au Département suite au transfert de la compétence transport non urbain ;
- Statuts de la Régie des transports des Deux-Sèvres (RTDS) ;
- Statuts du Syndicat mixte de transport des Deux-Sèvres (SMTDS) ;
- Liste des gares routières.

L'ensemble de ces pièces est transmis à la Région par voie électronique.

Fait à Bordeaux, le, 30 DEC. 2016

Pour le Département

Le Président du Conseil Départemental

Pour la Région

Le Président du Conseil Régional

Alain ROUSSET

TABLE DES MATIÈRES

ILLUSTRATIONS

DÉLÉGATION

PRINCIPES

MOYENS

ILLUSTRATIONS

PLANIFICATION

CADRAGE

ILLUSTRATIONS

Questions juridiques aux éditions L'Harmattan

Dernières parutions

EXISTE-T-IL ENCORE UN SEUL « NON BIS IN IDEM » AUJOURD'HUI ?
Sous la direction de Delphine Brach-Thiel
«Nul ne doit pouvoir être jugé et condamné deux fois à raison des mêmes faits.» Si le principe est simple, c'est précisément son interprétation par de très nombreuses juridictions - pas toujours à l'unisson - qui pose question et explique le retour de ces interrogations sur le devant de la scène aujourd'hui. L'analyse ici présentée se veut riche et féconde de la rencontre entre universitaires belges et français, entre praticiens et chercheurs, entre européanistes, internationalistes ou pénalistes.
(Coll. Comité international des pénalistes francophones, 23.50 euros, 230 p.)
ISBN : 978-2-343-11828-4, ISBN EBOOK : 978-2-14-004143-3

ESSAI SUR LA NOTION D'EXÉCUTION CONTRACTUELLE
Alvarez Isabelle
L'exécution contractuelle constitue la cause impulsive de l'établissement du contrat qui, paradoxalement, est un mécanisme trop familier pour être bien connu. Adopter une méthode d'analyse alternative permet d'esquisser une définition de cette notion juridique. Est ici proposée une approche dynamique des échanges contractualisés, orientés vers la réalisation satisfactoire de l'opération économique, démontrant que cette phase exécutoire recèle un panel étendu de perspectives. (Étude à jour de l'ordonnance n° 2016-131 du 10 février 2016 portant réforme du droit des contrats, du régime général et de la preuve des obligations).
(Coll. Logiques Juridiques, 45.00 euros, 486 p.)
ISBN : 978-2-343-12604-3, ISBN EBOOK : 978-2-14-004271-3

LES ACCORDS COLLECTIFS DE GROUPE
Théodoropoulos Alexandra - Préface de Gérard Vachet
De simple expérimentation issue de la pratique, la négociation collective de groupe est devenue un véritable niveau de négociation collective reconnue par le législateur. L'accord de groupe est désormais consacré comme une norme créatrice de droits et d'obligations entre employeurs et salariés du groupe, mais sa place dans la hiérarchie des normes n'a pas été précisée. Cette situation génère de nombreuses interrogations quant à sa portée et à ses limites.
(Coll. Logiques Juridiques, 44.00 euros, 440 p.)
ISBN : 978-2-343-12269-4, ISBN EBOOK : 978-2-14-004330-7

LA SIMPLIFICATION DU DROIT DES SOCIÉTÉS À L'AUNE DU CAS HONGKONGAIS
L'exemple des SARL et SAS
Tortellier Nathalie - Préface de Mme le professeur Catherine Barreau
Cette étude comparative puise dans les règles et mécanismes de la société fermée à risque limité hongkongaise des techniques pouvant fortement contribuer à l'assouplissement et à

la simplification du droit des sociétés. L'analyse décortique la vie des SARL et SAS et propose l'application de la méthodologie pragmatique du droit hongkongais par thèmes dans un souci d'adaptabilité du droit français. Il ressort de cette analyse comparative 80 recommandations inspirées de la société hongkongaise pour développer une société outil au service de l'entreprise, une société adaptée et adaptable aux acteurs économiques contemporains.
(Coll. Logiques Juridiques, 49.00 euros, 638 p.)
ISBN : 978-2-343-11885-7, ISBN EBOOK : 978-2-14-004220-1

LE DROIT DE L'INFORMATIQUE
4e édition (2017)
Bismuth Yves
À travers l'étude des grands thèmes du droit de l'informatique (protection des logiciels et des données, contrats informatiques, protection des libertés, gestion du risque informatique), cet ouvrage permet au lecteur d'établir lui-même un diagnostic juridique des problèmes rencontrés à l'occasion de la mise en place d'un système informatique. Il est complété par des extraits de code, une bibliographie, un index et un lexique, et est à jour des dernières lois et décrets intervenus en la matière.
(38.00 euros, 436 p.)
ISBN : 978-2-343-11527-6, ISBN EBOOK : 978-2-14-004177-8

MÉTHODE ET ASPECTS FORMELS DE LA RECHERCHE
Petit manuel à l'usage des juristes (2e édition)
Marain Gaëtan
L'ouvrage propose un apprentissage de la recherche et de son formalisme qui doit permettre aux étudiants confrontés à la rédaction d'une thèse ou d'un mémoire en droit d'aborder ce travail avec sérénité. L'auteur donne ainsi une méthode pour définir le sujet, échafauder un plan et trouver la documentation utile. Est également abordée, entre autres, la question du référencement des sources et de la citation d'auteur. Des recommandations propres à l'organisation de la soutenance et à son bon déroulement sont prodiguées. Voici un guide à même d'éclairer les premiers pas du jeune chercheur en droit.
(15.50 euros, 138 p.)
ISBN : 978-2-343-12682-1, ISBN EBOOK : 978-2-14-004300-0

LA PROCÉDURE DE LIBÉRATION CONDITIONNELLE COMME OUTIL DE GESTION DU RISQUE
Ben Gadi Amélie - Préface de Joana Falxa
La procédure d'octroi de la libération conditionnelle des longues peines témoigne d'une sévérité accrue à leur égard. En imposant une évaluation de dangerosité, le législateur a souhaité «verrouiller» la procédure. Cependant, la notion de dangerosité est très complexe à définir et ne fait l'objet d'aucune définition légale. Elle introduit la notion de gestion du risque, ouvrant le chemin vers une justice de précaution. La présente étude éclaire la problématique de la réinsertion des longues peines.
(Coll. Bibliothèques de droit, 15.00 euros, 132 p.)
ISBN : 978-2-343-11550-4, ISBN EBOOK : 978-2-14-004296-6

LETTRE À TOUS CEUX QUI PERSISTENT À VOULOIR FAIRE LEUR DROIT
Charles Thierry
Le droit court derrière la «révolution numérique». Les algorithmes nous espionnent et restreignent les libertés publiques, ils calculent les indemnités au service des compagnies d'assurances. La diminution lente et continue des services chargés de veiller à l'application du droit affaiblit et parfois anéantit l'efficacité de ces lois. L'échec de la loi Hadopi est significatif à cet égard. Le mal est en fait bien plus profond et ne date pas d'hier. Nous vivons une époque de démolition des codes établis. Si le droit est partout, en définitive il n'est nulle part...
(20.50 euros, 204 p.)
ISBN : 978-2-343-12343-1, ISBN EBOOK : 978-2-14-004306-2

FÊTE ET DROIT PUBLIC
Sous la direction d'Adrien Azarete, Elie Guerrero et Thomas Moretto
S'inscrivant dans une approche globale et élargi à tout le droit public, le présent ouvrage, issu du colloque « Fête du Droit Public », a pour objet l'étude de l'application du droit public dans la fête par les différents acteurs de cette branche du droit. De l'autorisation de la fête à sa responsabilité, en passant par son organisation, son coût et sa sécurité, le droit public est présent partout, de par l'évidente présence et implication de la puissance publique et des collectivités territoriales.
(Coll. Bibliothèques de droit, 20.00 euros, 192 p.)
ISBN : 978-2-343-11018-9, ISBN EBOOK : 978-2-14-003946-1

LA DÉMOCRATIE EN DROIT INTERNATIONAL
Étude critique sur le statut juridique de la démocratie en droit international et la légitimité de l'imposer par la force
Alshiabani Abuhamoud
En droit international, la démocratie était jusqu'à très récemment absente. Malgré les appels lancés au début du 20e siècle, celui-ci a toujours considéré la démocratie comme une idéologie dans laquelle il ne doit pas s'impliquer. Après la fin de la Guerre froide et la victoire de la démocratie libérale, la démocratie s'est renforcée au plan international. Elle a exercé une pression considérable sur le droit international pour qu'il s'adapte aux nouvelles exigences des réalités politiques. Cet ouvrage traite de ce sujet et montre le contexte dans lequel se sont développés la démocratie et le concept d'ingérence démocratique.
(Coll. Logiques Juridiques, 39.00 euros, 408 p.)
ISBN : 978-2-343-10818-6, ISBN EBOOK : 978-2-14-003833-4

LES PRINCIPES GÉNÉRAUX DANS LA JURISPRUDENCE DE L'ORGANE DE RÈGLEMENT DES DIFFÉRENDS DE L'OMC
Aydi Ghozzi Mariem - Préface de Slim Laghmani
Représentant la justice marchande, le Système de règlement des différends de l'organisation Mondiale du Commerce (OMC) est censé rendre une meilleure justice. Bien qu'il ne constitue pas une véritable juridiction, il chemine sur les traces du juge international dans la détermination et la régulation du sens du droit de cette organisation, les principes généraux devraient en constituer des instruments de moralisation et de développement. Cependant, la méthode par laquelle l'organe de règlement des différends appréhende lesdits principes mérite une attention particulière.
(Coll. Droit aujourd'hui, 37.50 euros, 368 p.)
ISBN : 978-2-343-12079-9, ISBN EBOOK : 978-2-14-004047-4

LA RESPONSABILITÉ DES ENTREPRISES MULTINATIONALES POUR LES VIOLATIONS DES DROITS DE L'HOMME EN AFRIQUE
Opportunités et défis
Belporo Christelle
La question de la responsabilité des entreprises multinationales pour les violations des droits de l'homme est d'une actualité brûlante. Alors qu'à travers le monde les scandales se multiplient, sur le continent africain, des voix s'élèvent pour dénoncer les nombreuses violations des droits internationalement protégés. Cet ouvrage évalue les réponses offertes par le droit pour l'encadrement de la responsabilité juridique des entreprises multinationales à l'aune des instruments internationaux et africains.
(Coll. Études africaines, 20.50 euros, 200 p.)
ISBN : 978-2-343-11365-4, ISBN EBOOK : 978-2-14-004005-4

CONCEPTS ET PRATIQUES PROFESSIONNELLES EN DOUANES
Origines, procédures, régimes et valeur
Bouga Boukari Dan
Ce livre explique d'abord les concepts, c'est-à-dire le vocabulaire douanier de façon à ne saisir que l'essentiel. Il expose ensuite les exigences des pratiques douanières pour tous les scénarios du

commerce international. Il procède enfin à des illustrations pour une meilleure compréhension des droits et obligations des opérateurs en douane.
(Harmattan Côte-d'Ivoire, 20.00 euros, 184 p.)
ISBN : 978-2-343-11805-5, ISBN EBOOK : 978-2-14-004075-7

LE DROIT POSTMODERNE
Une introduction
Barraud Boris
Au XIXe siècle le droit a changé d'ère passant du droit moderne au droit postmoderne. Sa principale caractéristique résiderait dans le développement d'une forme de concurrence juridique entre puissances publiques et puissances privées. La révolution copernicienne de la pensée juridique serait ainsi la rupture du lien consubstantiel entre droit et État que la modernité avait noué. La société civile serait désormais au cœur du jeu juridique. Ce livre propose quelques pistes et une grille de lecture afin de comprendre le nouveau droit que la globalisation modèle.
(Coll. Droit aujourd'hui, 32.00 euros, 320 p.)
ISBN : 978-2-343-12077-5, ISBN EBOOK : 978-2-14-003633-0

LE CONSEIL DE L'EUROPE ET LES COLLECTIVITÉS TERRITORIALES
Contribution à l'étude de l'autonomie locale
Kalimeri Vasiliki
Le Conseil de l'Europe est la première organisation internationale à avoir intégré l'acteur infra-étatique dans son action. La Charte européenne de l'autonomie locale et le Cadre de référence pour la démocratie régionale ont cristallisé la conception de la notion d'autonomie locale en Europe, élargie désormais à deux niveaux : le local et le régional. Au niveau extérieur, le traité de Maastricht intègre également les collectivités locales dans la reformulation du fonctionnement de l'Europe.
(Coll. Logiques Juridiques, 49.00 euros, 664 p.)
ISBN : 978-2-343-12019-5, ISBN EBOOK : 978-2-14-003697-2

GUIDE PRATIQUE DU CAPITAL INVESTISSEMENT ET DES AIDES PUBLIQUES
Créer, développer, transmettre son entreprise
Battini Pierre - Préface d'Olivier Millet
Cet ouvrage entend démystifier le capital investissement et répondre concrètement aux questions que se posent les entrepreneurs, leur donner les clés pour être efficaces, gagner du temps et avoir plus de chances de réussir leur projet. Beaucoup d'exemples et de cas concrets sont exposés. Ce livre traite la question des fonds d'investissements et des aides publiques sous différents angles : finance et outils financiers, juridique et montage des opérations, valorisations et accompagnement.
(30.00 euros, 292 p.)
ISBN : 978-2-343-12074-4, ISBN EBOOK : 978-2-14-003636-1

ET COMMENT VONT LES ENFANTS ?
Réflexions d'un notaire sur l'évolution de la parentalité des années 60 à nos jours
Dauptain Pierre
PMA, GPA, adoption, statut du beau-parent, familles homoparentales, ces sujets sont au cœur des débats contemporains et témoignent de l'évolution de la parentalité sur les cinquante dernières années. Avec un regard impartial, l'auteur inscrit sa réflexion dans les mouvements de la société tout entière. Fidèle à la méthode qui a fait le succès de son premier essai, il nous parle de droit en termes simples pour exposer les changements que la famille a connus en cinq décennies.
(Éditions Pepper/Harmattan, 22.50 euros, 218 p.)
ISBN : 978-2-343-12076-8, ISBN EBOOK : 978-2-14-003757-3

Structures éditoriales du groupe L'Harmattan

L'Harmattan Italie
Via degli Artisti, 15
10124 Torino
harmattan.italia@gmail.com

L'Harmattan Hongrie
Kossuth l. u. 14-16.
1053 Budapest
harmattan@harmattan.hu

L'Harmattan Sénégal
10 VDN en face Mermoz
BP 45034 Dakar-Fann
senharmattan@gmail.com

L'Harmattan Cameroun
TSINGA/FECAFOOT
BP 11486 Yaoundé
inkoukam@gmail.com

L'Harmattan Burkina Faso
Achille Somé – tengnule@hotmail.fr

L'Harmattan Guinée
Almamya, rue KA 028 OKB Agency
BP 3470 Conakry
harmattanguinee@yahoo.fr

L'Harmattan RDC
185, avenue Nyangwe
Commune de Lingwala – Kinshasa
matangilamusadila@yahoo.fr

L'Harmattan Congo
67, boulevard Denis-Sassou-N'Guesso
BP 2874 Brazzaville
harmattan.congo@yahoo.fr

L'Harmattan Mali
Sirakoro-Meguetana V31
Bamako
syllaka@yahoo.fr

L'Harmattan Togo
Djidjole – Lomé
Maison Amela
face EPP BATOME
ddamela@aol.com

L'Harmattan Côte d'Ivoire
Résidence Karl – Cité des Arts
Abidjan-Cocody
03 BP 1588 Abidjan
espace_harmattan.ci@hotmail.fr

L'Harmattan Algérie
22, rue Moulay-Mohamed
31000 Oran
info2@harmattan-algerie.com

L'Harmattan Maroc
5, rue Ferrane-Kouicha, Talaâ-Elkbira
Chrableyine, Fès-Médine
30000 Fès
harmattan.maroc@gmail.com

Nos librairies en France

Librairie internationale
16, rue des Écoles – 75005 Paris
librairie.internationale@harmattan.fr
01 40 46 79 11
www.librairieharmattan.com

Librairie l'Espace Harmattan
21 bis, rue des Écoles – 75005 Paris
librairie.espace@harmattan.fr
01 43 29 49 42

Lib. sciences humaines & histoire
21, rue des Écoles – 75005 Paris
librairie.sh@harmattan.fr
01 46 34 13 71
www.librairieharmattansh.com

Lib. Méditerranée & Moyen-Orient
7, rue des Carmes – 75005 Paris
librairie.mediterranee@harmattan.fr
01 43 29 71 15

Librairie Le Lucernaire
53, rue Notre-Dame-des-Champs – 75006 Paris
librairie@lucernaire.fr
01 42 22 67 13

www.ingramcontent.com/pod-product-compliance
Lightning Source LLC
LaVergne TN
LVHW011437061026
849535LV00004BA/847
* 9 7 8 2 3 4 3 1 5 3 0 4 9 *